Tyler Whittle

Pflanzenjäger

Tyler Whittle

Pflanzenjäger

Die abenteuerliche Suche
nach dem
Grünen Gold

Prestel-Verlag München

Die Originalausgabe erschien 1970
unter dem Titel ›The Plant Hunters‹
in London bei William Heinemann Ltd.

Deutsch von Ursula von Wiese

ISBN 3 7913 0009 1

Druck Universitätsbuchdruckerei Dr. C. Wolf & Sohn
München 1971

INHALT

VIERTER TEIL

Am Rande der Welt

EINFÜHRUNG

Es ist über zweihundert Jahre her, seit der schwedische Naturforscher Carl von Linné daran Anstoß nahm, daß den Heldentaten, die von Botanikern vollbracht wurden und denen der »Könige, Heerführer und Kaiser« kaum nachstanden nicht die gebührende Anerkennung und Unsterblichkeit zuteil würden und mit dem düsteren Ernst des Gelehrten die Frage äußerte: »Welche Arbeit ist schwerer, welche Wissenschaft anstrengender als die Botanik?«

Das mag damals gestimmt haben. Vielleicht trifft es auch heute noch auf einige Wissenschaftler und Enthusiasten zu, die auf botanischem Gebiet zu Heldentaten fähig sind. Die übrigen aber – die vielen Pflanzenfreunde am Randbezirk – brauchen keine derartigen Opfer mehr zu bringen. Für sie ist es eine Quelle des Vergnügens, zu sammeln, zu skizzieren, zu photographieren, ein Herbarium anzulegen, zu säen und zu pflanzen; fortwährend erleben sie freudige Überraschungen, und nie erlahmt ihr Interesse an den geschichtlichen Hintergründen dieser Liebhaberei.

Da das Pflanzensammeln eine Spezialbeschäftigung ist, haben es Männer als Beruf ausgeübt: sie wurden von botanischen Gärten und naturwissenschaftlichen Gesellschaften angestellt und sogar vom Staat, wenn es um die wirtschaftliche Pflanzennutzung ging; aber auch die Amateure, die sonst einer anderen Tätigkeit nachgingen, wie Missionare, Konsularbeamte, haben aus eigenen Mitteln viel zur künstlichen Verbreitung der Gewächse beigetragen.

Darunter sind faszinierende Gestalten: Menschen vom Schlage eines Don Quichotte, Abenteurer und Globetrotter, Gute und Tapfere, Gauner und Schurken, Ruhm- und Geldsüchtige, Rastlose und Reiselustige. Und jeder von ihnen verfiel dem Zauber der Pflanzen.

Manche Pflanzen sind einfach wegen ihrer Eigenart gesammelt worden. So üben Lilien offensichtlich einen Reiz aus, für den Orientalen als kulinarische Delikatesse, für den Abendländer als schönstes Sinnbild der Reinheit und Unschuld, das mit religiösem Kult und königlichem Wappen verbunden ist. Der Wunsch, Lilien zu finden und zu besitzen, hat manch einen zu Forschungsreisen angespornt, die je nach dem Standpunkt des Beurteilers nur als heldenhaft oder als töricht bezeichnet werden können. Einer der größten Sammler, Ernest Wilson, setzte sein Leben aufs Spiel, um die Königslilie aus einem abgelegenen Bergtal von Szetschuan in den Westen zu bringen. Als er mit seinen Kulis aus einem Tal durch wildes Gebirge, durch das nur ein schmaler, oft von Steinschlag bedrohter Pfad führte, zog, löste sich plötzlich ein Felsbrocken über ihm und traf ihn so unglücklich, daß er einen doppelten Beinbruch erlitt. Er beschreibt den Vorfall ganz obenhin, aber man kann sich vorstellen, was er durchgemacht hat, von körperlichen Schmerzen gepeinigt, viele Tagereisen entfernt von ärztlicher Hilfe, den Kulis ausgeliefert, die ihn im Stich gelassen hätten, wenn es ihnen vorteilhaft erschienen wäre. Kaum war sein Bein mit einer Stange seines Photostativs notdürftig geschient, da begegnete ihm ein Maultierzug. Die fünfzig Maultiere konnten auf dem schmalen Weg nicht wenden. Aber sie konnten auch nicht warten, bis sich Wilsons Gruppe Mann für Mann an ihnen vorbeigezwängt hatte, weil fallende Steine ein neues Unglück anzukündigen schienen.

Wilson erkannte, daß eine Umkehr nicht in Frage kam. Es blieb ihm nur eine einzige gefährliche Lösung. Er befahl seinen Leuten, ihn quer auf den Pfad zu legen. Dann stieg ein Maultier nach dem andern über ihn hinweg. Zum Glück waren die Tiere trittsicher, dennoch muß es ein nervenzermürbendes Erlebnis gewesen sein.

Die Kulis trugen Wilson in einem dreitägigen Gewaltmarsch zum nächsten Missionsposten. Jeder Schritt der Träger erhöhte seine Schmerzen. Zweiundsiebzig Stunden lang in einem Tragsessel mit höchster Geschwindigkeit über Stock und Stein befördert zu werden, das kam einer mittelalterlichen Folterung gleich. Er überlebte es, aber vom Missionsarzt erfuhr er, daß Brand eingesetzt habe und das Bein abgenommen werden müsse. Heroismus – oder verbiesterter Starrsinn – ließ ihn diesen Rat in den Wind schlagen, und tatsächlich ging die Infektion zurück, so daß er den berühmten Ausspruch »Sagte ich es nicht?« tun konnte; das verletzte Bein blieb verkürzt, und er sprach in der Folge von seinem »Liliengehumpel«. Diese körperlichen Schmerzen und die folgende Gehbehinderung waren ein hoher Preis für die siebentausend Lilienzwiebeln, doch so stark war die Macht der einzigartigen Pflanze, daß Wilson fand, es hätte sich gelohnt. Die Lilienfreunde werden ihm wohl beistimmen.

Merkwürdig ist die Geschichte der Dahlie. Ihr Ursprung läßt sich nach Mexiko zurückverfolgen, wo die Azteken sie ›Cocoxochitl‹ nannten. Im Jahr der Französischen Revolution wurden einem französischen Kleriker, der im Escorial als Hauptgärtner amtete, Knollen zugestellt.

Er benannte sie nach dem berühmten schwedischen Botaniker Dr. Dahl, interessierte sich aber weniger für die Blüten als für die Knollen, weil er meinte, sie könnten eine angenehme Ergänzung der Kartoffel sein. Die Pflanze aber wurde zu einem Gegenstand des Neides bei denjenigen, die sie in den Escorialgärten blühen sahen. Entweder wurde daraufhin ein Gärtner bestochen, oder ein Pflanzenräuber war ungewöhnlich erfolgreich. Jedenfalls fanden einige Knollen den Weg nach Paris, wo sie dem Jardin des Plantes verkauft wurden; aber da man sie in ein Treibhaus brachte, gingen sie prompt zugrunde. Das gleiche geschah mit zahlreichen Knollen, die geradewegs von Mexiko nach England versandt wurden. Man verhätschelte sie allzu sehr, so daß sie eingingen. Napoleons Josephine gelang es, aus Samen oder Knollen – genau weiß man es nicht – in Malmaison Dahlien zu ziehen, und sie wachte eifersüchtig über ihre Sammlung. Niemand außer ihr durfte die kaiserlichen Dahlien berühren, und sie pflegte sie mit eigenen Händen, bis es ihrer so viele waren, daß sie einem Gärtner anvertraut werden mußten. Eine Hofdame, die um eine Knolle gebeten und eine Abfuhr erlitten hatte, war entschlossen, die Sammlung ihrer Herrin zu übertreffen. Sie trug ihrem Geliebten auf, genügend Knollen aus Malmaison zu entwenden. Da er ein schwerblütiger polnischer Fürst war, versuchte er es nicht selbst, sondern bestach den Gärtner, hundert Wurzelstöcke zu stehlen. Als die Kaiserin es hörte, bekam sie einen Wutanfall. Sie entließ den Gärtner und die Hofdame, verbannte den Polen vom Hof, ließ alle ihre Dahlien zerhacken und eingraben und duldete es nicht, daß in ihrer Gegenwart von der Blume gesprochen wurde. Das war ein sehr teurer Entschluß, denn noch immer galten Dahlien als recht wertvoll, bis sie aus einer dritten Quelle von Mexiko nach Berlin gelangten, wo man so viele Farbenvarietäten gewann, daß sie billiger und für viele erreichbar wurden. Noch im Jahr 1836 aber wurde ein Dahlienbeet in guter Verfassung für siebzigtausend Francs gekauft und eine einzige Knolle gegen einen Brillanten eingetauscht. ›Cocoxochitl‹, das mexikanische Unkraut, hatte es weit gebracht.

Die Begeisterung für seltene Tulpen war zu einer früheren Zeit noch hektischer gewesen und stachelte Pflanzenjäger wie Gärtner an.

Ihre Kultur hatte zwei Zentren: im Nahen Osten, wo die Tulpe die Blume des Osmanischen Herrscherhauses und für die Perser das Sinnbild der Liebe war, und in den Niederlanden. Im Jahr 1573 gelangte sie sozusagen im Diplomatengepäck von der Türkei nach Wien, als der Arzt und Botaniker Clusius (eigentlich Charles de Lecluse) dort Gartendirektor war, und er sorgte später von Leiden aus für die Verbreitung der Gartentulpe. Bald beherrschten die Niederlande den Markt, und bis heute ist Holland *das* Tulpenland geblieben.

Pflanzenjäger suchten die Levante nach wilden Varietäten ab. Hybridenzüchter gaben sich die größte Mühe, neue Arten hervorzubringen, und es glückte ihnen so sehr, daß plötzlich – merkwürdigerweise mitten im blutigen Dreißigjährigen Krieg – die Tulpomanie ausbrach und Tulpen zu einer begehrten Handelsware wurden. Spekulanten kamen in Brügge im Hause der Familie van der Beurse – von der die Börse ihren Namen hat – zusammen, um zu handeln, und sie handelten sogar mit ›Papiertulpen‹, das heißt mit Zwiebeln, die gar nicht vorlagen, aber unterschriftlich bestätigt waren. Über zehn Millionen ›Papiertulpen‹ wechselten auf diese Weise die Hand. Die echte Ware wurde auf öffentlichen Märkten verkauft, besonders wertvolle Zwiebeln wechselten von Hand zu Hand ihren Besitzer.

Man erzählt die sonderbarsten Geschichten von Transaktionen im privaten Tulpenhandel: Eine einzige Zwiebel wurde mit einem Zweispänner abgegolten, eine andere gar mit zwölf Morgen Land. Ein Kaufmann in Haarlem bezahlte ein Vermögen für eine seltene Zwiebel, und als er entdeckte, daß ein Schuhmacher eine Tulpe von genau gleicher Farbe besaß, schüchterte er den Bedauernswerten so ein, daß der Mann ihm seine Zwiebel für tausendfünfhundert Gulden überließ worauf der Händler sie vor den Augen des Schusters zertrampelte. Groß war der Kummer des Schusters, der Tulpen liebte, und als der gefühllose Kaufmann ihm sagte, er sei durchaus bereit gewesen, zehnmal so viel zu bezahlen, erfaßte der Arme erst das volle Ausmaß seines Verlustes, ging hin und erhängte sich.

Eine andere merkwürdige Geschichte ist auf so viele voneinander unabhängige Quellen zurückzuführen, daß sie sehr wohl wahr sein könnte. Sie zeigt, wie gefährlich der Handel mit so verderblichen kostbaren Gütern ist. Ein niederländischer Importeur freute sich so sehr, daß eine Tulpenladung in Rekordzeit aus der Levante eingetroffen war, daß er dem Überbringer der guten Botschaft ein schönes Trinkgeld und ein paar Bücklinge fürs Abendbrot gab. Der Bote, ein einfacher Seemann, war mit Geistesgaben nicht übermäßig gesegnet. Beim Verlassen des Warenschuppens sah er zwischen kostbaren Seiden und Samt etwas liegen, das er für eine Küchenzwiebel hielt und als leckere Beigabe zu seinen Bücklingen betrachtete. Zufällig war es eine ›Semper Augustus‹ im Wert von dreitausend Gulden. Der Seemann mußte sein Abendessen mit einem halben Jahr Gefängnis bezahlen.

Wie die Gewürz-Seifenblase mußte auch die Tulpen-Seifenblase eines Tages platzen. Am 27. April 1637 trat ein Gesetz in Kraft, das die Händler in den Niederlanden zwang, alle Abschlüsse auch zu tätigen, Leerkäufe und -verkäufe wurden untersagt. Das Vertrauen zum Tulpengeschäft schwand. Ein Spekulant, der sich eines Jahreseinkommens von sechzigtausend Gulden erfreut hatte, stieg nicht beizeiten aus. In vier Jahren hatte er Paläste, Equipagen, Lustgärten und Freunde verloren.

Die Tulpomanie verging eine Zeitlang, flammte aber im achtzehnten Jahrhundert in der Türkei in exotischer Form nochmals auf. Hier wetteiferte der Sultan mit seinem Großwesir im Glanz ländlicher Tulpenfeste. Als ein solches Fest einmal nachts stattfand, wurden die Tausende von Tulpen durch bunte Lämpchen beleuchtet, die sich auf dem Rücken lebender Schildkröten langsam durch die Beete bewegten. Zur weiteren Freude sangen Vögel in Käfigen über den Tulpenbeeten, Eunuchengärtner unterhielten die Gäste mit schrillen Tönen, und hinter Pflanzenschirmen spielte eine Kapelle.

Zu Beginn des neunzehnten Jahrhunderts begannen amerikanische Tulpenzüchter den Londoner Markt zu überschwemmen. So viele gesunde Zwiebeln wurden eingeführt, daß der stark gesunkene Preis selbst für den Arbeiter erschwinglich wurde. Die Tulpe war nun eine gewöhnliche Blume; es gab sie nicht nur in jedem einschlägigen Geschäft zu kaufen, sondern der kleine Mann pflanzte sie auch in seinem Gärtchen. Sie wurde so sehr geliebt, daß Fälle bekannt sind, wo sich die Begeisterten eine tödliche Erkältung zuzogen, weil sie ihre Schlafdecken an die Tulpenbeete abtraten, um sie vor Frost zu schützen. Schon im Jahr 1849 fand in England die erste Nationale Tulpenausstellung statt, wo die Bezeichnungen der Hauptabteilungen den Laien rätselhaft erschienen sein müssen: »Bizarden mit gelbem Grund; Flamandes mit weißem Grund; Bijbloemen mit weißem oder fast weißem Grund; Roses mit rotem und weißem Kelch und rosa Grund.«

Abgesehen davon, daß der Reiz mancher Pflanzen auf Schönheit oder Seltenheit beruht, ist jede einzelne für den Botaniker interessant. Das beweisen nicht nur Tausende von Alben mit gepreßten Blumen, die Sammler zusammengetragen haben, sondern auch die Herbarien der botanischen und naturwissenschaftlichen Museen, wo man sogar die ursprünglichen Umweltbedingungen im Freien oder unter Glas nachgeschaffen hat. Ein gutes Beispiel ist die Doline oder Karstwanne im Botanischen Garten von Cambridge: eine trichterförmige Vertiefung im Boden trägt auf allen Seiten die Pflanzen, die nur im Karst gefunden werden. Ähnliche Gärten legen viele Amateure an, die aus Liebe zu Blumen oder aus botanischer Leidenschaft ihre Lieblingsarten anpflanzen.

Für den Botaniker ist eine Kuriosität eine wertvolle Jagdbeute. So freute sich der englische Gärtner und Botaniker *John Claudius Loudon* (1783–1843) über alle Maßen, als er in Venedig eine ›Vallisneria spiralis‹ fand, und er beschloß, sie auf dem ganzen weiten Weg nach England mitzunehmen. Vallisneria ist weder überwältigend schön noch besonders selten, aber damals kannte man sie in England noch nicht, und diese Wasserpflanze, die sich auf seltsame Weise verbreitete, war für Loudon von wissenschaftlichem Interesse. Er trug das Gewächs in einem Zinngefäß über die Alpen bis nach Paris. Hier wohnte er in einem so stickigen Hotelzimmer, daß er meinte, etwas frische Luft werde der Pflanze gut tun; deshalb setzte er sie aufs Fenstersims. Er band das Gefäß fest, damit es nicht etwa vom Wind weggeweht würde, und ging in dem Glauben, daß alles in Ordnung sei, zu Bett. Er irrte sich jedoch.

Wie für die Süditaliener die seltensten Wildpflanzen nichts weiter als ›Insalata‹ sind, so war für die Pariser Spatzen Loudons Vallisneria bloß ein Happen pikantes Grünzeug. Über Nacht verschwand es aus ähnlichen

Gründen wie die ›Küchenzwiebel‹ des Seemanns, und der betrübte Loudon brachte als einzige Erinnerung an seinen botanischen Triumph das leere Zinngefäß nach Hause. Zu seinem Trost konnte er feststellen, daß das Gewächs zufällig ein paar Monate früher bereits in England eingeführt worden war.

Manchmal üben Pflanzen eine weniger rühmliche Anziehungskraft auf Sammler aus, und zwar dann, wenn man sie als Ansteckblume mißbraucht. So gab es weit weniger wirkliche Orchideenliebhaber als Züchter und Herren und Damen der Gesellschaft – besonders seit der Zeit der industriellen Revolution –, die die Blüten wie ein ›Kastenabzeichen‹, eine Art Statussymbol, trugen, was auch Frederik Boyle in seinem 1893 erschienenen Buch über Orchideen mit den Worten betonte: »Die Pflanze wurde eigens dazu geschaffen, die auserwählten Menschen dieses Zeitalters zu erfreuen.«

Um der immer größeren Nachfrage zu genügen, nahmen die Orchideenjäger lange Reisen durch unbekannte Länder und gefährliche Gegenden auf sich, wenn sie nur den Wink erhielten, am Ziel könnten sie unter Umständen eine neue Art oder beträchtliche Mengen einer bekannten Varietät finden. Zu Tausenden wurden Bäume von oben bis unten abrasiert, weil man die Epiphyten gewinnen wollte, die wie Vögel im Gezweig lebten, und ganze Orchideengebiete schlug man kahl, wobei manche Arten so vollständig ausgerottet wurden, daß ihr Fortbestand nur noch in der Kultur gesichert werden konnte. So wuchs im Jahr 1847 ›Laelia elegans‹ in Hülle und Fülle auf einer kleinen brasilianischen Insel. Die Sammler erzählten damals, noch nie hätten sie derartige Massen von Pflanzen gesehen. Fünfzig Jahre später war kein einziges Exemplar mehr übriggeblieben. Um das Vorkommen solcher Kolonien geheimzuhalten, trugen die Sammler sie auf ihren Karten mit rätselhaften Zeichen ein, die für andere keinen Sinn hatten, oder sie legten sogar gefälschte Karten an, weil sie hofften, daß man sie kopieren würde und dadurch die Konkurrenten irregeführt und auf eine falsche Fährte gesetzt worden wären.

Während die Sammler in die Ferne zogen, arbeiteten die Hybridenzüchter zu Hause. Die Züchtung war mühsam und zeitraubend, bevor man das meristematische Verfahren entdeckte, aber die Züchter setzten alles daran, der Nachfrage zu begegnen. Zur Zeit des Burenkrieges besaß ein englischer Orchideenzüchter einen Vorrat von über zehntausend Pflanzen. Ein anderer verkaufte seinen ganzen Bestand einer amerikanischen Gesellschaft für 24 000 Pfund (das sind heute etwa 150 000 Pfund).

Der Verkauf von Sammlungen oder einzelnen Exemplaren schuf in den Auktionssälen von New York, Paris und London neue Aufregung. Als die lange gesuchte ›Dendrobium schroederi‹ bei Protheroe in London verkauft wurde, drängten sich die Leute in den Räumen, weil die Versteigerung unter einer ungewöhnlichen Bedingung stand: Um den Eingeborenenstamm zu beschwichtigen, dem die Orchidee ursprünglich gehört hatte, mußte auch der menschliche Schädel mitgekauft werden, in dem sie gewachsen war. Ein so sonderbarer Blumentopf ist weder vorher noch nachher jemals versteigert worden.

Die Anziehungskraft der tropischen Orchidee ist erklärlich, denn gerade sie hatte vielfache Bedeutung. Manchen Jägern erschien es als Gipfel ihres Berufsehrgeizes, eine unbekannte Art aufzuspüren. Andern verhieß die Jagd nach Orchideen romantische Abenteuer. Die meisten sahen in ihr eine gewinnbringende Beute, was durchaus verständlich ist.

I

Eine Pflanzenjägerin mit Zeichenstift und Pinsel war Maria Sibylla Merian, Tochter des großen Topographen und Verlegers Matthäus Merian. 1699 bis 1701 durchstreifte sie Surinam, das heutige Niederländisch-Guayana, und schuf ihre wissenschaftlich wie künstlerisch gleich anziehenden Blätter zur Metamorphose der Insekten, wobei sie auch die Pflanzen als natürliche Umwelt der Tiere – oft sogar dominierend – in die Gestaltung mit einbezog. Eine der schönsten Darstellungen dieser Folge ist das Blatt mit der Banane, einer Nahrungspflanze, die eigentlich in den Tropen Südostasiens und der Philippinen heimisch ist und schon im 16. Jahrhundert nach Amerika gebracht worden war. In England stellte sie der Apotheker und Botaniker Thomas Johnson in den dreißiger Jahren des 17. Jahrhunderts erstmals aus.

Einträgliche Nutzpflanzen sind das grüne Gold der Volkswirtschaft. Ein vorzügliches Beispiel dafür war der Kautschuksamen, der von Brasilien nach England geschmuggelt wurde und sich für die britische Regierung als sehr lukrativ erwies.

Der Export der Gewächse, die den so wertvollen Rohstoff lieferten, war in Brasilien gesetzlich verboten. Eine einzige Möglichkeit gab es, dieses Gesetz zu umgehen. Von Kew aus wurde ein Botaniker auf eine ›Wissenschaftliche Expedition‹ dorthin entsandt. Unter seiner Ausbeute hatte er auch viele Kautschuksamen, die möglichst schnell befördert werden mußten, wenn sie lebensfähig bleiben sollten. Da die Viktorianer selten etwas halb taten, charterte er im Namen der indischen Regierung den Dampfer ›Amazonas‹, der seine ›botanischen Sammlungen‹ auf direktem Wege nach London zu bringen hatte. Das war ein eindrucksvolles Vorgehen, das bei dem brasilianischen Zöllner denn auch verfing. Außerdem entzückte es ihn, daß ihm der britische Konsul zusammen mit diesem extravaganten Schiffsmieter einen Besuch abstattete. Die beiden Männer erbaten seinen Beistand bei der Ausfuhr exotischer brasilianischer Pflanzen für den Botanischen Garten in Kew. Die englische Königin, so versicherten sie ihm, würde sich unsagbar freuen, die floristischen Schönheiten seines Landes in ihrem Garten zu sehen. Sie erhielten die notwendigen Zollscheine, und eine halbe Stunde später dampfte die ›Amazonas‹ mit ihrer kostbaren Ladung von siebzigtausend Kautschuksamen aus dem Hafen von Pará.

Nur ein kleiner Teil, etwa dreitausend, schlug in Kew Wurzeln und entwickelte sich zu Sämlingen. Weniger als zweitausend von ihnen erwiesen sich als genügend gesund und so widerstandsfähig, daß man sie nach Burma und dem Malaiischen Archipel verschiffen konnte, wo sie die Stammeltern aller Kautschukbäume im Fernen

Osten wurden, die Begründer einer gewaltigen Industrie und ein schlagendes Beispiel dafür, daß sich nationale Unehrlichkeit in großem Stile bezahlt machen kann.

Diese Aufzählung von Erfolgen darf nicht als Hinweis angesehen werden, daß die Pflanzenjagd unweigerlich lohnend war. Mitnichten. Man sollte auch nicht meinen, die Suche nach Pflanzen sei ein leichtes und bequemes Unterfangen gewesen. Ernest Wilsons Erlebnis zeigt ja, welche Anforderungen an die Sammler gestellt werden konnten. Im großen und ganzen mußten die Pflanzenjäger unerschrockene Männer sein, wie die folgenden Seiten klarmachen werden.

ERSTER TEIL

Pflanzenjagd in der Alten und Neuen Welt

Von der Königin Hatschepsut bis zu Albertus Magnus

Die Welt der Vorgeschichte würde in vielem einen Anblick bieten, als ob man sie durch einen Zerrspiegel betrachtete. Europa war zum Beispiel in mancher Hinsicht das genaue Gegenteil von dem, was es heute ist. Die Umgebung von Rom und die ganze große Ebene Mittelitaliens lagen am Grunde eines Meeres. Wo England ist, da gab es einen eiskalten Ozean, dessen Oberfläche so dicht bepackt mit Inseln war, daß sie aneinander stießen. Auch der Harz bestand aus Inseln, hingegen bildeten die heutigen griechischen Inseln die Hügel und Berge einer üppigen Ebene, wo Nashörner und zottige Mastodonten grasten.

Wovon sich diese Tiere ernährten, weiß man nur teilweise. Zwar liefert die Geologie Hinweise auf bestimmte vorgeschichtliche Pflanzen; so hat man in Oregon und in Colorado versteinerte Rosen gefunden, die mindestens zweiunddreißig Millionen Jahre alt sind, aber die Kenntnis ist spärlich. Übrigens gehen diese Fragen über den Rahmen des vorliegenden Buches hinaus, denn niemand kann wissen, ob es im Steinzeitalter bereits Pflanzenjäger gegeben hat. Vielleicht wird man eines Tages Höhlenzeichnungen entdecken, die berichten, daß unsere primitiven Vorfahren schon so klug waren, Nutzpflanzen anzubauen. Bis dahin können wir nur annehmen, daß sie dieser Klugheit ermangelten und sich mit der Jagd auf Tiere begnügten.

Sogar innerhalb der überlieferten Geschichte sind die frühesten bekannten Tatsachen recht grotesk. Vor fünftausend Jahren hatten die Chinesen schöne Gärten mit Pagoden, Vogelhäusern, Sturzbächen, nebelbedeckten Bergen, stillen Lagunen, in strenge Form gebrachten Brücken und künstlichen ›Inseln der ewigen Jugend‹ und ›nie endenden Glückseligkeit‹, lange bevor irgendeine Kultur durch das Schlüsselloch von Kreta nach Europa zu dringen begann. Und der chinesische Kaiser Tschin Ming kultivierte Rosen und andere Blumen, als es in Griechenland noch keine Griechen gab.

Mag man derartige Tatsachen auch in aller Seelenruhe zur Kenntnis nehmen, so sind sie doch erstaunlich. Ebenso ergeht es einem mit dem Alter – oder dem mutmaßlichen Alter – bestimmter Pflanzen. Daß einige der Sumpfzypressen, die heute in den Vereinigten Staaten zu sehen sind, schon vorhanden waren, als Moses die Gebote erließ, verleiht ihnen geradezu etwas Unheimliches. Und dasselbe ist auch bei den kalifornischen Mammutbäumen der Fall, von denen manche schon eintausendfünfhundert Jahre alt sind.

Unfaßbar erscheint es auch, daß die erste uns bekannte Expedition zur Pflanzensuche stattfand, als Athen und Rom noch nicht existierten. Sie wurde von der ägyptischen Königin Hatschepsut (um 1500 vor Chr.) zur Suche nach ›Olibanum‹ ausgesandt, dem Gummiharz des arabischen Weihrauchbaumes, der heute nach dem englischen Schriftsteller James Boswell, dem Biographen Samuel Johnsons, ›Boswellia‹ heißt. Dieses Bäumchen wuchs an der Küste Ostafrikas im Lande Punt, und dorthin segelten fünf Schiffe, die mit vielen Samen und Pflanzen zurückkehrten. Einunddreißig Bäumchen schlugen im Tempelgarten der Königin zu Karnak Wurzeln, und hier verzeichnete man den Erfolg der Expedition an einer reliefierten Mauer.

Im heißen Land Sumer, an der Mündung von Euphrat und Tigris, und in Ägypten, dem Land am Nil, lag der Ursprung der westlichen Kultur, von dort her übernahmen die Abendländer ihre Liebe zu blühenden Pflanzen. Vor allem übten Persien und Medien starken Einfluß auf die abendländischen Gartengestalter aus. Die Liebe der Perser zu Bäumen, ihre Parkanlagen (›Paradeios‹), wo Fontänen spielten und in denen sorgsam aufgezogene Hirsche gehalten wurden, die eingeschlossenen Oasenanlagen und die großen Rosengärten regten zu Nachahmungen an, die man heute noch an weit entfernten Orten, wie Hull und Honolulu, sehen kann.

Dem Bedürfnis des verfeinerten Menschen, schlechte Gerüche zu überdecken, kamen die Händler entgegen, die auf uralten Karawanenstraßen Gewürze herbeischafften. Dabei brachten sie auch aromatische, wohlriechende oder einfach nur dekorative Pflanzen in andere Länder.

Veilchen wurden verlangt, weil sie ein Grundstoff des persischen Erfrischungsgetränks Scherbet waren und auch der Hauptbestandteil einer römischen Schlemmerspeise, die Apicius als ›gebackene Veilchen mit Zitronen- und Apfelsinenscheiben‹ bezeichnet. In Griechenland und Großgriechenland brauchte man Veilchen auch für Kränze. Pindar apostrophiert die Athener als die ›Veilchenbekränzten‹; sogar mitten im Winter konnte man auf den griechischen Märkten Veilchen kaufen.

Rosenwurzeln wurden gehandelt und wurden von den Züchtern in Kyrene und den noch ferneren in Persien und Afghanistan nach Rom geschafft, weil man Rosen nicht nur als Dekoration für Teppiche und Kissenbezüge sowie als Kissenfüllung verwendete: die Römer tranken auch Rosenwein, badeten in Rosenwasser und aßen Rosengelee, Rosenhonig, kandierte Blütenblätter und einen

Rosenpudding, der neben anderen Zutaten Kalbshirn, Pfeffer, Eier und Öl enthielt.

Die Päonie oder Pfingstrose kam erwiesenermaßen aus dem Osten nach dem Westen. Plinius der Ältere nannte sie die älteste aller kultivierten Blumen; in China wuchs sie schon Jahrhunderte vor seiner Zeit. Heute spielt sie dort immer noch eine bedeutende Rolle. Wer als erster die verschiedenen Varietäten dieser Pflanze gesammelt hat, ist nicht bekannt, aber man darf als sicher annehmen, daß es keine Berufszüchter gewesen sind. Die meisten frühen Pflanzensammler waren Amateure.

Mit der Zeit bedurfte man eines Pflanzenkatalogs. China hatte seine uralte, allerdings unvollständige ›Materia Medica‹, im Abendland hingegen gab es keinerlei Verzeichnis. Leider sind die beiden botanischen Werke des Aristoteles aus dem 4. Jahrhundert vor Christus, in Wirklichkeit eine Zusammenfassung der ursprünglichen Schriften, die sein Schüler Theophrastos als Erbe der Bibliothek besorgt hat, verloren gegangen.

Vierhundert Jahre nach Theophrastos schrieb Dioskorides, der griechische Arzt des Antonius und der Kleopatra, eine Arzneimittellehre, die eine Liste von sechshundert medizinischen Pflanzen enthielt. Sie sollte über ein Jahrtausend lang großen Einfluß auf die Botanik haben, ebenso wie die Schriften des älteren Plinius, der ein leidenschaftlicher Naturforscher war.

Aristoteles' Schüler Alexander der Große bewies, daß Feldzüge der Pflanzenverbreitung dienlich sein können. Durch seine Kriege im Fernen Osten gewann Europa die gefüllte gelbe Persische Rose und einen Baum, die Pyramidenpappel. Söldner aller Nationalitäten, gewöhnliche Seeleute, Kaufleute und andere Weltreisende brachten Gewächse aus andern Ländern heim, weil sie sie schön, eßbar oder als Heilmittel nützlich fanden, oder die Pflanzen wurden wie von den kaiserlichen Legionären, die das Waffenhandwerk ins Ausland führte, als Erinnerung an die Heimat mitgenommen. Auf diese Weise verbreitete sich die weiße Lilie von einem römischen Feldlager zum andern durch ganz Europa sowohl als Wundheilmittel der Feldscherer wie auch als sentimentales Andenken der Soldaten. Und ebenso gelangten auch neben vielen anderen Nahrungsmitteln Gurke und auch Rettich in den Norden, den römischen Statthaltern, die etwa in Britannien über fünfhundert Jahre herrschten, zu Nutz und Frommen. Diese und viele andere Sammler können gewissermaßen als Amateurpflanzenjäger bezeichnet werden.

Allgemeines Interesse an Pflanzen und Forschergeist lagen im frühen Mittelalter brach. Inzwischen war es Sache der Ärzte, Mönche und Apotheker geworden, sich mit Kräutern zu befassen, und es wurden Kräuterbücher geschrieben, die eher romantischer Natur als fachkundig waren.

Ein berühmter Pflanzenliebhaber war Karl der Große. Kreuzritter brachten Kräuter aus dem Heiligen Land mit. Pilger, Skalden, Troubadoure, Händler und Abenteurer sammelten und bereicherten den Bestand an bekannten Pflanzen. Doch immer mehr wurde es Aufgabe der Geistlichen, den Bestand zu erhalten, dem botanischen Studium systematisch nachzugehen und alle Beobachtungen niederzuschreiben. Zu den bedeutendsten Geistern gehörte der Deutsche *Albertus Magnus*, eigentlich Albert, Graf von Bollstädt (1193–1280), der unter den frühmittelalterlichen Botanikern besondere Beachtung verdient.

Allein die Länge seines Lebens ist außergewöhnlich. Zu einer Zeit, in der sehr wenige Menschen das fünfzigste Lebensjahr erreichten, siebenundachtzig Jahre alt zu werden, ist an sich eine Leistung. Albertus Magnus war einer der seltenen Menschen, die mit den Tagesstunden Zauberkunststücke vollführen, die Arbeit von drei Männern leisten und sich in vielen Künsten hervortun. Überdies war er ein ganz schlichter, bescheidener Mann, der jedem sein Ohr lieh.

Die kleineren Widersprüche und Unstimmigkeiten in seiner überlieferten Lebensgeschichte sind geringfügig und bedeutungslos. Über die Grundtatsachen seines langen und bunten Lebens sind sich die Gelehrten einig.

Er war sehr klein von Statur, wie der Maler Toulouse-Lautrec ebenfalls ein berühmter Zwerg von adliger Abkunft, aber keineswegs mißgestaltet. Er wurde zu Lauingen im heute bayerischen Schwaben geboren und studierte in Padua, wo die Universität so fortschrittlich war, den ersten botanischen Garten der Welt anzulegen. In gelehrten Disputen und zwanglosen Gesprächen stillte er seinen Wissensdurst. Der Durchschnittsstudent widmete sich damals der Theologie und Philosophie und beließ es dabei. Albertus Magnus folgte diesem vorgeschriebenen Weg, dann aber führte ihn sein Forschergeist zur Untersuchung anderer Dinge – er erforschte Bäume, Pflanzen, Steine, Tiere, Sterne und Elemente. Seines Erachtens verdienten sie nähere Betrachtung als Geschöpfe Gottes.

Nachdem er in den Dominikanerorden eingetreten war, lehrte er in verschiedenen deutschen Klöstern und an der Universität zu Paris, wo er Thomas von Aquin beeinflußte. Zum Glück für die Naturgeschichte fand seine Lehrtätigkeit vorübergehend ein Ende, als er zum Provinzial seines Ordens gewählt wurde und in dieser Eigenschaft jedes Kloster in seinem Gebiet visitieren mußte. Gemäß seinem Armutsgelübde ging er immer zu Fuß. Offenen Auges zog er durch einen großen Teil Nordeuropas und wurde, sozusagen nebenbei, Fachmann in Zoologie, Mineralogie und Botanik. Er vollbrachte Heldentaten an Ausdauer, und, wenn man die damaligen Zustände bedenkt, ist es fast ein Wunder, daß er alle Abenteuer überstand. Er ließ sich weder durch die Unbilden des Wetters noch durch Wegelagerer abschrecken und lebte noch lange genug, um eine sechsbändige Naturgeschichte zu schreiben.

Sein Name wurde bald bekannt. Sein Orden und die Universitäten wußten seinen glänzenden Geist zu schätzen, und bei Streitfragen wurde er als kluger Vermittler zugezogen. Schließlich bot man ihm eine Lehrtätigkeit in Rom; doch kaum hatte er sich dort niedergelassen, da sah der Papst in ihm den richtigen Mann, dem man eine heikle Mission in Polen anvertrauen konnte. Die Polen bedienten sich damals der Euthanasie. Verkrüppelte Kinder und unerwünschte Greise wurden umgebracht und häufig gegessen. Albertus erhielt den Auftrag, dieser Barbarei fest entgegenzutreten. Dabei war ihm ein großer Erfolg beschieden, und nachdem er auf dem Rückweg nach Rom wieder botanisiert hatte, ersuchte er um die Bewilligung, sich in der Stille seiner Zelle mit der glanzvollen Schöpfung Gottes befassen zu dürfen, zumal er sein baldiges Ende erwarte, da er schon siebenundsechzig Jahre alt sei.

Der Papst war entschieden weitblickend. Er schlug Albertus die Bitte nicht nur ab, sondern ernannte ihn sogar zum Bischof von Regensburg.

Bei der feierlichen Audienz, in der Albertus seine Erhöhung erfuhr, trat deutlich zutage, wie klein der neue Bischof war. Erst als der Heilige Vater ihm rücksichtsvoll sagte, er solle doch stehen und seine alten Knie schonen, merkte er, daß Albertus gar nicht kniete, sondern auf den Füßen stand. Es spricht für beide, daß der Papst und der neue Bischof, während Kardinäle, Kapläne und päpstliche Beamte vor Verlegenheit erstarrten und so taten, als hätten sie nichts gehört, gleichzeitig in lautes Gelächter ausbrachen.

In seiner Bescheidenheit machte sich Albertus gar nicht klar, was er mit seinen Schriften über Ackerbau erreicht hatte. Sein Verdienst beschränkte er auf die Einteilung der Flora in zwei Kategorien, im Gegensatz zu Theophrastos, Dioskorides und Plinius, die das Pflanzenleben in drei Kategorien eingeteilt hatten. (Die Botaniker des 15. und 16. Jahrhunderts unterschieden fünfundzwanzig Kategorien, zum Beispiel Rembert Dodoens, oder gar keine Kategorie, wie etwa Otto Brunfels.) Im übrigen freute es ihn, sich mit der europäischen Flora zu befassen, die man wegen der unterschiedlichen Standorte noch nie systematisch ergründet hatte. Er war der erste Pflanzenjäger, der planmäßig ein großes Gebiet absuchte, und der erste Gelehrte, der genaue Beschreibungen des Blätterwerks veröffentlichte und auf die Bedeutung der Felderbestellung und Düngung aufmerksam machte. Auch war er in den ästhetischen Empfindungen seiner Zeit voraus, denn er würdigte das Wasser, den geschorenen Rasen, Farben und Duft der Blumen in den Parks und Gärten, die er beschrieb.

Wenn Aristoteles als Gründer der Botanik gilt, muß Albertus Magnus als der erste systematische Pflanzenjäger betrachtet werden, den die Geschichte kennt.

Die ersten Pflanzenjäger der Neuzeit

Es ist schwer, sich eine Vorstellung davon zu machen, wie stark Dioskorides, Plinius und Aristoteles, bzw. Theophrastus, die Naturwissenschaft bis zum sechzehnten Jahrhundert beeinflußt haben. Jenseits des Atlantischen Ozeans kultivierten mexikanische Gärtner, in glückseliger Unkenntnis der alten Vorstellungen und in-

Titelseite zum ›Kreuterbuch‹ des Predigers, Arztes und Botanikers Hieronymus Bock

Kreüter Bůch.

Darinn Underscheidt / Namen unnd Würckung der Kreütter / Stauden / Hecken und Beümen / sampt jren Früchten / so inn Teütschen Landen wachsen / Auch der selbigen eigentlicher unnd wolgegründter gebrauch in der Artznei / fleissig dargeben / Leibs gesundtheit zů fürdern unnd zů behalten sehr nutzlich und tröstlich / Vorab dem gemeinen einfaltigen Man.

Durch H. Hieronymum Bock auß langwiriger und gewisser erfarung beschriben.

Und jetzund

Von newem fleissig ubersehen / gebessert unnd gemehret / Darzů mit hüpschen artigen und läblichen Figuren der Kreütter allenthalben gezieret.

Darüber findest du

Drei volkommene nutzliche Register / under welchen / Das erst die gemeine Latinische und Griechische Namen der Kreütter / Stauden / Hecken und Beümen hat / Das ander die Teütsche / Das dritt die anzeig der Artznei und raht für allerlei kranckheiten und leibs gepresten.

Mit Keiserlicher Freiheit auff Acht jar.

Gedruckt zů Straßburg / im Jar M. D. LX.

folgedessen unberührt von den neuen, zahlreichen Pflanzen, deren heilsame und krankheitsverhütende Eigenschaften den Azteken jahrhundertelang bekannt gewesen waren. In Europa hingegen standen Gärtner und Botaniker im Bann der Antike, und es bedurfte eines offenen Geistes, sich davon freizumachen.

Zu den ersten, welche die Beschränkungen der alten griechischen Botaniker erkannten, gehörte der Frankfurter *von Cube*, ein vermögender Arzt und Amateurbotaniker. Ihm schwebte der Gedanke vor – mehr war es nicht –, daß sich die Flora Nordeuropas von der Südeuropas und darüber hinaus unterscheiden müsse. Er beschloß, die Frage nachzuprüfen, und begab sich 1485 auf eine Pflanzenjagd-Expedition, begleitet von einem »vernünftigen, geschickten und listigen« Maler. Sie nahmen sich eine weite Reise vor: Italien, Balkan, Kreta, Rhodos, Zypern, Palästina, Ägypten. Ihre Pflanzenjagd war erfolgreich. Dr. von Cube bewies, daß die Griechen vor zweitausend Jahren noch nicht das letzte Wort über die Verbreitung der Pflanzen geschrieben hatten.

Seine Forschungsergebnisse wurden von drei andern Deutschen bestätigt: *Hieronymus Bock*, *Otto Brunfels* und *Leonhart Fuchs*. Alle entstammten einem einfachen Haus; alle drei waren jung und rebellisch als Luther seine Thesen anschlug, und darum hielten es alle drei mit dem Protestantismus. Ihre Arbeit als Pflanzenjäger und auf dem Gebiet der Klassifizierung war so bedeutend, daß sie die botanische Wissenschaft vollständig zu ändern schien.

Anfangs mühten sie sich getreulich, alle Pflanzen, die sie sammelten, in die Zwangsjacke der alten Griechen zu packen. Aber eigene Vernunft wie Zeitgeist machten sie aufsässig. Ihre Neuentdeckungen waren tatsächlich bisher unbekannt gewesen. Sie in Kräuterbüchern zu verzeichnen und mit kurzen Beschreibungen und Angaben über ihren Nutzen zu versehen, wurde ihre Lebensaufgabe.

Sie hatten in andern Ländern Ebenbilder. Zu den besten und zugleich unglücklichsten Botanikern von allen gehörte der Schweizer *Konrad Gesner* (1516–1565). Sein Vater, ein Kürschner, wurde das Opfer der blutigen Religionskriege zwischen den Kantonen. Gesner selbst mußte, obwohl er ein ungewöhnlich emsiger Pflanzensammler und Arzt war, mit anderen Arbeiten Geld verdienen; er lernte nie ein bequemes Leben kennen, noch erntete er für sein Werk als Botaniker das

verdiente Lob. In den letzten Lebensjahren hatte er einen Lehrstuhl für Medizin inne, aber das bedeutete nur eine zusätzliche Bürde, die ihm fast kein Gehalt einbrachte. Er konnte es sich nur mit knapper Not leisten, nach Venedig zu reisen, als er von Kaiser Ferdinand dorthin gerufen wurde. Seine einzige Extravaganz war, nach seinen fünfzehnhundert eigenen Pflanzenzeichnungen Holzschnitte anfertigen zu lassen. Diese Holzschnitte, zusammen mit einer großen Mappe voller No-

Otto Brunfels (rechts) wurde von Linné ehrenvoll als ›Vater der Botanik‹ bezeichnet: seine 1530 erschienenen ›Herbarum vivae eicones‹ brachten erstmals Abbildungen einheimischer Pflanzen mit deutschen Namen

D. Otho Brunfelsius,
Theologus, Medicus, anno
ætatis suæ XXXXVI.

New Kreüterbůch/in welchem nit allein die gantz histori/das ist/namen/gestalt/statt vnd zeit der wachsung/natur/krafft vnd würckung/des meysten theyls der Kreüter so in Teütschen vnnd andern Landen wachsen/mit dem besten vleiß beschriben/sonder auch aller derselben wurtzel/stengel/bletter/blůmen/samen/früchte/vnd in summa die gantze gestalt/allso artlich vnd kunstlich abgebildet vnd contrafayt ist/das deßgleichen vormals nie gesehen/noch an tag komen.

Durch den hochgelerten Leonhart Fuchsen der artzney Doctorn/vnnd derselbigen zů Tübingen Lesern.

Mit dreyen nützlichen Registern/auff welchen die zwey ersten/aller kreüter darvon hierin gehandlet/Teütsche/Lateinische vnnd Griechische namen/auch deren sich die Apotecker gebrauchen/begreiffen. Im dritten aber mag man zů allen kranckheyten vnd gebresten so dem menschen/vnd auch zum teyl dem vieh/mögen zůfallen/vilfeltig artzney vnnd radt eilends finden/sampt etlichen andern stucken zur haußhaltung treffenlich nütz vnd dienstlich.

Mit Keyserlicher Maiestat freyheyt/in fünff jaren weder nach zů trucken/noch durch ein außzug zů bekürtzen/bey der peen so die form/gleich auffs Register volgend/außweyst.

Getruckt zů Basell/
durch Michael Isingrin/ 1 5 4 3.

D. Leonhart Fuchs/seins alters im XLII. Jar.

1542 ließ Leonhart Fuchs seine ›De historia stirpium commentarii‹ in Basel erscheinen, die 1543 dann erstmals deutsch erschienen: Das Werk zeigt neben einem vornehmen Titelblatt (oben) den Verfasser (links), die Zeichner (rechts oben) und den Formschneider (rechts Mitte), der die Pflanzenbilder, darunter die rechts unten wiedergegebene Küchenschelle, in Holz schnitt

Maler.

Heinrich Füllmaurer. Albrecht Meyer.

Veyt Rüdolff Speckle formschneider.

Kuchenschell.
CCCCCXII.

tizen, seinen Beobachtungen und Analysen, bildeten die Grundlage einer botanischen Wissenschaft, losgelöst von den antiken Vorbildern. Das einzigartige Werk stand jedoch unter einem Unglücksstern. Bevor es veröffentlicht werden konnte, erkrankte Gesner an der Pest und starb. Die Mappe samt Holzstöcken und Zeichnungen wurde für den Pappenstiel von hundertfünfundsiebzig Gulden verkauft; diese Summe benötigte man zur Bezahlung des Holzschneiders. Der Käufer, der Mediziner und Botaniker Rudolf Jakob Camerarius, der später mit seinen Experimenten den Grund zur Sexualtheorie der Pflanzen legte, benutzte die Zeichnungen zur Illustrierung seiner eigenen Schriften, ohne Gesners Namen zu erwähnen. Erst 1751 spürte ein Liebhaber namens Christoph Jakob Trew zwei Drittel der Gesnerschen Holzschnitte auf und veröffentlichte sie unter dem Titel ›Gesneri opera botanica‹.

Der erste namhafte englische Botaniker war *William Turner*, ein Geistlicher, der dem Protestantismus fanatisch anhing, seines Amtes in Wells enthoben wurde und nach Köln auswanderte. Hier praktizierte er Medizin, nachdem er in Italien studiert hatte.

1551 wurde sein dreibändiges Werk ›A New Herball‹, das ungefähr zweihundertvierzig englische Pflanzen und ihren Standort aufführte, die erste botanische Buchveröffentlichung in England. Turner war im wesentlichen ein ›Lokalbotaniker‹, dem seine Angehörigen halfen, besonders sein Sohn Peter, der Arzt wurde. Beide arbeiteten pedantisch und gründlich auf einem kleinen Gelände. Nur die Einführung einer Pflanze wird William Turner zugeschrieben, nämlich die der Luzerne, einer sehr nützlichen Futterpflanze. Turner starb 1568 in London.

Einer seiner Zeitgenossen war der Italiener *Pier Mattioli*, ein vom irdischen Glück sehr begünstigter

Mann, dessen sonniges Wesen den Erfolg herauszufordern schien. Von seinem italienischen Buch über Dioskorides setzte er mühelos dreißigtausend Exemplare ab. Da von einer lateinischen Ausgabe kaum zu erwarten war, daß sie einen gleichhohen Absatz finden würde, ließ Mattioli sie klugerweise von dem beliebten Künstler Weditz mit fünfhundert Holzschnitten illustrieren. So kam es bei beiden Ausgaben zu zwei weiteren Auflagen. Das Buch wurde sogar in Syrien und Persien verlegt, aber die Exemplare galten weiterhin als so wertvoll, daß sie bei Mitgift oder Erbschaft namentlich aufgeführt wurden. (Ein Exemplar wurde der Königin Henrietta Maria von England vermacht). Verständlicherweise stieg der Erfolg Mattioli zu Kopf. Weniger verständlich mag es sein, daß die Eitelkeit ihn gegen diejenigen, die gelehrt und mutig genug waren, auf seine Irrtümer hinzuweisen, kleinlich und sogar rachsüchtig werden ließ. Auf sein Betreiben hin verlor ein Kritiker seinen Posten an der Universität von Padua. Aber die Botaniker seiner Zeit achteten ihn sehr, und da ihm in Italien ein weites Gebiet zur Verfügung stand, das andern verschlossen war, muß sein Beitrag zur neuen botanischen Wissenschaft und zum Sammeln getrockneter und lebender Pflanzen bedeutend erschienen sein. Von seinen Zeitgenossen wurde er so entschieden geschätzt, daß man ihn mit Titeln und Dankschriften überhäufte und – als sein Haus bis auf die Grundmauern abbrannte – eine öffentliche Sammlung veranstaltete, mit solchem Erfolg, daß er auch nach dem Wiederaufbau noch gefüllte Taschen hatte. Schließlich wurde er zum Leibarzt des römischdeutschen Kaisers Maximilian II. ernannt. Pier Mattioli brachte es von allen Botanikern des fünfzehnten und sechzehnten Jahrhunderts, rein äußerlich betrachtet, am weitesten. Nur einer seiner Freunde, der sich als Pflanzenjäger auszeichnete, genoß beinahe den gleichen Ruhm.

Es war dies *Ogier Ghiselin de Busbecq*, geboren 1522 in Flandern und Gesandter am Hofe Solimans II. in Konstantinopel. Hier bot sich ihm die Gelegenheit, die Pflanzen Kleinasiens aufzuspüren. Von dort kamen ja im sechzehnten Jahrhundert die meisten neuen Blumen und Pflanzen nach Europa. In einem einzigen Jahr führte Busbecq Roßkastanie, Flieder, Tulpe, Pfeifenstrauch, Eibischstrauch und Gartenhyazinthe ein, und fortlaufend belieferte er seinen glücklichen Freund Mattioli mit Pflanzen und Informationen.

Drei weitere hervorragende Sammler jener Zeit waren zufällig allesamt Niederländer, alle miteinander befreundet, alle in angenehmen Verhältnissen lebend, und alle drei übten auf die europäische Gartenkunst großen Einfluß aus. Ihre latinisierten Namen lauteten Dodonaeus, Lobelius und Clusius, aber sie kannten einander als Rembert Dodoens, Matthias de l'Obel und Charles de Lecluse.

Dodoens (1517–1585), der Medizin studiert hatte, war als Leibarzt Maximilians II. und Rudolfs II. in Wien, bevor er Professor der Medizin in Leiden wurde. Er suchte die Wissenschaft von scholastischen Fesseln zu befreien und sie auf das Studium der Natur hinzuleiten. Seine Werke enthielten Abbildungen und Beschreibungen heimischer und vieler ausländischer Pflanzen.

L'Obels Name wurde durch die ›Lobelia‹ verewigt, die nach ihm benannt ist. Er lebte fast dreißig Jahre lang in England und wurde von Jakob I. zum königlichen Botaniker ernannt. Er verfaßte als erster eine detaillierte Beschreibung aller Rosen, die zu Shakespeares Zeit in Europa kultiviert wurden, das heißt von zehn Arten. (Es ist interessant festzustellen, daß Plinius der Ältere zwölf Rosenarten beschrieben hat, Albertus Magnus hingegen nur vier, und daß man heute hundertzwanzig verschiedene Arten in der nördlichen Hemisphäre annimmt.) Er schrieb auch eine Geschichte der Getreidepflanzen und veröffentlichte einen Leitfaden fürs Bierbrauen. Er entlarvte den Engländer *John Gerard*, der sich mit seinem berühmten Buch ›The Herball‹ 1597 eines Plagiats schuldig gemacht hatte. Die Verdienste Gerards, der siebzig neue Pflanzen aufspürte und über tausend Gartenblumen kultivierte, ließ L'Obel durchaus gelten, aber er stellte fest, daß ›A New Herball‹ zu neunzig Prozent eine schlechte Übersetzung

Rembert Dodoens, genannt Dodonaeus: Botaniker und Leibarzt zweier deutscher Kaiser, Maximilians II. und Rudolfs II.

der Werke seines Freundes Dodoens war und sogar Teile seiner eigenen Studien enthielt, die fehlerhaft aus dem Lateinischen übertragen worden waren.

Charles de Lecluse war der leidenschaftlichste Pflanzenjäger von den drei Freunden, aber er war deswegen kein enger Fachmann, im Gegenteil, noch ausgeprägter als alle übrigen zeitgenössischen Botaniker verkörperte er den Menschen der Renaissance: Er studierte in Gent und Löwen die Rechte, dann in Marburg und Wittenberg Philosophie und schließlich noch in Montpellier Medizin. Er beherrschte acht Sprachen, verkehrte mit den Großen seiner Zeit, mit Rabelais und mit Kardinälen, obwohl er glühender Protestant war, und zeichnete sich als Historiker, Kartenzeichner, Mineraloge, Zoologe, Philosoph, Numismatiker aus, vor allem aber als Botaniker. Er bereiste mit den Grafen Johann und Markus Fugger Belgien, Frankreich, Spanien und Portugal. Allein in Spanien sammelte er zweihundert neue Pflanzen, die er unter dem Titel ›Seltene spanische Pflanzen‹ beschrieb. Auch die Türkei besuchte er und brachte von dort Kaiserkrone (›Fritillaria‹), eine Auswahl von Narzissen, Veilchenwurzel (›Iris florentina‹) nach Hause. Dann führte er Gartenranunkel und Hyazinthe von neuem ein. Später sorgte er – oft auf sonderbaren Umwegen – für die Einführung und Verbreitung so bekannter Pflanzen wie der Tuberose, die er aus Indien erhielt, obwohl sie ursprünglich aus Mexiko stammt, der Feuerbohne aus Brasilien über Portugal, wie auch der Kartoffel aus Spanien, wohin sie aus Peru gelangt war. Aber mit seiner Pflanzenjagd in Mitteleuropa in jüngeren Jahren leistete er seinen bemerkenswertesten Beitrag zur damaligen Botanik. Das war nicht einfach die Leistung eines Dilettanten, dem Geldmittel und Zeit zur Verfügung stehen. Im Auf und Ab seines Lebens lernte Lecluse Armut und Reichtum abwechselnd kennen, und beidem begegnete er mit vornehmer Würde, die ihm viel Bewunderung eintrug. Er geriet auch in den niederländischen Aufruhr gegen Alba. Ein Onkel

Matthias de l'Obel – hier das Titelblatt zu seinen ›Animadversiones . . .‹ – versuchte zum ersten Male eine Beschreibung der zu seiner Zeit bekannten Rosenarten.

MATTHIAE

DE L'OBEL

Medici Inſulanj,

SERENISS. & INVICTISS. IACOBI. I. MAGNAE BRITANNIAE, FRANCIAE, & HYBERNIAE REGIS

Botanographi,

ſiue Plantarum Hiſtoriæ Phyſicæ, tam indigenarum & Britanniæ inquilinarum, quam exoticarum ſcriptoris,

In G. RONDELLETII *inclytæ Monſpelienſis Scholæ Medicæ Profeſſoris quondam Regij & Cancellarij celeberrimi methodicam Pharmacenticam* *OFFICINAM ANIMADVERSIONES,*

quibus deprauata & mutilata ex authoris mente corriguntur & reſtaurantur.

TVEATVR VNITA DEVS.

I. *Suauiſſimâ Concordiâ*

R. *diſſociationem coniunxit.*

Acceſſerunt Auctaria,

In Antidotaria vulgata CENSVRAE beneuolæ, & dilucidæ Simplicium Medicamentorum Explicationes,

ADVERSARIORVMQVE Volumen, eorumq; pars altera & Illuſtramenta, quibus ambigua enodantur.

Cum LVDOVICI MYREI Pharmacopolæ Reginej Paragraphis vtiliſſ.

Contenta reliqua ſuis locis deſignantur.

LONDINI. 1605.

¶ *Excudebat prælum Thomæ Purfootij.*

von ihm wurde in dem Strafmassaker, das der Revolte folgte, ermordet. Sein Vater verlor alles und flüchtete nach Antwerpen; dort nahm sich der Sohn seiner an. Inzwischen war Lecluse in solche Bedrängnis geraten, daß er froh war, einen Ruf als Gartendirektor nach Wien zu erhalten. Hier konnte er aus diesem ›Tief‹ seiner Laufbahn wieder aufsteigen: er wurde vom Kaiser geadelt und dann zum Professor für Botanik in Leiden ernannt. Sein berühmtestes Werk, ›Rariorum plantarum historica‹, erschien 1601, als er fünfundsiebzig Jahre alt war. Zu seinen Freunden soll er gesagt haben: ganz gleich, wie grausam die Wechselfälle des Lebens auch sein könnten, Botanik und Gärtnerei gereichten immer zum Trost.

Das Zeitalter der Orangerie

Im Botanischen Garten der Universität Cambridge gibt es eine Rabatte mit perennierenden, zweijährigen und einjährigen Pflanzen, die nicht nach Gattung, Größe, Farbe, Blütezeit oder nach einem sonst üblichen Schema angeordnet sind, sondern nach der Reihenfolge ihrer Einführung in England. Sie bereiten all denen eine Überraschung, die Ziest (›Stachys‹), Purpurglöckchen und Levkojen mit dem lustigen alten elisabethanischen England in Verbindung bringen, und die nun feststellen, daß sie erst seit höchstens zwei Jahrhunderten in England vorkommen. Gleicherweise sind alle diejenigen erstaunt, die meinen, Bärenklau (›Acanthus‹) und Allerheiligenkirsche müßten erst vor kurzem eingeführt worden sein, weil sie so exotisch aussehen; denn es stellt sich heraus, daß sie schon lange vor dem Hundertjährigen Krieg zwischen England und Frankreich (1337 bis 1453) altersgraue ›Einheimische‹ waren. Die Rabatte erhebt nicht den Anspruch, vollständig zu sein. Besonders aber läßt sie nicht erkennen, welch ein Wandel sich im siebzehnten und neunzehnten Jahrhundert vollzogen hat. Die erste Revolution bei der Pflanzeneinführung hing damit zusammen, daß einige Pflanzenfreunde starkes Interesse an der sogenannten Orangerie zeigten, einem aus Stein, Holz und Glas errichteten, mit der Front nach Süden gelegenen Gebäude, das für solche Gewächse bestimmt war, die wegen ihrer Empfindlichkeit im Winter vor Frost geschützt werden müssen. Die zweite ergab sich zur Zeit der Königin Viktoria, als die großen Glashäuser aufkamen.

England erlebte seine Renaissance auf dem Gebiet der Botanik im siebzehnten Jahrhundert. Alle Künste und Wissenschaften, vom Sonetteschreiben bis zum Bleiguß, wurden durch den Humanismus neubelebt, aber das Tempo war von Ort zu Ort verschieden. Während sich auf dem Kontinent der Charakter der Gärten dahin änderte, daß sie nicht mehr Museen waren, in denen man seltene Pflanzen betrachten konnte, wurden gerade diese Pflanzen von den englischen Gärtnern zum erstenmal beachtet. Die französischen Gärtner interessierten sich für dämmrige Grotten unter freien Terrassen, für geometrische Muster, für Bewässerungsanlagen mit bunten Kieselsteinen und Ziegelmehl, für Kompartimente mit Buchsbaumhecken, die so erlesen waren, daß der wissenschaftlich gebildete Landwirt Olivier de Serres (1539–1619) schrieb: »Es ist wahrhaftig nicht nötig, nach Italien zu gehen!« Die französischen Könige hatten ihre Gartenarchitekten und -aufseher, und aus dem Geschäft mit den Blumen zogen sogar noch die Maler Nutzen, indem sie die verschiedenen Arten mit dem Pinsel festhielten.

Zu dieser Zeit nahmen die Engländer noch mit einfacher Kost vorlieb. Mit der ihnen eigenen Langsamkeit ließen sie sich auch von der Spannung des Pflanzensammelns erst später als alle andern anstecken. Doch nachdem sie von dem Fieber erfaßt worden waren, kam es bei ihnen zu gewaltigem Ausbruch; sie widmeten sich der Botanik und der Zucht von Pflanzen mit der äußersten Leidenschaft. Und das geschah im turbulentesten Jahrhundert ihrer politischen, gesellschaftlichen und wirtschaftlichen Geschichte, als Charles Stuart das Leben und sein Sohn Jakob II. den Thron verlor, als sich zwar die ›edle Vernunft‹ im Kopf der Menschen regte, aber Hexen zu Tode gefoltert wurden, als die Religion eher eine Sache der Politik war und umgekehrt.

Es ist erstaunlich, wie ruhig und erfolgreich sich die englischen Pflanzenjäger in einer so blutigen, wilden Zeit ihrer Arbeit widmeten.

Die Tradescants, Vater und Sohn, setzten das Maß. Es gab noch einen dritten, der wie sein Vater und sein Großvater John hieß, aber er verdient keine besondere Erwähnung.

Der alte *John Tradescant* verließ seine Heimat Suffolk, um bei Robert Cecil, Graf von Salisbury, dem Staatssekretär von Königin Elisabeth I., Gärtner zu werden. Nachdem er in Hatfield den Park angelegt und die Anpflanzungen überwacht hatte, machte er sich 1611 zum Kontinent auf, um »absonderliches Grünzeug« zu sammeln. Natürlich fand er in den Niederlanden Blumenzwiebeln und neue Arten. Dann ging er nach Paris. Zu seiner Ausbeute zählte unter anderm eine »ungewöhnlich große Kirsche«, die heute ›Tradescants Herzkirsche‹ genannt wird. Aber das gehörte einfach zu seinem Beruf. Seine eigentliche Liebe galt der Pflanzenjagd auf freiem Feld, was er bewies, indem er sich später bei einer Unternehmung gegen die Korsaren anwerben ließ – wobei er ernste Gefahr lief, in die Sklaverei geschleppt zu werden –, um Gelegenheit zur Pflanzensuche in Nordafrika zu haben. Die algerische Aprikose ist zum Beispiel eine Trophäe dieser unbesonnenen Expedition. Tatsächlich gelangte der alte John bis nach Archangelsk, wo er viele russische Blumen sah, darunter » ›Helebros albus‹, genug für eine ganze Schiffsladung«. In Süddevonshire ententdeckte er im Garten einer Witwe auf dem Abfallhaufen die Erdbeerart ›Fragaria muricata‹. Sie ist als abnorm abgelehnt worden, und obwohl ihre Abkömmlinge heute noch manchmal zu sehen sind, erscheint sie nicht auf den Listen des Tafelobstes, weil Blüten- und Kelchblätter wie die Halskrause eines Chorknaben zusammengefügt sind und bei den scharlachroten Früchten statt der eingesenkten Kernchen kleine Blätter hervorragen.

Der alte John Tradescant war mit Jean Robin befreundet, dem Kurator des Jardin des Plantes in Paris, nach dem die Robinie benannt ist, und die beiden fachsimpelten nicht nur, sondern tauschten auch Samen und Pflanzen aus. Karl I. ernannte ihn zu seinem Gärtner und nach ihm seinen Sohn, der, aus der Schule des alten John hervorgegangen, eine Zeitlang erfolgreicher Pflanzenjäger in der neuen Kolonie Virginia war. Was *John Tradescant der Jüngere* aus der Neuen Welt einführte, wurde hoch geschätzt, unter anderm Lupine, eine Kornblume, Erika- oder Myrthenaster, Bergamotte, Wilder Wein, Sumpfzypresse, Roter Ahorn, eine Akelei (›Aquilegia canadensis‹) und die nach ihm benannte Doldenriesche ›Tradescantia‹.

Der junge John blieb Hofgärtner, arbeitete an einem Katalog der Tradescantschen Sammlungen und pflegte während des ganzen Bürgerkriegs zwischen Krone und puritanischer Parlamentspartei seinen privaten Wundergarten in Lambeth. Er war so vertieft, daß er den Tumult außerhalb seiner Gartenmauern kaum zu bemerken schien, nicht einmal die Enthauptung seines Herrn, die ihn wohl oder übel eine Zeitlang Parlamentsgärtner werden ließ.

Es lohnt sich heute für einen Verleger, alte Kräuterbücher neu herauszugeben, und veraltete, unsystematische pharmazeutische Abhandlungen werden auch jetzt noch von leidenschaftlichen Pflanzenkennern sehr ernst genommen. Aber man müßte die Zahl der Kräuternarren vielfach multiplizieren, um einigermaßen richtig einzuschätzen, wieviele Menschen des siebzehnten Jahrhunderts auf Wundheilkräuter, Kräuterbalsam, fiebersenkende, schmerzstillende, adstringierende und antiseptische Kräuter den größten Wert legten. Damals bedeuteten ›Pflanzen‹ für den Engländer wie auch für den Kontinentaleuropäer schlichtweg ›Kräuter‹, und es ist bezeichnend, daß zum festen Bestand eines damaligen englischen Gartens, in dem man Blumen als Schmuck kaum duldete, drei- bis vierhundert Heil- und Würzkräuter gehörten.

Als die Klöster in England geplündert und ausgestorben waren und das Schießpulver die verteidigten Schlösser und Gutshöfe zerstört hatte, so daß die dazugehörigen Kräutergärten verwahrlosten, ergab es sich von selbst, daß die Apotheker die Kräuterkunde als ihr besonderes Gebiet betrachteten und so die Praktiker der botanischen Wissenschaft wurden.

Dem Botaniker ging es darum, Pflanzen aufzuspüren und zu klassifizieren, dem Gärtner aber, sie aufzuspüren und zu kultivieren, dem Apotheker schließlich, sie aufzuspüren und nutzbringend anzuwenden.

Der führende Londoner Apotheker war *John Parkinson* von Ludgate Hill, dessen 1619 erschienenes Buch mit dem wortspielerischen Titel ›Paradisi in sole Paradisus terrestris‹ das erste Gartenlexikon war. Hauptsächlich führte er darin kultivierte Pflanzen auf, aber seine Beschreibung vieler wilder Pflanzen zeigt, daß er auch ein emsiger Sammler und Jäger war. Er entfernte sich nie sehr weit von London, weil es nicht notwendig war; denn selbst in der Nähe des Tower gab es damals eine erstaunliche Zahl noch unbekannter Arten.

Seine langjährige sorgfältige Arbeit verzeichnete Parkinson in seinem zweiten Buch, ›Theatre of Plants‹, dessen Erscheinen 1640 angekündigt wurde. Da es sich zweifellos um ein funkelnagelneues und bedeutendes Kräuterbuch handelte, beunruhigte die Ankündigung die Herausgeber von Gerards ›The Herball‹. Sie wußten, daß sie ihr Publikum nur mit einer zeitgemäßen Neufassung festhalten konnten, und so beauftragten sie einen andern Apotheker, *Thomas Johnson*, den Text zu bearbeiten und zu ergänzen. In Anbetracht der vielen Fehler, die er enthielt, war das ein gewaltiges Unterfangen, für Johnson besonders schwierig, weil ihm nur eine Frist von zwölf Monaten eingeräumt wurde. Er schaffte es jedoch, und der revidierte ›The Herball‹ kam vor Parkinsons neuem Buch heraus. Zweifellos lagen sich die Verleger in den Haaren, aber zwischen den beiden Apothekern bestand keine Mißgunst. So ungewöhnlich das auch sein mag, diese beiden Männer wurden gerade wegen ihrer Großmut und Güte gegen jedermann sehr geachtet.

Johnson gehört zu den anziehendsten Persönlichkeiten unter allen Pflanzenjägern des siebzehnten Jahrhunderts. Er war 1600 in Selby in Yorkshire geboren, und wie so viele vor und nach ihm fühlte er sich bewogen, nach London zu ziehen, wo der Umgang mit einem größeren Kreis guter Köpfe ein erfüllteres Leben verhieß. Er wurde Mitglied der Apothekergilde. Sein Geschäft in Snow Hill wurde berühmt, als er das erste Bananenbündel ausstellte, das jemals in Britannien zu sehen war. Aber noch denkwürdiger haben ihn seine Bücher gemacht: Band I des ›Botanical Mercury‹, der 1634, und Band II, der 1641 erschien. Darin beschrieb er seine Pflanzenjagd-Exkursionen, die er zusammen mit andern

Mitgliedern der Apothekergilde unternommen hatte. Sie nannten diese Unternehmungen »Kurze Reisen zum Suchen von Arzneikräutern«.

Die erste Reise führte nach Sheppey und Grain, zwei zur Grafschaft Kent gehörigen Inseln, und sogleich gerieten sie in Schwierigkeiten. Die Bewohner von Sheppey betrachteten sie mit größtem Mißtrauen und überredeten ihren Konstabler, sie sicherheitshalber einzusperren. Der Bürgermeister verhörte sie mit aller gebotenen Sorgfalt, bevor er sie freiließ. Auf der Insel Grain bewies ihnen dann ein sengend heißer Tag ohne Wasser und Nahrung, daß das »Suchen von Arzneikräutern« kein gewöhnlicher Ausflug aufs Land war. Die Ergebnisse ihrer viertägigen Reise zu Schiff, zu Pferd und zu Fuß waren recht befriedigend: eine Liste von nahezu zweihundertfünfzig Entdeckungen, lauter Erstbeschreibungen.

Johnsons zweite Reise zur Bucht von Margate war länger, und sie ergab über dreihundert Registrierungen. Am wagemutigsten zeigte er sich bei seiner Pflanzenjagd in Wales. Hier botanisierte er als erster und erkletterte dabei den Snowden, den mit 1094 Metern höchsten Berg Englands, zu einer Zeit, da sich die gebildeten Menschen vor Bergen immer noch fürchteten. Sogar im folgenden Jahrhundert verlangte sein berühmter Namensvetter Dr. Samuel Johnson auf seiner Reise durchs schottische Hochland, daß die Vorhänge des Wagens zugezogen wurden, damit er die »grauenhaften steilen Felsen« nicht sehen mußte. Der Apotheker Jonson dingte sich in aller Gemütsruhe einen Dolmetsch und einen Führer – beide waren damals notwendig – und erklomm mit seinen Begleitern den Snowden, wobei er unterwegs Pflanzen samt ihren Wurzeln ausgrub und sammelte.

Der Ulmenfachmann *John Goodyer*, der mit Johnson

eng befreundet war, begleitete ihn oft auf den Exkursionen. Da Goodyer weder Apotheker noch Botaniker war, muß er einer der ersten Amateurpflanzenjäger gewesen sein. Abgesehen davon, daß er sich mit seiner Arbeit über Ulmen hervortat, entdeckte er die ›Ludwigia‹, ein Nachtkerzengewächs, und das Lungenkraut (›Pulmonaria augustifolia‹), das im Gebiet von New Dorset in Südengland vorkommt. Sein Beitrag zur Botanik war eigentlich bescheiden, aber an seiner Pflanzenliebe ist nicht zu zweifeln. Er und Johnson planten ein Werk über die britische Flora, einen umfangreichen und so klaren wissenschaftlichen Katalog, daß er von Medizinern benutzt werden konnte, die aus irgendwelchen Gründen Gewächse selbst identifizieren mußten. Dadurch sollte die Medizin von den Kräuter- und Wurzelweibern befreit werden, die gewissenlos Kräuter verkauften und ohne Fachkenntnisse Ratschläge erteilten. Aber der Plan zerschlug sich, und die Unwissenheit wucherte weiter.

Der politisch-religiöse Bürgerkrieg zwischen den englischen Royalisten und dem Parlament (1642–52) wurde von beiden Seiten als Kampf auf Leben und Tod für die Freiheit geführt. Goodyer und Johnson bevorzugten die Freiheit, die Kirche und König boten, und der acht Jahre jüngere Johnson trat der royalistischen Armee bei – von seiner friedlichen Pflanzenjagd geriet er in die ungestüme Verfolgung der Roundheads, Rundköpfe, wie die Anhänger der Parlamentspartei genannt wurden. Als Kräuterspezialist-Apotheker war er ein absonderlicher Freiwilliger, aber keineswegs so fehl am Platz, wie seine Vorgesetzten zunächst annehmen mochten. Wahrscheinlich enthielten seine Briefe an Goodyer mehr Auskünfte über Pflanzen, die er auf seinem Feldzug fand, als Nachrichten vom Kriegsschauplatz und von seinem eigenen Aufstieg zum Oberstleutnant. Dann kamen keine Briefe mehr, und Goodyer erfuhr etwas, das ihn mitten ins Herz traf. Sein Freund hatte bei der Verteidigung der belagerten Garnison von Basing House in Hampshire den Oberbefehl geführt.

Die Royalisten durften mit Stolz an den Namen Basing zurückdenken. Aber die verlustreiche, tapfere Verteidigung hatte auch etwas rührend Tragisches, weil dem Posten in taktischer Hinsicht keine Bedeutung zukam. Der Ausgang der Belagerung trug weder zur Verbesserung noch zur Verschlechterung der Lage bei. Wichtig aber schien ein großes Beispiel. Da in der Armee des Parlaments die bessere Moral herrschte – die Besoldung erfolgte ziemlich regelmäßig und es galt als sicher, zu den Auserwählten im Jenseits zu gehören –, war für die Soldaten des Königs ihrerseits eine Aufputschung des Kampfgeistes notwendig. Hierzu sollte die noble, wenn auch unnütze Gebärde, Basing House so lange wie möglich zu halten, dienen. In den letzten Tagen der Belagerung wurde Thomas Johnson von einer Kugel in die Schulter getroffen. Er starb an einer Wundinfektion.

Nach dem Tode seines Freundes gab Goodyer alle Pläne eines Werks über die britische Flora auf und botanisierte auch kaum mehr. Sein Kummer war ebenso tief wie still. Als der Krieg vorbei war, nahm sich Goodyer eine ungeheure, zeitraubende Aufgabe vor: Er wollte die Werke des Dioskorides auf griechisch und in englischer Übersetzung niederschreiben. Das war fast wie eine Strafaufgabe für einen Schulknaben: viereinhalbtausend Seiten füllte er so mit kleiner, gestochener Handschrift. Er erledigte sie im Zeitraum von drei Jahren.

Für die Sache der Royalisten setzten sich mehrere bekannte Pflanzensammler ein, zum Beispiel *Robert Morison*, der an der Schlacht bei der Brücke am Dee teilnahm und während der Republik unter Cromwell ins Exil mußte. Er kehrte mit Karl II. zurück, wurde Hofarzt und Professor für Botanik in Oxford und ließ sich von einem Wagen überfahren, was seinen Tod zur Folge hatte. Dann war da noch Sir *Thomas Browne*, von Beruf Philosoph und Arzt, der mit Vorliebe Antiquitäten und Kuriositäten sammelte und gern botanisierte. Er praktizierte während des Bürgerkriegs in Norfolk und London.

Der einzige namhafte Pflanzenjäger, der auf der Seite des Parlaments kämpfte, war *Thomas Willisel*, und es ist vielleicht kein Zufall, daß er unter General Lambert diente, der ein erstklassiger Pflanzenkenner war, wenn auch kein Sammler. Von Willisel, der unter anderm zwei Leimkrautarten entdeckte, hielten seine Zeitgenossen sehr viel. Sie bewunderten vor allem die Unermüdlichkeit des abgehärteten, genügsamen Mannes, der, wenn nötig, von fast nichts leben konnte. Viele Jahre nach dem Bürgerkrieg beauftragte Morison, der Kavalierbotaniker, Willisel mit der Pflanzenjagd in Jamaika, aber das trügerisch milde Klima zehrte an seiner Gesundheit, und ein Jahr später starb er.

Die Begeisterung für König oder Parlament in England oder eine der Parteien im Dreißigjährigen Krieg auf dem Kontinent war bei den Pflanzenjägern der damaligen Zeit eher eine Ausnahme als die Regel. Wie schon bemerkt, standen die meisten den Bewegungen und Konflikten, von denen alle übrigen Menschen so stark in Anspruch genommen wurden, gleichgültig oder weltfremd gegenüber.

Ein Musterbeispiel des weltfremden Naturforschers war der Engländer *John Ray*, geboren 1628 in Essex. Er starb 1705, zwei Jahre bevor Linné zur Welt kam, und sehr schnell galten Rays Pflanzenkatalog von England und den benachbarten Inseln und seine noch umfangreichere Synopsis der britischen Flora als veraltet, weil die beschreibende Botanik durch Linnés binäre Nomenklatur eine ganz neue Form gewann. Vielleicht ist John Ray deswegen weniger bekannt, als er verdient.

Ray hatte viel gemeinsam mit William Turner, dem Pflanzenjäger aus der Tudorzeit. Beide entstammten einfachen Verhältnissen, Turner als Sohn eines Gerbers, Ray als Sohn eines Hufschmieds. Beide arbeiteten sich aus eigenen Kräften nach Cambridge empor. Beide verloren ihre Stellung wegen ihrer religiösen Gewissenhaftigkeit. Aber im Gegensatz zu Turner, der auf das politische Klima seiner Zeit höchst empfindsam reagierte, beachtete Ray solche einschneidende Ereignisse wie den Bürgerkrieg und die ›Glorious Revolution‹ kaum.

Während Oberstleutnant Johnson die Garnison Basing House verteidigte, botanisierte der Cambridger Theologe Ray auf den Wiesen am Cam, unternahm Exkursionen nordwärts zum Marschland, ostwärts zum Brachland und südwärts zu den knolligen Gog-Magog-Hügeln, sammelte und trocknete Pflanzen, immer mit der Regionalflora beschäftigt. Sobald es ihm seine Mittel erlaubten, bereiste er ganz England und drang sowohl nach Wales als auch ins schottische Grenzland vor. Meistens war er allein und zu Pferde unterwegs, ohne sich um die Truppenbewegungen zu scheren und der Gefahren zu achten, die ihm immerzu von Wegelagerern, entlassenen Soldaten und Deserteuren drohten.

Die politischen Veränderungen nach dem Tode Cromwells vertrieben Ray aus Cambridge, so daß er zum Glück für die Botanik gezwungen war, seinen Horizont zu erweitern. Er verbrachte drei Jahre im Ausland und setzte dann seine Pflanzenjagd in weniger bekannten Teilen Englands fort. Das Ergebnis bestand in einer Unmasse neuer Kenntnisse und einer Pflanzenliste, die Turners »A New Herball« dagegen geradezu zwergenhaft erscheinen ließ.

Zu dieser Zeit verlor Ray seinen Freund und Weggefährten auf vielen botanischen Expeditionen, Francis

Willoughby of Windermere, und zog sich nach Essex in seinen Geburtsort Blacknotley zurück. Dort heiratete er, wurde Vater von vier Töchtern und schrieb in elegantem Latein die Ergebnisse seiner vieljährigen Pflanzenforschungen nieder. Er beendete sein erfolgreiches und zum Schluß stilles Leben im Alter von achtundsiebzig Jahren.

Von diesen Sammlern wilder Pflanzen ist weitaus mehr bekannt als von ihren Landsleuten, die sich auf die Jagd nach fremdländischen Gewächsen machten. Die begehrteste und gefeiertste, die meistbeschriebene und zweifellos berühmteste Pflanze des siebzehnten Jahrhunderts war eine empfindsame Ausländerin, die lange vor dem Bürgerkrieg eingeführt wurde. Die Liebe zur Orange verbreitete sich unter den vornehmen Amateuren Europas wie eine Infektion. In England war die Orange in der Zeit zwischen den Tudors und den Hannoveranern die Königin der Gewächse, und die Kultur der mehr als hundertsiebzig Varietäten, die in Töpfen und fahrbaren Kübeln in großen und oft sehr schönen Orangerien überwinterten, bedeutete die Höhe des Luxus und die größte Freude der Gärtner.

Der führende englische Orangenbaumzüchter war ein Gelehrter: *John Evelyn*. Er erteilte seinen Bekannten Ratschläge, wie eine Orangerie zu bauen sei, erfand einen besonderen Treibhausofen – einen Tiegelofen aus Röhren, die von einem einzigen Herd aus beheizt wurden – und veröffentlichte seine Beobachtungen in ›Kalendarium hortense‹ und ›The Art of Gardening‹. Aus seinem Tagebuch und anderen Schriften geht nicht deutlich hervor, ob Evelyn selbst botanisierte, aber zweifellos übte er großen Einfluß auf die Pflanzenjäger aus. Außerdem brachte er mit seinem schriftstellerischen Können und seinen verlockenden Schilderungen viele Leute dazu, Sammler exotischer Gewächse zu unterstützen.

Um Michaeli (früher oder später, wie es die Jahreszeit erheischt) bringe, wenn das Wetter schön und gewiß nicht neblig ist, deine ausgewähltesten Pflanzen und seltenen Gewächse wie Orangen- und Zitronenbäumchen, indischen und spanischen Jasmin, Oleander, Jupiterbart, ›Amomum‹, Geißklee, ›Chamalaca trioccos‹, Zistrose, Dattelbaum, Aloe, Mauerpfeffer, etcetera unter Dach und Fach.

Die Pflanzenzüchter und Handelsgärtner begegneten flugs den Anforderungen, die Evelyns Verehrer stellten, und wenn es ihnen Ausrüstung, primitive Treibhäuser und Orangerien gestatteten, kultivierten sie die von ihm empfohlenen Gewächse. Es waren ihrer viele. Im Jahre 1648 veröffentlichte man in Oxford eine Liste von Pflanzen, die im dortigen berühmten botanischen Garten gezogen wurden. Genau tausendvierhundert, das heißt zwei Drittel der ganzen Sammlung, waren Exoten, oder genauer: man hatte sie zu irgendeiner Zeit aus dem Ausland eingeführt.

Wer sie wann und warum aufgespürt hatte, das ist großenteils nur zu vermuten. Die meisten Exoten, zweifellos diejenigen, die nicht aus Europa stammten, fanden wohl durch diplomatische Kuriere, Seeleute und andere Reisende ihren Weg in englische ›Wintergärten‹. Manch solches Andenken, das ein Seemann aus fernen Landen heimbrachte, hatte Handelswert. Für die Züchter machte es sich bezahlt, im Hafen einen Spitzel zu haben, sooft ein Schiff London anlief.

Henry Compton, Bischof von London, gehörte damals zu den berühmtesten Sammlern exotischer Pflanzen. Als junger Mann war er Söldner in Flandern, doch in plötzlichem Entschluß oder göttlicher Eingebung sattelte er um und kehrte gerade zur Zeit der Restauration zurück, um Priester zu werden. Comptons Vater war Earl von Northampton und stand hoch in der Gunst des neuen Königs; auch sonst hatte Compton so einflußreiche Beziehungen, daß er schon in wenigen Jahren zum Bischof von London ernannt wurde, in welcher Eigenschaft ihm der Palastgarten in Fulham zur Verfügung stand. Dieser Garten war schon von Bischof Grindal unter der Herrschaft von Königin Elisabeth I. mit ausländischen Pflanzen wohlversehen worden, und Compton hatte daran seine helle Freude. Sofort begann er, sich mit dem Bau von Treibhäusern und der Pflanzenzucht zu beschäftigen. Darüber hinaus, so berichtet ein Chronist, war der neue Bischof »nicht nur sehr begierig, Pflanzen zu kultivieren, sondern auch, sie zu sammeln«.

Nun gehörte ›Amerika‹ zu seinem Amtsbezirk. Hochgemuten Abenteurern, Flüchtlingen, gesellschaftlich Verfemten und seltsamen Käuzen stand es frei, an der Ostküste Nordamerikas ein neues, verhältnismäßig gesichertes Leben zu beginnen. Als sich die Siedlungen immer mehr vergrößerten und die eingeborenen Indianer über das Gebirge der Appalachen vertrieben worden waren, forderten die Kolonialbehörden Geistliche an. Es war ganz unvermeidlich, daß in einer religionsbesessenen Zeit die anglikanischen und protestantischen Briten einerseits und die römisch-katholischen Spanier und Franzosen andrerseits zu den regierungslosen Außenposten der europäischen Zivilisation und den unwissenden Indianern Missionare entsandten. Nicht alle dieser Geistlichen, aber sehr viele interessierten sich genügend für Naturgeschichte, so daß sie Pflanzen sammelten und Samen, Wurzeln oder Knollen nach Hause schickten. Compton gab seinen Geistlichen bei der Ernennung ausdrücklich zu verstehen, daß es zu ihren Pflichten als geistliche Betreuer der Kolonisten und Indianer gehörte, ihren Bischof mit exotischen Pflanzen zu beliefern. Dies taten sie so wirksam, daß die Gärten von Fulham bald die größte Sammlung einzigartiger Exoten im ganzen

Königreich besaßen. Später wurde Compton, weil er sich wie die meisten Bischöfe der damaligen Zeit nicht enthalten konnte, sich in die Politik einzumischen, von Jakob II. aller geistlichen Ämter enthoben, so daß er die Freiheit genoß, sich seinen Pflanzen nach Herzenslust zu widmen.

Einer der bekanntesten Pflanzenjäger, die von Compton planmäßig eingesetzt wurden, war *John Banister*, der zwar der anglikanischen Kirche in Brasilien nicht sehr viele Anhänger gewann, aber dort zur Freude seines Bischofs die nach ihm benannte anmutige, silberblättrige Kletterpflanze ›Banisteria argyrophylla‹ fand. Nach ausgedehnten Reisen ließ er sich als Pfarrer in Virginia nieder, wo er lange botanische Briefe an Compton schrieb, ihm Pflanzen sandte und an einer Flora der Kolonie arbeitete. Er muß zu den ersten botanischen Märtyrern gezählt werden, denn er fiel von einer Klippe, als er Pflänzchen aus Felsritzen hervorholen wollte, und brach sich den Hals.

Bischof Compton, der seinen botanisierenden Geistlichen stets die Treue hielt, sorgte dafür, daß der virginische Katalog gedruckt wurde, und da er mit dem Palastgarten und den Konservatorien alle Hände voll zu tun hatte, war er keineswegs erfreut, als die Suspendierung Jakobs II. aufgehoben wurde, so daß es ihm freistand, sein Bischofsamt wieder auszuüben. Ja, der Chronist berichtet, daß sich die Lebensweise des Bischofs hierdurch wenig wandelte:

Bis zum Ende seines Lebens gab es nur wenige Tage im Jahr, wo er sich nicht in seinem Garten aufhielt und Anweisungen zum Ersatz oder zur Entfernung seiner Bäume und Blumen gab.

Dem Zeitalter der Orangerie gehört auch der sonderbarste aller Pflanzenjäger an. Wie die Missionare sammelte er nebenberuflich, aber seine Hauptbeschäftigung

1 *Henry Compton, Bischof von London und leidenschaftlicher Botaniker: Priester und Missionare der Alten und Neuen Welt versorgten seine Gärten in Fulham Palace mit den seltensten Pflanzen und schönsten Exoten.*

2 Carl von Linné begründete seinen Ruf mit der ›Flora lapponica‹, der botanischen Ausbeute einer Reise nach Lappland 1732. Auf einer Exkursion in Småland vier Jahre zuvor entdeckte er eine neue Art der ›Campanula‹, die schon Johann Bauhin und Konrad Gesner 1561 auf Schweizer Wanderungen gefunden hatten. Er gewann seine Entdeckung so lieb, daß er ihr seinen Namen gab – ›Linnaea borealis‹ – und sie auf allen Bildnissen, sogar auf seinem Wappen, anbringen ließ. Seine ›Species plantarum‹ von 1753 brachte Ordnung und natürliche Systematik in die Botanik.

3 *Linnaea borealis*, *Linnés Lieblingsentdeckung*

5 Der berühmteste Drachenblutbaum, der schon 1492 bei der Eroberung von Teneriffa in vollem Wuchs gefunden wurde, stand bis 1868 in einem botanischen Garten der Insel, genau vor dem Zimmer des Botanikers Sabin Berthelot. Dessen Malerfreund J. J. Williams brachte neben dem Wunderbaum vermutlich auch den Forscher, der von 1820-1830 auf den Kanarischen Inseln botanisierte, mit aufs Bild. →

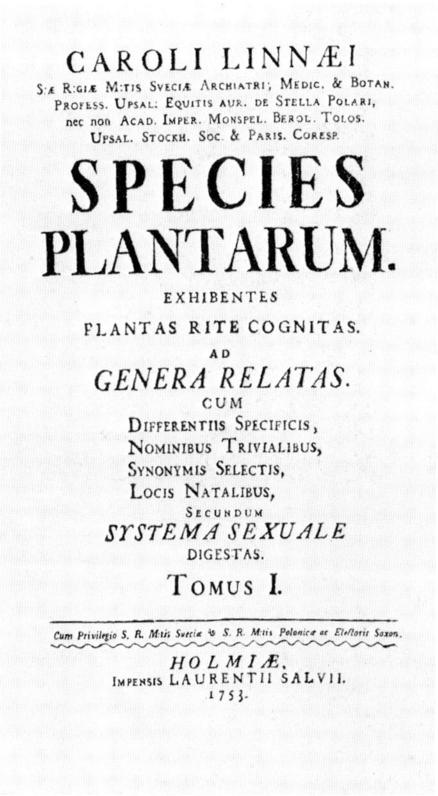

CAROLI LINNÆI
S:Æ R:GIÆ M:TIS SVECIÆ ARCHIATRI; MEDIC. & BOTAN. PROFESS. UPSAL; EQUITIS AUR. DE STELLA POLARI, nec non ACAD. IMPER. MONSPEL. BEROL. TOLOS. UPSAL. STOCKH. SOC. & PARIS. CORESP.

SPECIES PLANTARUM.

EXHIBENTES
PLANTAS RITE COGNITAS.
AD
GENERA RELATAS.
CUM
DIFFERENTIIS SPECIFICIS,
NOMINIBUS TRIVIALIBUS,
SYNONYMIS SELECTIS,
LOCIS NATALIBUS,
SECUNDUM
SYSTEMA SEXUALE
DIGESTAS.

TOMUS I.

Cum Privilegio S. R. M:tis Sueciæ & S. R. M:tis Polonicæ ac Electoris Saxon.

HOLMIÆ,
IMPENSIS LAURENTII SALVII.
1753.

4 *Titelblatt zur Erstausgabe der ›Species plantarum‹ von 1753*

hatte mit Frömmigkeit und Gottesfurcht höchst wenig zu tun. *William Dampier* (1652–1715) verwaiste schon in früher Kindheit. Danach machte er seiner Umgebung das Leben so sehr zur Hölle, daß sein Vormund gern ein Auge zudrückte, als der Junge mit vierzehn Jahren durchbrannte und zur See ging. Da er sich für Hydrographie zu interessieren begann, benutzte er seine Reisen nach Neufundland, Bantam, Jamaika und der Campechebai dazu, so viel wie möglich darüber zu lernen. Betrat er Land, was selten geschah, so zeigte er gleiches Interesse für Botanik, denn er sammelte und trocknete Pflanzen und schrieb seine Beobachtungen in einem Tagebuch nieder. Entweder siegte beim Zwiespalt seiner Interessen die Pflanze über das Wasser, oder er wurde – was wahrscheinlicher ist – in etwas Ehrenrühriges verwickelt, jedenfalls verließ er in Mexiko sein Schiff. Er verbrachte zwei Jahre unter den Holzfällern von Yukatan, einer Schar, die weder Gesetze noch Vorschriften kannte und vor nichts und niemandem Achtung hatte. Als eifriger Lehrling in dieser Schule der Schurkerei rückte der junge Dampier zur Seeräuberei auf. Er schloß sich einer Freibeuterbande an, die sich mit Raub, Notzucht und Mord einen blutigen Weg zum Isthmus von Darien und dann südwärts längs der Küste von Kolumbien bahnte. Mit seiner Botanisiertrommel und seinem Entermesser, mit seiner Bereitschaft, unterwegs zur Niedermetzelung einer Dorfbevölkerung oder Schändung einer Kirche eine Pflanze zu untersuchen, war Dampier der lebende Prototyp vieler Romanbösewichte.

Mittlerweile wurde er als Führernatur anerkannt und begann seine Laufbahn als Seeräuberhauptmann mit dem Entern eines dänischen Schiffes in Sierra Leone. Diese Tätigkeit machte sich bezahlt, und er gelangte von Chile nach Mexiko, von da über den Großen Ozean nach China und weiter nach Australien. So wurde er der erste Engländer, der die Antipoden erreichte. Aber vor den Nikobaren kam es zwischen dem Räuberhauptmann und seinen Gefolgsleuten zu einer Meinungsverschiedenheit, worauf sie ihn dort kurzerhand absetzten. Offensichtlich verfügte Dampier über großen Mut und eine erstaunliche Leistungsfähigkeit. Er ließ sich durch die Weite des Indischen Ozeans nicht abschrecken, sondern legte die gut dreihundert Kilometer nach Sumatra ganz allein in einem gebrechlichen Eingeborenenkanu zurück.

»Armer Kapitän Dampier!« riefen die niederländischen Behörden, als sie seine rührende Geschichte vernahmen, und brachten ihn zurück nach England.

In London wurde er eine Zeitlang als Held des Tages gefeiert. Wohlbewaffnet, gutgekleidet, mit gepuderter Perücke und dem ganzen Zauber des erfahrenen Weltreisenden und guten Erzählers voll deftigen Humors machte ›Kapitän‹ Dampier eindrucksvolle Figur. Er wurde allgemein bewundert als Verfasser einer spannenden Reiseschilderung ›Voyage Round the World‹ und von führenden Botanikern als Autorität auf dem Gebiet tropischer Pflanzen anerkannt. Die Admiralität interessierte sich für einen derartig erstklassigen Seefahrer und übertrug ihm, ungeachtet seiner nicht ganz einwandfreien Vergangenheit, die Leitung einer Entdeckungsreise in die Südsee, mit dem Auftrag, über die Möglichkeiten einer Kolonisierung Westaustraliens Bericht zu erstatten. Pepys und Evelyn bewirteten ihn nach Kräften und baten ihn, doch so liebenswürdig zu sein und auf ihre Kosten Pflanzen zu sammeln. Er willigte ein.

Diese Reise, eine notwendigerweise begrenzte, aber sonst vortreffliche Erforschung der Nordwestküste von Australien, der Küste von Neuguinea und Neubritannien, ging in die Geschichte der Seefahrt ein. Dabei entdeckte Dampier auch den Archipel und die Straße, die seinen Namen tragen. Dampier hegte eine geringe Meinung von den australischen Eingeborenen, er nannte sie »die elendesten Menschen in der Welt, die sich, von ihrer Gestalt abgesehen, nur wenig von Tieren unterscheiden«. Die Flora gefiel ihm weitaus mehr. Als er im Dampier-Archipel nach Süßwasser suchte, ruderte er mit dem Beiboot, während seine Leute nach Wasser buddelten, zu einer Insel, wo er mit seinem Wasserspaniel vergnügt botanisierte:

Hier wachsen einige Sträucher, einer davon genau wie Rosmarin, und darum nannte ich sie Rosmarin-Insel. Es gab die Pflanze in großen Mengen, aber sie hatte keinen Duft. Einige andere Sträucher hatten blaue und gelbe Blüten, und wir fanden zwei bohnenähnliche Gewächse. Das eine wuchs buschartig, das andere wie Wein, der auf dem Boden rankt, mit dicken Blättern und Blüten wie Bohnenblüten, aber viel größer, von dunkelroter Farbe, sehr schön anzuschauen.

Sein »rankender Wein« war die ›Donia‹ oder Prachtblume, eine Klettererbse, die ihm zu Ehren den wissenschaftlichen Namen ›Clianthus dampieri‹ erhielt. Allein wegen dieses Fundes verdient er Ruhm.

Die Expedition endete beinahe mit einer Katastrophe, denn vor der Himmelfahrtsinsel scheiterte das Schiff; aber es gelang Dampier und seiner Mannschaft, sich an Land zu retten, wo sie von Schildkröten und Ziegen lebten, bis sie zwei Monate später gesichtet und gerettet wurden. Beim Schiffbruch verlor Dampier den größten Teil seiner Sammlungen, Notizen und Zeichnungen, doch vierzig Prozent seiner getrockneten Pflanzen überstanden das Unglück und können heute noch im Oxforder Herbarium besichtigt werden.

Mit der Zeit war Dampier der moralischen Anforderung, als ehrbarer Kapitän zur See zu fahren, nicht mehr gewachsen. Er machte seiner Überforderung an der nächsten Person Luft, an seinem Ersten Leutnant, und war zu dem armen Kerl so entsetzlich grausam, daß er nach der Landung in England von der Besatzung angeklagt und vor das Marinegericht gestellt wurde.

Zu einer Zeit, wo die königliche Marine nach Winston Churchills Ausspruch nur durch »Rum, Unzucht und Peitsche« zusammengehalten wurde, vor Gericht gestellt und der Grausamkeit schuldig befunden zu werden, ist an sich schon bemerkenswert. Dann aber, bloß drei Jahre nach der Verurteilung, von derselben Marine wiedereingesetzt zu werden und einen noch höheren Posten zu erhalten, das ist wirklich eine Leistung. Aber so trug es sich tatsächlich zu.

Auf seiner zweiten Expedition nach der Südsee führte Dampier das Oberkommando über zwei Schiffe. Der Kapitän des einen war (unwahrscheinlich genug) ein Londoner Arzt und Erfinder eines schweißtreibenden Mittels, das Doversches Pulver hieß. Die berühmteste Gestalt auf diesem Schiff war Alexander Selkirk, ein schottischer Hitzkopf, der sich mit Dr. Dover entzweite und auf eigenen Wunsch auf der menschenleeren Insel Juan Fernandez ausgesetzt wurde, wo er das Urbild des Robinson Crusoe werden sollte. Dampier navigierte vorzüglich, und auch seine Pflanzenjagd war erfolgreich, aber der alte Teufel in ihm gewann wieder die Oberhand. Diesmal wurde er nach der Heimkehr ungeheuerlicher Brutalität und Trunksucht sowie einer Frucht von beidem, der Feigheit, angeklagt. Er schrieb eine zornige Rechtfertigung, doch half ihm das nichts. Sein Ruf war dahin, und es wurde ihm kein Kommando mehr übertragen. In Anbetracht dessen ist es erstaunlich, daß er den Weg bis in ›Gullivers Reisen‹ fand und als »derber Seefahrer, aber Mann von hohen Geistesgaben« Coleridge zu der von Freiligrath übersetzten Ballade ›Der alte Matrose‹ angeregt haben soll. Für Dampier konnte das jedoch keine Genugtuung bedeuten. Vorläufig saß er auf dem Trockenen, war verdrossen und niedergeschlagen, bis er wieder in den Bann abenteuerlichen Reisens und der Pflanzenwelt der Südsee geriet. So geschah es, daß Alexander Selkirk, als er genau vier Jahre, vier Monate und vier Tage nach seiner Aussetzung auf Juan Fernandez von einem Kaperschiff aufgenommen wurde, in dem Steuermann keinen andern erkannte als seinen ehemaligen Kommandanten, den brutalen Seefahrer und empfindsamen Botaniker William Dampier.

Das goldene Jahrhundert der Botanik

Im siebzehnten Jahrhundert wurde die Pflanzensuche zum großen Teil durch den Wunsch veranlaßt, neue Heilkräuter kennenzulernen, aber auch das Verlangen, zur Ausschmückung von Ziergärten interessante einheimische und ausländische Gewächse oder für Beete geeignete Blumen zu erhalten, war oft bestimmend. Im folgenden Jahrhundert trieb vor allem wissenschaftlicher Forschergeist zum Pflanzensammeln an. Tagebuch und Herbarium des Botanikers, sein Mikroskop und seine Botanisiertrommel wurden wichtiger als das Laboratorium des Apothekers und die Blumenrabatten der Gärtner; und von diesem Zeitpunkt an erweitert sich das Gebiet so sehr – erweitert sich auch heute noch –, daß nur die Geschichte einzelner hervorragender Sammler skizziert werden kann, alle übrigen aber mit einem Wort abgetan werden müssen. Die Entscheidung, was in ein Buch aufgenommen werden soll, ist oft nicht so schwierig wie die Beantwortung der Frage, was man wegläßt. In diesem Fall trifft das Gegenteil zu. Aber wenn man, bildlich gesprochen, alle wesentlichen Botaniker des achtzehnten Jahrunderts in ein Sieb würfe, würden drei zurückbleiben. Alle drei starben in den siebziger Jahren: der Schwede Linné, der Franzose Commerson und der Amerikaner Bartram. Sie wurden lediglich als Beispiele gewählt, womit die geschichtliche Bedeutung und der Einfluß anderer Botaniker, Gärtner und Sammler, die, sagen wir, aus Virginia oder Wien, aus Potsdam oder Peking stammen, keineswegs bestritten werden soll.

Das achtzehnte Jahrhundert wurde trotz des herrschenden Aberglaubens das Zeitalter der Vernunft genannt, auch das Zeitalter der Eleganz, wobei man den üblen Gerüchen unter der Tarnkappe des Parfüms und dem verkrusteten Schmutz unter den Perücken und Seidenstoffen wenig Rechnung getragen zu haben scheint. Aber vollständig gerechtfertigt ist es, wenn man es als Goldenes Zeitalter der Botanik bezeichnet, denn es war das Jahrhundert des Klassifizierens sowie der systematischen Pflanzenforschung und bis zu einem gewissen Grade des Experimentierens. Das lag zu gutem Teil am Werk des Schweden *Carl von Linné*.

Die Zahl der bekannten Pflanzen nahm mit jedem Jahr zu. In seinem Geburtsjahr, nämlich 1707, war die Kenntnis der lokalen, regionalen, nationalen und internationalen Flora, die sich auf Dioskorides und Aristoteles oder auf persönliche Beobachtungen im Feld gründete, kopflastig geworden. Es gab konkurrierende Systeme der Klassifizierung, die, infolge der Reklame- und Ruhmsucht mit überlangen Namen und Beschreibungen behaftet, zu einem Durcheinander und zu Irrtümern führten. Es bedurfte eines Mannes mit klarem Geist und scharfen Augen, um mit dieser Unordnung aufzuräumen und eine annehmbare Lösung vorzuschlagen.

Dieser Mann war Linné.

Sein Vater war Pastor in einem südschwedischen Dorf. Wie so viele Pfarrerssöhne wurde er für die Laufbahn des Geistlichen bestimmt, und wie so manchem gelang es ihm, diesem Schicksal zu entgehen. An sich war das nicht besonders schwierig. Seit Linné Laufen gelernt hatte, zeigte er eine solche Vorliebe für den Aufenthalt im Freien und eine solche Abneigung gegen die Schule, daß seinem Vater ernstlich geraten wurde, ihn zu einem Schneider oder Schuster in die Lehre zu geben. Das verhinderte der Dorfarzt, indem er ihn zu sich nahm und zum Medizinstudium anregte. So hörte Carl, als er 1727 die Universität Lund bezog, medizinische Vorlesungen, nicht theologische.

Das Jahr in Lund und die folgende Zeit an der größeren Universität Upsala waren für Linné nicht leicht. Er war ein armer Junge vom Lande, dem sogar das Geld für neue Schuhsohlen fehlte; notdürftig behalf er sich mit eingelegtem Papier. Und oft litt er Hunger. Aber an beiden Universitäten befreundete er sich mit angesehenen Männern: in Lund mit dem Amateurbotaniker Dr. Stobäos, in Upsala mit dem Naturforscher und Theologen Dr. Olaf Celsius, den er zufällig im Botanischen Garten der Universität kennenlernte. Celsius nahm ihn sogleich mit nach Hause, gab ihm Kost und Logis und stellte ihm seine große Bibliothek zur Verfügung. Als Zeichen der Dankbarkeit unterrichtete Linné den Sohn des Hauses in Botanik, und als sich dabei seine pädagogische Begabung herausstellte, später auch seine jüngeren Kommilitonen. Als Student zeichnete er sich so sehr aus, daß er von der Universität zum Assistenten des Botanikprofessors ernannt wurde; doch bevor er diesen Posten, mit dem harte Arbeit und ein geringes Einkommen verbunden waren, wirklich ausfüllen konnte, wurde er von der Wissenschaftlichen Gesellschaft in Upsala mit einer Forschungsreise nach Lappland beauftragt. Er hatte sein Studium noch nicht abgeschlossen, doch der Auftrag lockte ihn. Er durchzog unbekanntes Gebiet, wobei er Tagebuch führte, seine damals noch unausgegorenen Vorstellungen von einer Klassifizierung zu entwickeln trachtete und eine Sammlung getrockneter Pflanzen anlegte.

Es war das Jahr 1732, eine Zeit, in der sich die Leute ihrer Gesellschaftsklasse entsprechend kleideten und immer dasselbe trugen, ob sie Ball spielten, gärtnerten oder einer Hinrichtung beiwohnten. Nicht sehr bequem, aber dem jungen Linné schien das nichts auszumachen:

Meine Kleidung bestand aus einem leichten, groben Tuchrock ohne Falten, mit roter Schalaune gefüttert, der kleine Stulpen und einen Plüschkragen hatte, Lederhosen, einer runden Perücke, einer grünen Lederkappe und Halbstiefeln.

Seine Ausrüstung war möglichst leicht: kurzer Degen, Schrotflinte, Börse, Paß und eine Ledertasche mit folgendem Inhalt:

Ein Hemd, zwei Paar Ersatzstulpen, zwei Halbhemden, Tintenfaß, Federetui, Mikroskop und Fernrohr, eine Gazemütze zum Schutz gegen Mücken, Kamm, mein Tagebuch und ein Bündel geheftetes Papier zum Pflanzentrocknen.

Es war eine anregende Exkursion. Linné kehrte mit an die hundert getrockneten, bisher unbekannten Pflanzen zurück, begründete seinen Ruf als Verfasser der ›Flora lapponica‹ und verliebte sich in ein reizendes junges Mädchen, das seine Liebe erwiderte.

Der Vater des reizenden jungen Mädchens wollte von einer Verbindung mit einem unbemittelten Pflanzensammler nichts wissen. Linné sollte seinen Doktor machen und sich als Arzt niederlassen. Der Vater war vernünftig genug, die Unkosten zu bestreiten, aber als das Geld zur Verfügung stand, beschloß Linné, noch etwas mehr von der Welt zu sehen und eine ausländische Universität zu beziehen.

Als sich der junge Mann auf Pflanzenjagd durch Nordeuropa durchschlug, machte er sich mit seinem Streben nach wissenschaftlicher Genauigkeit in Hamburg höchst unbeliebt. Hier hüteten die Stadtväter eine uralte und geschätzte ›Siebenköpfige Hydra‹, eine ›Reliquie‹ der Kreuzritter. Linné, ein bescheidener Student, bat um Erlaubnis, das Wunderding sehen zu dürfen, und untersuchte es dann sorgfältig. Seine Gründlichkeit ergab, daß es aus sieben Wieselköpfen bestand, die man geschickt zusammengenäht, mit zwei Klauen bewehrt und mit Schlangenhaut überzogen hatte. Der Triumph der Wissenschaft freute indes die Stadtväter ganz und gar nicht, denn sie hatten bisher aus dem Vorzeigen des Geschöpfes ein kleines, aber regelmäßiges Einkommen gezogen, und klugerweise machte sich Linné davon.

Er promovierte in Holland und war zwei Jahre lang Kurator des Botanischen Gartens Hatrekamp. Damals hatte er sein System der Pflanzenklassifizierung vervollkommnet, das auf Sébastian Vaillants Beobachtungen der pflanzlichen Sexualfunktionen beruhte, und endlich veröffentlichte er seine Theorien.

Sie wurden weithin mit Beifall aufgenommen, weil sein System so ungewöhnlich und doch so einfach war: Es erforderte vom Botaniker nichts anderes, als die Staub- und Fruchtblätter der Pflanze zu zählen. Nach ihrer Anzahl und nach bestimmten anderen Eigenschaften ordnete man die Pflanze zuerst einer Abteilung und dann einer Unterabteilung zu. Es war also ganz leicht.

Aber es hatte auch seine Nachteile, wie jedes künstliche System, und so leichtverständlich es in Linnés ursprünglichem Latein auch klang, bei Übersetzungen in andere Sprachen unterlag es grotesken Auslegungen. Zum Beispiel ergaben sich durch eine englische Ausgabe im späten achtzehnten Jahrhundert endlose Schwierigkeiten und lächerliche Zustände, weil man die Staubgefäße ›Gatten‹ und Griffel ›Gattinnen‹ nannte. Infolgedessen hatte eine einzige Pflanze »zwanzig Gatten oder mehr in ein und derselben Ehe«, eine andere »vier Gatten, zwei größer als die beiden anderen«. Das hatte zur Folge, daß man im methodistischen England gegen die unzüchtige Botanik des Schweden zu Felde zog.

Den dauerhaftesten Beitrag zur Botanik, die Schaffung der Grundlage der botanischen Fachsprache, leistete Linné, indem er Kaspar Bauhins binäre Nomenklatur streng durchführte. Er unternahm es, alles »vom Büffel bis zum Hahnenfuß« zu benennen und zu klassifizieren, und zweifellos brachte sein Pflanzenregister, das er 1753 als ›Species plantarum‹ veröffentlichte, einigermaßen Ordnung in das vorherige Chaos und setzte die Nomenklatur für immer fest.

Da der Besitzer des Botanischen Gartens Hatrekamp bei Haarlem ein englisch-ostindischer Nabob war, lag es für den Kurator des Gartens nahe, England zu besuchen. Seine Leistungen waren schon so bekannt, daß er herzlich von den führenden Londoner Botanikern begrüßt wurde. Der Ruhm freute ihn, und eingedenk des Sprichworts, daß Propheten im eignen Land nichts gelten, hätte er gut beschließen können, seiner Heimat Schweden weiterhin fernzubleiben. Aber noch immer war er jung, und in Stockholm wartete das reizende Mädchen auf ihn. Als er heimkehrte, um zu heiraten und eine ärztliche Praxis zu gründen, stellte er zu seiner Befriedigung fest, daß er in Upsala den gleichen Ruf genoß wie in Westeuropa. Doch weder die Ehe noch die ärztliche Tätigkeit sagten ihm zu. Aus dem reizenden jungen Mädchen wurde fast über Nacht ein Drachen. Sein ganzes Leben lang sollte er sie »mit Hochachtung und Schrecken« betrachten. Und was den Arztberuf betraf, so verlieh er seiner Einstellung dazu ehrlich, wenn auch hoffentlich ein wenig übertrieben, Ausdruck, indem er sagte, es sei ihm lieber, »an Pflanzen herumzuspielen als an Patienten«.

Da er also weder an seiner Frau noch an seiner Praxis Gefallen fand, ging er mit dem Gedanken um, Schweden zu verlassen, doch glücklicherweise wurde er gerade zu dieser Zeit zum Professor der Anatomie an der Universität Upsala ernannt. Obwohl ihn das Gebiet nicht sonderlich interessierte, übernahm er den Lehrstuhl, und das war ein richtiger Schritt, denn er führte ihn zu seiner wahren Berufung als Lehrer. Überdies konnte er die Professur nicht lange danach gegen den weniger lukrativen, aber ihm weitaus mehr zusagenden Lehrstuhl der Botanik, Pharmakologie und Naturwissenschaften vertauschen.

Linnés Leben war damit ausgefüllt, seine Schüler auf ganz neue Weise in die Natur einzuführen, und das machte ihn sehr glücklich. Er übte ungeheuren Einfluß aus. Zu Beginn seiner Lehrtätigkeit hatte Upsala fünfhundert Studenten, und allmählich nahm diese Zahl um das Dreifache zu. Aus ganz Europa kamen die Studenten zu ihm. Nach seinem Tode sank ihre Zahl wieder auf fünfhundert.

Zu seinen Schülern gehörten Männer, die überall in der Welt führende Naturwissenschaftler werden sollten. Hochstehende Persönlichkeiten, von Bischöfen bis zu bekannten Botanikern, reisten nach Upsala, nur um Linnés Vorlesungen hören zu können.

Die Begeisterung, die er entfachte, war erstaunlich: Wenn das launische schwedische Wetter es erlaubte, nahmen zweihundert Studenten und noch mehr an seinen zweiwöchentlichen botanischen Exkursionen teil. Weit auseinandergezogen im Gelände verkündeten sie einander wie Weidmänner neue Entdeckungen mit Hornsignalen. Nach der Jagd brachten sie ihre Trophäen dem Professor, um zu hören, welche er als beste ansehe.

Wenn er einen Fund als besonders interessant bezeichnete, wurden die Pflanze und ihr Entdecker feierlich geehrt. Singend zogen die Studenten mit ihrem Professor unter Trommelschlag und Trompetenstößen nach Hause.

Abends wurde in einem Saal oder Garten gefeiert; sie tanzten zu Fiedelmusik und tranken, wie nur skandinavische Studenten trinken konnten. Der Professor rauchte dabei seine Pfeife und freute sich an dem Trubel. Dann aber mußte er mittanzen. Nicht allein war er ein international bekannter Sammler und Gelehrter, nicht nur ein befeuernder Lehrer, sondern er konnte auch alle Studenten bei der Gigue an Behendigkeit und Flottheit übertreffen.

Im Gegensatz zu Linné, der in späteren Jahren von Scharen von Studenten begleitet wurde, die sämtliche Utensilien trugen und, wenn nötig, sogar ihren Professor getragen hätten, zog *John Bartram* aus Philadelphia es vor, vierzig Jahre lang möglichst allein in den östlichen Kolonien Nordamerikas auf Pflanzenjagd zu gehen.

Dieser Mann war schon zu Lebzeiten legendär. Teilweise lag es daran, daß er tollkühn in wildes Indianerland eindrang, und zwar zu einer Zeit, wo die pennsylvanischen Siedler die Irokesen nach Norden und die Tschikasa und Schawano in den Westen des Alleghenigebirges vertrieben. Es lag aber auch daran, daß sich Bartrams ganzes Leben unter merkwürdigen Umständen abspielte.

Er war der Sohn eines englischen Landwirts, eines Quäkers, der 1680 in die Kolonien kam, »bevor es in Philadelphia ein einziges Haus gab«. Der alte Bartram war ein zielstrebiger Individualist. Nach dem Tode seiner ersten Frau, Johns Mutter, übergab er die Kinder der Obhut ihrer Großmutter, zerstritt sich mit den

Quäkern, als sich die Gemeinde mit seinen persönlichen Angelegenheiten befassen wollte, und wanderte prompt nach Nordkarolina aus. Hier verheiratete er sich wieder, bekam noch zwei Kinder und beendete sein wildes Leben im Kampf mit Indianern, die ihn am River of Fear skalpierten.

John Bartram vermochte Auseinandersetzungen so wenig zu entrinnen wie sein Vater. Auch er wurde vor die Gemeinde gerufen, die uneingeschränkte Macht zu haben schien, und sollte wegen absonderlicher Anschauungen Rechenschaft ablegen. Wie sein Vater verwahrte er sich gegen den Eingriff in seine Privatsphäre. Doch anstatt sich zu verziehen, blieb er, wo er war. Obwohl er geächtet wurde, nahm er weiterhin jeden Sonntag in aller Gemütsruhe seinen Platz im Andachtshaus ein, als ob nichts geschehen wäre. Die verdutzten und verwirrten Quäker wußten nicht, was sie in Anbetracht eines so seltsamen Verhaltens tun sollten; und so taten sie gar nichts.

Die meisten Kolonisten waren Landwirte, und John bildete keine Ausnahme. Er betrieb seine Landwirtschaft mit einer Menge neuer Ideen und war hierin seiner Zeit weit voraus; denn er düngte seine Felder regelmäßig und bedeckte jungfräuliches oder erschöpftes Land wintersüber mit Kompost. Auf diese Weise gewann er saftiges Gras, »das die Träume eines Esels überstieg«, und erntete von einem Morgen dreiunddreißig Scheffel Weizen, wohingegen seine Nachbarn im allgemeinen nur zwanzig einbrachten.

Er brauchte auch gute Einnahmen, weil er eine große Familie hatte. Seine erste Frau starb 1727 nach vierjähriger Ehe und ließ ihn mit zwei kleinen Kindern zurück. Ein Jahr später kaufte er Land am Schuylkill, zimmerte sich dort eine Blockhütte, heiratete wieder, baute ein größeres Haus um die erste Hütte herum und vergrößerte es immer weiter, da ihm seine zweite Frau zehn Kinder schenkte. Eines davon, William, sollte wie sein Vater ein eifriger Botaniker werden und ihn in den letzten Lebensjahren auf Expeditionen begleiten.

Man erzählte sich zwei romantische Geschichten, wie bei John Bartram das Interesse an der Botanik geweckt wurde. Nach der ersten fand er auf einer Wiese eine Veilchenart (›Viola pedata‹), und er bewunderte die Blume so sehr, daß er in der Nacht von ihr träumte und am Morgen als leidenschaftlicher Botaniker erwachte. Nach der zweiten, die von seinem Freund, dem französischen Naturforscher Crèvecœur, in Umlauf gesetzt wurde, vollzog sich die plötzliche Offenbarung auf gleiche Weise, nur war es in diesem Fall ein einziges Gänseblümchen. Bartram pflügte, gewahrte das Gänseblümchen, pflückte es, zerzupfte es aus reiner Neugier, schalt sich dann, laut Crèvecœur, auf die folgende Quäkerweise:

Welche Schande, daß du so viele Jahre damit beschäftigt warst, die Erde zu pflügen und so viele Blumen und Gewächse zu vernichten, ohne ihre Struktur und ihren Nutzen zu kennen.

Dieser Vorwurf veranlaßte ihn, einen Mann zu dingen, der weiterpflügen mußte, während er selbst nach Philadelphia ging, dort ein Buch über Botanik erstand sowie eine lateinische Grammatik, die es ihm ermöglichen sollte, das Buch zu lesen.

Später erklärte Bartram seinem Londoner Freund und Gönner Peter Collinson, er hätte sich schon als Zehnjähriger ein wenig für Pflanzen interessiert, das Interesse wäre mit den Jahren immer stärker und schließlich zur Besessenheit geworden.

Seiner zweiten Frau gefiel das ganz und gar nicht. Sie hatte einen aussichtsreichen Bauern geheiratet, und da sammelte und studierte er nun wertloses Unkraut, ließ einen Gehilfen die Feldarbeit besorgen und bezahlte ihn mit Geld, das sie kaum aufbringen konnten. Bartram mußte seine Leidenschaft zügeln, um den Bedürfnissen seines Hofes und der immer größer werdenden Familie gerecht zu werden. Da es ihm nicht möglich war, nach Herzenslust in der Wildnis auf Pflanzenjagd zu gehen, begann er zu dieser Zeit mit den Vorarbeiten zu seinem berühmten fünf Morgen großen Botanischen Garten. Dann ergab sich durch einen glücklichen Zufall, daß er mit *Peter Collinson* in Berührung kam.

Collinson war ein Londoner Kaufmann, der mit den amerikanischen Kolonien Handelsbeziehungen pflegte. Er war auch Amateurbotaniker mit einem großen Kreis gleichgesinnter Freunde in England. Aus den Gewächsen, die John Tradescant der Jüngere und später Händler und Missionare eingeführt hatten, schloß er, daß sich die amerikanische Flora auf faszinierende Weise von der ihm bekannten Pflanzenwelt unterschied. Er bemühte sich nach Kräften, Siedler zur Übersendung von Pflanzen zu bewegen. Ein paar waren ihm zu Willen, aber die meisten seiner Bekannten in den Kolonien teilten weder sein Interesse noch sein Wissen. Sogar diejenigen, die bereit und fähig waren, für ihn zu sammeln, konnte er nur zweimal, höchstens dreimal bitten, wenn er ihnen nicht aufdringlich zur Last fallen wollte. Seine Geschäftsvermitter, denen er zusetzte, ihm doch einen Berufsbotaniker zu suchen, verstanden nichts davon und kamen dem Auftrag nur lau und gleichgültig nach. Dann jedoch führte das Schicksal Collinson und Bartram zusammen.

Zuerst kam die Zusammenarbeit nicht so recht in Fahrt, weil beide scheu waren. Keiner mochte den andern in Verlegenheit bringen oder die Zukunft gefährden. Der eine zahlte liebend gern fünf Guineen für eine Kiste Pflanzen und Samen, und der andere war ebenso

Peter Collinson, Kaufmann, Amateurbotaniker und Mäzen John Bartrams, der dreiunddreißig Jahre für ihn in Nordamerika auf Pflanzenjagd ging

selig, einen vernünftigen Vorwand zu haben, um seiner Leidenschaft frönen zu können; aber anfangs waren beide bescheiden in ihren Hoffnungen und Forderungen: Collinson wagte nicht zu hoffen, daß Bartram einwilligen würde, ihm eine zweite und gar eine dritte Kiste zu schicken; Bartram wagte nicht zu hoffen, daß Collinson eine zweite und gar eine dritte Kiste verlangen würde.

Zu guter Letzt war weder von einer zweiten noch von einer dritten Kiste die Rede, sondern John Bartram ging dreiunddreißig Jahre lang für Peter Collinson auf Pflanzenjagd und ließ Hunderte von Kisten die weite Reise über den Atlantischen Ozean machen. Während des Siebenjährigen Krieges trafen einige Sendungen nicht ein, und selbst in Friedenszeiten gelangte nur ein kleiner Teil der Pflanzen in gutem Zustand nach England, da sie durch Wetterunbilden, salziges Sprühwasser und die Sorglosigkeit der Seeleute gefährdet waren. Auch Ungeziefer bildete eine Gefahr. Collinson fand einmal in einer seiner kostbaren Kisten ein Rattennest mit Jungen, die allesamt gesund und offensichtlich zufrieden »mitten in zerstörten Wurzeln und abgestorbenen Gewächsen« saßen. Immerhin war der Prozentsatz der Erfolge so hoch, daß sich das Unternehmen lohnte.

Collinson gründete eine Interessengemeinschaft von Botanikern und Gärtnern, die sich mit einem Jahresbeitrag von zehn Pfund an der Finanzierung von Bartrams Bemühungen beteiligten. Er fand auch private Gönner für seinen Schützling in Pennsylvanien. Der hervorragendste war Lord Petre, der sich bereit erklärte, eine Expedition auszustatten. Zu der Gruppe gehörten auch die Herzöge von Richmond und von Norfolk sowie der Graf von Bute, kurze Zeit Premierminister; Bute wurde ein Opfer seiner Sammelleidenschaft, denn bei einem Sturz vom Baum verletzte er sich tödlich. Collinson beschäftigte Bartram auch für den Prinzen Friedrich von Wales, den »unglücklichen Fred«, der in den Armen seines Tanzlehrers starb. In Anbetracht so einflußreicher Gönner ist es nicht verwunderlich, daß Bartram als erfolgreicher Pflanzenjäger anerkannt wurde und Collinson ihm schreiben konnte:

Meine wiederholten Anträge waren nicht vergeblich, denn heute erhielt ich von unserem Allergnädigsten

König den Bescheid, daß er Sie mit einem Jahresgehalt von fünfzig Pfund zu seinem Botaniker ernannt hat.

Als Collinsons Schützling und vor allem als Botaniker des Königs war er in der Lage, seiner Leidenschaft zu frönen. Bis seine Söhne die Nachfolge antreten konnten, bewirtschaftete er zwar zur Zeit der Saat und der Ernte sein Gut, aber sein Hauptinteresse galt der Pflanzensuche in den jungfräulichen amerikanischen Wäldern, Ebenen und Bergen.

Vielerorts war er der erste Weiße, der ins Innere vordrang; allerdings stieß er gelegentlich auf ›Weiße Indianer‹, das heißt auf Männer und Frauen, die von Indianern gefangengenommen worden waren, sich ihren Sitten und Gebräuchen angepaßt hatten und sie der Lebensweise der Weißen vorzogen. Seine engherzige Einstellung zu Indianern und nativierten Weißen war nicht gerade die eines Quäkers, obwohl sie bei dem Sohn eines Opfers der Indianer verständlich war. Doch da er sich mit diesen Weißen sprachlich besser verständigen konnte als mit den Indianern, benutzte er sie manchmal als Führer. Zum Beispiel hieß einer seiner Führer auf der Exkursion zu den Großen Seen Schacckalamy und gab sich als Häuptling eines Delaware-Dorfes aus, obwohl er in Wirklichkeit ein Franzose aus Montreal war. Bartrams Dolmetsch auf dieser Exkursion war Conrad Weisser, ein Flüchtling aus der Pfalz, der sich als Adventist im Kloster zu Ephrata versucht hatte, aber doch lieber einem Indianerstamm angehörte. Bartram nannte sie Wilde und »wild gewordene Weiße«, aber sie waren ihm nützlich.

Im allgemeinen ging er allein auf Pflanzenjagd, und da er häufig unerforschtes Gebiet aufsuchte und eigene geographische Bezeichnungen erfand, läßt es sich nicht immer genau sagen, in welchen Gebieten er gewesen ist. Seine Karten waren mehr Andeutungen, und die meisten seiner anschaulichen Namen wie ›Undurchdringliche und Endlose Berge‹ oder ›Trübes Tal‹ wurden nie gebräuchlich.

Er nahm wenig mit, eine Bettrolle, Leintücher zum Wechseln, Bücher, Werkzeug und Feuerwaffen; außerdem waren an seinem Sattel zwei Körbe für Pflanzen und Samen befestigt. An Lebensmitteln führte er nur Salz und Mehl mit, im übrigen ernährte er sich von Beeren, Nüssen, Früchten, eßbaren Pflanzenstengeln, dem Wild, das er erlegte, und den Fischen, die er fing. Wenn sich die Indianer freundlich zeigten, aß er mit ihnen, und seinem Tagebuch vertraute er an, wie hoch er ihre Küche schätzte. Frischer Aal über Holzfeuer, zusammen gegessen mit gekochtem Mais und Wassermelone, errang seine besondere Achtung, desgleichen eine Schale Bohnen, gemischt mit Indianerknödeln aus zarten Maiskörnern. Da er an frugale und außerordentlich einfache Kost gewöhnt war, begeisterte er sich geradezu für die Fähigkeit der Indianer, aus Aronswurzel ein Festmahl zu machen. Ein Bankett mit Heidelbeeren und Mais, gedünstet in Wildbretbrühe, erhielt von ihm sozusagen drei gastronomische Sternchen: »Vorzügliche Bewirtung. Zu gut, um etwas übrigzulassen.«

Bartram wird das Verdienst zugeschrieben, über zweihundert amerikanische ›Entdeckungen‹ in die Gärten der Alten Welt eingeführt zu haben. Darunter war der Riesenlorbeer (›Magnolia grandiflora‹), der sich großer Beliebtheit erfreute und »für ein schönes georgianisches Haus so wesentlich wurde wie die Grundmauern«. Und als die nordamerikanische Lilie ›Lilium superbum‹ 1738 zum erstenmal in Collinsons Garten blühte, geriet er in derartige Verzückung, daß sich seine Angehörigen und die Dienerschaft beunruhigten.

Gönner und Schützling wurden feste Freunde, und sie schrieben einander häufig, obwohl der Postverkehr so langsam und unregelmäßig lief, daß manchmal ein dickes Paket numerierter Briefe ankam statt eines einzelnen Schreibens. Bartram las sehr viel und verlangte Bücher aus London. Obschon das kostspielig war, tat Collinson sein Bestes, ihm zu Gefallen zu sein; doch als sich herausstellte, daß Bartram einen unersättlichen Appetit hatte, konnte sich Collison den milden Tadel nicht verkneifen, sogar Salomo habe nicht alle seine Weisheit aus Büchern bezogen. Bartram antwortete pfiffig:

Ich lese über alle Maßen gern, und ich glaube, wenn Salomo die Frauen weniger und die Bücher mehr geliebt hätte, wäre er noch weiser und glücklicher geworden.

Auf des Königs Botaniker in Philadelphia sind die Vereinigten Staaten mit Recht stolz. Der fünf Morgen große botanische Garten am Schuylkill, den er seinen ›Garten der Freude‹ nannte, ist größtenteils im städtischen Park von Philadelphia noch vorhanden. Bartrams dauerhaftes Denkmal aber ist die Anerkennung, die ihm Linné zollte. Voller Bewunderung für sein ungeheures selbsterlerntes Wissen und seine emsige Pflanzensuche nannte der bedeutende Forscher John Bartram »den größten lebenden Botaniker der Welt«.

In seinem Aufsatz ›Ruhm des Naturforschers‹ (1737) tat Linné den Ausspruch:

Lieber Gott! wenn ich das traurige Schicksal so vieler Jünger [der Botanik] bedenke, fühle ich mich versucht, die Frage zu stellen, ob die Männer noch bei Verstand sind, die wegen ihrer Liebe zum Pflanzensammeln ihr Leben und alles andere aufs Spiel setzen.

Damit hatte der schwedische Gelehrte, ohne es zu wissen, seinen eigenen Jünger *Philibert Commerson* richtig beschrieben. Jedenfalls bekannte Commerson einem Freund, er leide an der ›Botanomanie‹. Pasfield Oliver betonte es in seiner Biographie:

Allein der Verdacht auf eine ihm unbekannte Pflanze übte unwiderstehliche Anziehungskraft auf ihn aus. Er schreckte nicht davor zurück, unzugängliche Berge zu erklettern, setzte sein Leben aufs Spiel und ruinierte infolge übermäßiger Anstrengungen seine Gesundheit... Die botanischen Exkursionen unternahm er immer allein und führte kaum Geld oder Vorräte mit sich. Er kehrte krank heim, mit blutigen Wunden, verletzt durch Stürze und alle möglichen Unfälle, vollständig erschöpft von der körperlichen Anspannung wie von der Gewalt seiner eigenen Leidenschaft.

Diesen kraftvollen, tollen, unbeirrbaren, erstaunlichen Pflanzenjäger umgibt etwas Phantastisches. Schon seine Anfänge sind recht ungewöhnlich. Er war ein Burgunder aus Châtillon-les-Dombes, einem unabhängigen Fürstentum, das man mit den heutigen Zwergstaaten Monaco, Andorra und San Marino vergleichen könnte. Theoretisch war der Graf von Eu der regierende Fürst, in Wirklichkeit hatte das Land keine legale Behörde. Es gab keine Sicherheit für Leben oder Eigentum außer »den uralten Sitten und Gebräuchen der Dombes«, bis Frankreich das Gebiet kaufte und es 1762 dem Königreich einverleibte.

In diesem merkwürdigen Landstrich wurde Commerson 1727 geboren, als das Gebiet den zweifelhaften Ruhm genoß, daß hier Wechselfieber, Rheumatismus und eine Art Malaria herrschten. Obwohl ein Plateau, lag es so tief, daß die Luft immer feucht war, und da die Landschaft aus verlassenen, unwirtlichen Gehölzen und Tümpeln bestand, bildete sie die Zuflucht zahlreicher Wasservögel; auch war dort der Standort vieler ungewöhnlicher Pflanzen. Hätte Commerson die Wahl gehabt, so hätte er sich als zukünftiger Naturforscher kaum einen günstigeren Geburtsort aussuchen können.

Seine erste Liebe galt den Fischen, was in Anbetracht

der wasserreichen Umgebung nicht verwunderlich ist, zumal die Bewohner der Dombes nicht zuletzt vom Fischfang lebten. Über zwanzigtausend Morgen Tümpel und Seen wurden im Turnus abgelassen und die Fische ›geerntet‹. Danach wurden die freigelegten Böden wie Felder bestellt und nach dem Einbringen des Getreides begann wieder die Fischzucht. Der junge Philibert sammelte Fische und entwickelte ein originelles Trocknungsverfahren, das heißt, er trocknete sie wie Sumpfpflanzen zwischen dickem Papier. Später ging er von Fischen, Vögeln und Vogeleiern, von Kriechtieren und Fossilien und von der faszinierenden Vielfalt bunter Insekten zur Pflanzenwelt über, die sein Herz vollständig gewann.

Sein Vater hatte vierzehn Kinder und war vermögend genug, sie etwas lernen zu lassen. Als er sah, wie besessen sein zweiter Sohn von der Botanik war, schickte er ihn nach Montpellier. Das war zwar keine große Universität, aber immerhin die Ausbildungsstätte von l'Obel, Lecluse und anderen namhaften Botanikern. Außerdem gab es dort einen recht bekannten Botanischen Garten.

Montpellier hätte genau der richtige Ort sein können, wenn Philibert in seinem Eifer nicht vergessen hätte, daß Flurgesetze die Grundeigentümer vor Dieben schützten. Bei vielen Pflanzenjägern war es und ist es allgemein üblich, sich Schößlinge, Zwiebeln, Samen und sogar ganze Pflanzen einfach anzueignen, wenn ein Kauf unmöglich ist und die Besitzer nicht dazu gebracht werden können, sich von ihren Gewächsen zu trennen. Commerson war nicht der erste, der so vorging. Schon *Joseph Pitton de Tournefort*, der abenteuerliche französische Botaniker des vorhergehenden Jahrhunderts, der aus Griechenland und Kleinasien über dreizehnhundert neue Pflanzenarten mitbrachte, räuberte gern in den Gärten seiner Freunde oder auch ganz Unbekannter. Einmal wurde er von einem erzürnten Gärtner erwischt, der ihn mit Steinen so energisch und treffsicher bombardierte, daß Tournefort, der mit dem König auf vertrautem Fuß stand und sich auf seinen Exkursionen weder von stürmischer See noch vor Piraten gefürchtet hatte, gezwungen war, »durch hurtige Beweglichkeit sein Leben zu retten«.

Tournefort wurde von Commerson tief bewundert und getreulich nachgeahmt. Es war schon schlimm genug, daß der junge Mann mit etlichen kleinen Grundbesitzern rings um Montpellier zusammenstieß, noch schlimmer war es, daß er dabei ertappt wurde, wie er im Botanischen Garten der Universität Pflanzen für sein Herbarium stibitzte. Er wurde nicht etwa vom Gärtner oder Flurhüter, sondern von François Boissier de Sauvages de la Croix, dem Botanikprofessor in höchsteigener Person, aufgegriffen.

Das fortgeschrittene Stadium seiner Botanomanie läßt sich daran ermessen, daß Commerson außer sich geriet und sich ungerecht behandelt fühlte, als ihm daraufhin der Zutritt zum Botanischen Garten verwehrt wurde. Das Verbot war nur vorübergehend, aber er vergaß es nie, und noch Jahre später verübelte er es dem Professor, der ihn beim Räubern erwischt hatte. In den Kreisen der Botaniker wurde er bald als glänzender, aber offenbar verrückter Pflanzenjäger anerkannt; tatsächlich wurde das Sammeln bei ihm, bis er die Universität verließ und 1760 heiratete, zu einer Zwangsvorstellung; er trug lebende Pflanzen, Herbariumssorten, botanische Abhandlungen, Bücher und Kataloge zusammen, überhaupt alles, was der naturkundlichen Belehrung diente. Um der Pflanzen willen ging er erhebliche Wagnisse ein, und wenn er nicht ungewöhnlich scharfsinnig, körperlich gestählt und vom Glück begünstigt gewesen wäre, hätte er es im einen oder andern Fall mit dem

11

So exotisch sah es 1833 noch an der Mündung des Fox River in den Wabach River im Staate Indiana der USA aus, als Prinz Maximilian zu Wied-Neuwied Nordamerika bereiste und neben eingehenden ethnographischen Studien über das Leben der Indianer auch botanisierte. Der größte Teil seiner gesammelten Pflanzen und Tiere ging allerdings bei der Heimfahrt auf dem Missouri durch einen Schiffsbrand zugrunde.

Leben bezahlen müssen. Einmal botanisierte er an der schroffen Böschung eines angeschwollenen Bergbachs, rutschte aus und blieb wie Absalom mit den Haaren in einem Strauch hängen. Um sich zu befreien, mußte er sich »die Haare abschneiden und sich ins Wasser fallen lassen, das ihn mit sich fortriß, so daß er fast ertrunken wäre«.

Das Eheleben machte ihn ruhiger. Seine Frau brachte Vermögen mit und schenkte ihm den sehr geliebten Sohn Archambault, starb jedoch zwei Jahre später.

Der Kummer rührte Philibert wieder auf. Er beschloß, ›praktischer‹ Botaniker zu werden und sich nicht von den Mühseligkeiten und Gefahren der Pflanzenjagd abschrecken zu lassen. Forschung, Mikroskop und Herbarium genügten einem Botaniker wie Commerson nicht. »Ruhm erfordert vom Menschen ein ebenso hartes und kühnes Wettrennen wie äußeres Glück«, schrieb er.

Der Zufall gab ihm Gelegenheit, sich Ruhm zu erwerben: Der König ernannte ihn zum Hofbotaniker und schickte ihn 1766–69 mit dem berühmten, in vielen Künsten und Wissenschaften erprobten Seefahrer Louis Antoine de Bougainville auf Weltreise. Auch ein Deutscher fuhr mit: Karl Heinrich Nikolaus Otto von Nassau-Siegen, der später am amerikanischen Freiheitskrieg teilnahm und bis zum russischen Admiral aufstieg.

Abgesehen davon, daß Bougainville ein Favorit des Königs war und von einem Zeitgenossen als »plus orné, plus dix-huitième siècle« beschrieben wurde, bewunderte man ihn als Parlamentsadvokaten, Diplomaten, mathematisches Genie und Verfasser einer Abhandlung über Integralrechnung, Mitglied der Königlich Britischen Akademie der Naturwissenschaften, hervorragenden Militär und Navigator, Forscher und Linguisten, und durch sein Verständnis für die nordamerikanischen Indianer hatte er sich so beliebt gemacht, daß er in den

›Stamm der Schildkröten‹ aufgenommen worden war. Ungeachtet seiner Treue zum französischen Königshaus diente Bougainville unter Bonaparte und blieb dabei ein Ritter ohne Furcht und Tadel, dessen Ehre und Lauterkeit hierdurch keinen Schaden erlitten. Es mag als Ironie

Louis Antoine de Bougainville,
Kommandeur der ersten französischen Weltumsegelung
und Pate der ›Bougainvillea‹

des Schicksals betrachtet werden, daß ein solches Universalgenie heute eigentlich nur noch durch eine Pflanze bekannt ist, die nach ihm benannt wurde: die südländische ›Bougainvillea‹. Da beide, der Kommandant der Expedition und der Hofbotaniker, von Forschergeist beseelt waren, kamen sie schnell miteinander überein.

Vor der Abreise übergab Commerson seinen Sohn Archambault der Obhut eines Onkels und setzte feierlich sein Testament auf. Dieses Schriftstück spricht Bände, denn Commerson wünschte, daß sein Leichnam der Anatomie zur Verfügung gestellt würde, wenn er in der Nähe einer Universität stürbe. Kapital und Erträgnisse zweier Waschanstalten bei Châtillon sollten als Grundlage für einen ›Ethikpreis‹ dienen (niemand weiß, was er damit gemeint hat); er bestimmte mehrere Legate, sorgte für seine Haushälterin Jeanne Baret und vermachte alles übrige seinem Sohn.

Dann eilte er nach Rochefort, wechselte unterwegs so oft wie möglich die Pferde und stand Qualen der Spannung aus, weil er ein wenig verspätet war. Er hätte sich nicht zu ängstigen brauchen. Sein Schiff, die Fregatte ›Boudeuse‹, blieb nach Commersons fieberhafter Ankunft noch mehrere Tage vor Anker liegen. Infolgedessen hatte er Gelegenheit, die wissenschaftliche Ausrüstung mit Jean Baret, seinem jungen Assistenten, ordentlich zu verstauen.

Nachdem das Schiff abgelegt hatte, stellte Philibert fest, daß er nicht gerade seefest war. Das Schaukeln und Schlingern seiner neuen Behausung machte ihm das Tagebuchschreiben unmöglich. Eine kurze Eintragung mit dem Datum »4. bis 7. Februar« verdeutlicht alles: »Mittag- und Abendessen sind für mich nur Leihgaben, die ich pünktlich nach anderthalb Stunden zurückzahle.«

Die Anordnung des französischen Königs lautete ganz allgemein, »nach Ostindien und um die Erde« zu reisen. Zum Ruhme Frankreichs sollte erreicht werden, was die Briten bereits vorgemacht hatten. Hierbei sollten unerforschte Gebiete beansprucht und benannt werden; die Westküste von Neu-Holland, wie Australien damals hieß, war schon teilweise erforscht und in Besitz genommen, die Ostküste, soviel man wußte, bisher noch nicht. Später sollte das französische Unternehmen vom Kommandanten als »Bougainvilles Mißerfolg, Neu-

Holland zu entdecken« beschrieben werden. Tatsächlich kam er, wie Scott in der Antarktis, nur um ein weniges zu spät. Von diesen territorialen Überlegungen abgesehen aber war seine Weltreise ein Triumph der Seefahrt und besonders auf anthropologischem und naturwissenschaftlichem Gebiet ein großer Erfolg.

Allein die Liste von Commersons botanischen Entdeckungen zeigt seinen hervorragenden Beitrag zu der Expedition. Es waren mindestens sechzig neue Gattungen und dreitausend neue Arten. Aber seine Arbeit als Naturwissenschaftler der Expedition beschränkte sich keineswegs auf die Botanik.

Sowohl sein eigenes Tagebuch als auch das Logbuch tun kund, wie vielfältig seine Interessen und Tätigkeiten waren.

Als sie zum Rio de la Plata gelangten, sah er zum Beispiel sofort, warum die spanischen Eroberer ihn 1513 Silberfluß getauft hatten: Milliarden weiße Zephirblumen (›Zephyranthus candida‹) blühten hier, und die Ebenen schimmerten silbrig. Der Anblick war nur ein Vorgeschmack des Kommenden. Die auserlesene Schönheit Brasiliens entzückte Commerson. Obwohl er ein unangenehmes Geschwür am Bein hatte, ließ er sich nicht vom Botanisieren abhalten, und unter anderm fand er eine rosa Zephirblume, die nach ihm ›Zephyranthus commersonii‹ genannt wurde.

In Buenos Aires vertauschte er die Botanisiertrommel eine Zeitlang mit dem Gewehr und begleitete zwei Globetrotter, einen deutschen Fürsten und einen französischen Adligen, auf Jaguarjagd.

Noch weiter südlich, im Küstengebiet von Bahia Grande, wo eine derartige Kälte herrschte, daß die abgehärtetsten Seeleute alles anzogen, was sie besaßen, und dennoch bis ins Mark froren, begab sich Commerson wieder auf die friedliche Pflanzenjagd. Auf diesen Exkursionen erwarb sich Jean Baret großes Lob für seine Ausdauer, seine ausgeklügelten Versuche, die Beschwerden zu mildern, und seine Bereitschaft, den Hauptteil der Ausrüstung – Feuerwaffen, Heugabeln, Gefäße, Lebensmittel, Papiere und Pressen, Zeichenblöcke und so weiter – zu schleppen.

Das Schneewasser, das sie in der Magellanstraße an Bord nahmen, brachte allen eine Halsentzündung ein, und es war der Naturwissenschaftler Commerson, nicht der Schiffsarzt, der auf ein Heilmittel verfiel: Er ordnete an, jeder Tonne einen Liter Essig beizufügen und das Wasser mit heißen Kugeln zu wärmen.

In Feuerland bezauberte die graue Schiffskatze, die sich an Commerson gehängt hatte, die Eingeborenen so sehr, daß sie ihm als Tauschware eines ihrer hübschesten Mädchen anboten. Katzenliebhaber werden sicher zufrieden sein, wenn sie hören, daß Commerson von dem Angebot keinen Gebrauch machte.

Wie zahlreiche Schiffe vorher und nachher zauderte die ›Boudeuse‹ angesichts von Kap Horn. Aber Bougainville steckte alle an Bord mit seiner Zuversicht an. Seine Fähigkeiten als Seefahrer waren überragend. So ruhig, als ob er im Bois de Boulogne promenierte, lenkte er sie sicher durch dieses Gebiet eisiger Winde und gefährlicher Driften. Danach überwanden sie die Perusströmung und kamen mit vollen Segeln unter den Südostwinden gut vorwärts.

Während der Fahrt wurde Commerson durch die Seekrankheit an der Arbeit gehindert; aber er war sofort zu allem bereit, als sie bei Tahiti vor Anker gingen, wo Rousseaus Vorbild eines ›Edlen Wilden‹ sein paradiesisches, barbarisches Leben geführt hatte. Commerson vertraute seinem Tagebuch die Meinung an, daß die Bewohner von Tahiti in der Tat außer der Liebe keinen Gott kannten. Obwohl es hier mancherlei Ablenkungen von der Botanik gab, konnte er während des dreizehntägigen Aufenthalts doch hin und wieder auf Pflanzenjagd gehen. Wieder auf See, brachte er die meiste Zeit damit zu, wie einst als Kind kleinere Fische zu konservieren. Stets auf der Suche nach allem möglichen Neuen notierte er im April 1768:

16° südl. Br. und 170' östl. L. Goldschwänziger Delphin ergibt vortreffliche Mahlzeit, wenn mit Butter und Kapern gekocht.

Commersons gleichmäßiges, behagliches Leben wurde auf Mallicollo, einer Insel der Neuen Hebriden, empfindlich gestört, als seine Reisegefährten eine verblüffende Entdeckung machten.

Ein Häuptling, der sich zu Jean Baret hingezogen fühlte und keine abendländischen Hemmungen kannte, packte den jungen Botaniker und wäre mit ihm auf und davon, wenn sich einige Seeleute, die gerade an Land waren, nicht ins Mittel gelegt hätten. In dem Getümmel gerieten Barets Kleider etwas in Unordnung.

Bougainville vermerkte die Tatsachen mit würdevoller Objektivität:

M. de Commersons Diener (Baré mit Namen)... gestand mir unter Tränen, er sei eine Frau. Sie sagte mir, in Rochefort habe sie ihren Herrn getäuscht, indem sie sich im Augenblick der Abreise in Männerkleidung präsentiert habe.

Pasfield Oliver, der ja für Leser des Zeitalters König Eduards schrieb, drückte sich vorsichtig aus:

Da inzwischen hundertsechzig Jahre vergangen sind, dürfte es wohl am besten sein, zu dieser außergewöhnlichen Geschichte nichts hinzuzufügen.

Neuere Historiker haben auf die Ähnlichkeit zwischen ›Jean Baret‹ (oder Baré) und der Haushälterin ›Jeanne Baret‹ hingewiesen, die in Commersons Testament erwähnt ist, und die berechtigte Frage gestellt:

War der Botaniker naiv, verschlagen oder schlichtweg dumm?

Nach einer hübschen, aber unwahrscheinlichen Darstellung soll der arme Commerson durch die Entdeckung so in Verlegenheit geraten sein, daß er sich in die Verbannung zurückzog. Jean änderte ihren Namen in Hortense, blieb bei ihrem Herrn und betreute ihn bis zu seinem Tode; danach kehrte sie heim nach Paris, heiratete einen Uhrmacher und gab ihren Namen der gewöhnlichen Garten-Hydrangea, der Hortensie. Wie dem auch sei, es ist eine der köstlichsten Anekdoten im Zusammenhang mit der Laufbahn eines Pflanzenjägers.

Tatsächlich scheint aus Jean eine Jeanne geworden zu sein, die einen Soldaten heiratete und nach Frankreich zurückkehrte, wo sie sich in den Dombes in der Nähe der Familie Commerson häuslich niederließ. Nach ihrem Tode hinterließ sie ihren ganzen Besitz Commersons Sohn Archambault. Commerson seinerseits ehrte sie, indem er eine Pflanzengattung ›Baretia‹ taufte, die allerdings später in ›Quivisia‹ umbenannt wurde.

Bestimmt bedeuteten der Naturwissenschaftler und sein Assistent einander viel. Commerson kehrte nie mehr in die Heimat zurück. Die Gründe dafür verlieren sich im Dunkel. Er trennte sich von Bougainville, wahrscheinlich auch von Jeanne Baret, in Mauritius und begab sich nach Madagaskar. Sogleich machte er sich an die Erforschung der Inselflora. Dort erhielt er aus Frankreich den Bescheid, daß er seines Amtes enthoben sei und kein Gehalt mehr zu erwarten habe; er habe sofort zurückzukehren. Jedenfalls drückte er es so aus, als er einem Freund in Paris einen entrüsteten Brief schrieb: »Meine Pflanzen, meine geliebten Pflanzen haben mich für alles entschädigt.«

Wahrscheinlich aber war die Benachrichtigung aus Paris weder so brutal noch so rätselhaft, wie sie schien,

6 *John Tradescant der Jüngere, Gärtner des englischen Königs Jakob I. und eifriger Pflanzenjäger in Virginia. Über der Arbeit an seinem Garten in Lambeth vergaß er die Wirren des Bürgerkriegs und die Hinrichtung seines Herrn.*

7 *Adalbert von Chamisso, französischer Refugié und deutscher Dichter, war von Hause aus Botaniker. Nachdem er bereits 1815 vergebens versucht hatte, sich der Brasilienexpedition des Prinzen Maximilian zu Wied-Neuwied anzuschließen, gelang es ihm im gleichen Jahr, an der russischen Expedition zur Erkundung der nordöstlichen Durchfahrt als Naturforscher teilzunehmen. Die berühmte Weltreise auf der ›Rurik‹ 1815-1818 stand unter dem Kommando Otto von Kotzebues, des Sohnes jenes russischen Staatsrats und deutschen Dramatikers August von Kotzebue, der 1819 von dem Studenten Sand seiner reaktionären Haltung wegen ermordet worden ist. In mehreren Werken berichtete Chamisso von seinen Forschungen, die der deutsch-russische Expeditionsmaler Ludwig Choris – er hatte bereits Marschall von Bieberstein nach dem Kaukasus begleitet*

und fand später bei einer Südamerikareise einen gewaltsamen Tod – illustrierte: hier Chamisso beim Botanisieren auf Kap Espenberg im Kotzebuesund an der Nordwestküste Alaskas. Nur wenige Minuten später, berichtet der Forscher selbst, fand er sich von einem Haufen bewaffneter Eingeborener umringt, die er mit freizügig ausgeteilten Geschenken und entwaffnendem Humor zu beschwichtigen vermochte.

8 *Nach seiner erfolgreichen Brasilienexpedition 1815-1817 bereiste Prinz Maximilian zu Wied-Neuwied – hier im Biwak am Missouri – 1832-1834 Nordamerika, verlor jedoch den größten Teil seiner botanischen und ethnographischen Sammlungen bei einem Schiffsbrand.* →

denn natürlich fanden Auftrag und Besoldung ein Ende, als Commerson die ›Boudeuse‹ verließ, und zurückgerufen wurde er wohl, damit er den Posten des Hofgärtners wieder übernahm. Die Wahrheit bleibt verborgen, doch wahrscheinlich überwog der Pflanzenreichtum von Madagaskar eine Zeitlang die Reize von Paris und den Dombes, und bestimmt sagte es Commerson weniger zu, als königlicher Gärtner das Hofleben in den Tuilerien und in Fontainebleau mitzumachen, als in der freien Natur zu botanisieren.

Welcher Art die Gründe auch gewesen sein mögen, Commerson blieb in Madagaskar, genoß die Gesellschaft der Eingeborenen, die er als »faul und intelligent, sanft und doch schrecklich« beschrieb, legte Gärten an, ordnete seine Mappen und ging bis zu seinem Tode auf Pflanzenjagd. Seinem Freund in Paris schrieb er:

Wenn man die reichen Schätze sieht, die so großzügig über dieses fruchtbare Land ausgestreut sind, kann man sich des Gefühls nicht enthalten, daß man die ernsten Theoretiker bemitleidet, die ihr Leben lang im Zimmer sitzen und eitle Systematik zurechtbasteln.

Der ungewöhnliche Sammler starb 1773 im frühen Alter von sechsundvierzig Jahren. Acht Tage später, als man natürlich noch nichts von seinem Tode wußte, wurde er von der Vollversammlung der Französischen Akademie einstimmig zum Mitglied gewählt. Das war eine einzigartige Ehrung, denn noch nie war ein Abwesender zum Mitglied ernannt worden, und es zeigt, wie sehr man in Frankreich Commersons Arbeit auf dem Gebiet der Botanik zu schätzen wußte.

Er zählte und zählt immer noch zu den fruchtbarsten und erfolgreichsten Pflanzenjägern, denn er machte buchstäblich Tausende von Entdeckungen. Er behauptete, über fünfundzwanzigtausend Pflanzenarten zu kennen. In seinem Nachlaß fand man sechsundfünfzig lange

Listen der gepreßten Pflanzen, die er auf der Reise von Rochefort nach Madagaskar gesammelt hatte. Ungefähr fünfzehnhundert Exemplare sind jetzt im Besitz der Linné-Gesellschaft in London und doppelt so viele im Delessert-Herbarium. Die übrigen sind verstreut, aber alle werden in Ehren gehalten. Verschwunden ist nur die ohnehin kleine Sammlung von Tahiti.

Zwischen Kew-Garden und China

Knapp ein Jahr nachdem der französische Naturforscher Philibert de Commerson an Bord der ›Boudeuse‹ Tahiti verlassen hatte, kam *Sir Joseph Banks*, der Naturforscher, der Kapitän Cook auf seiner ersten Reise um die Welt begleitete, an Bord der ›Endeavour‹ dort in der Matavi-Bai an.

Sir Joseph war der König der Sammler gegen Ende des Goldenen Zeitalters der Botanik. Er war vom Glück begünstigt und lebte von Geburt an in guten Verhältnissen. Er besuchte die Schulen von Eton und Harrow und bezog ein beträchtliches Einkommen von seinen Gütern in Yorkshire. Seine Gesundheit war vortrefflich, bis ihn in späten Jahren die Gicht verkrüppelte, und auch dann war er mit einem ausgeglichenen Temperament gesegnet, das ihn sein Mißgeschick gleichmütig ertragen ließ. Er war glücklich verheiratet, hatte eine ihm treu ergebene Schwester, die ihm seine Notizen schrieb, und pflegte nicht nur mit Georg III. Freundschaft, sondern auch mit bescheidenen Studenten, illustren Wissenschaftlern und den einflußreichen Staatsmännern seiner Zeit. Zweiundvierzig Jahre lang war er Vorsitzender der Königlich Britischen Akademie der Naturwissenschaften, erfreute sich großer Beliebtheit – außer bei jenen, die ihm Glück und Stellung neideten – und hielt in seinem Hause im Soho Square Hof, wo die Bibliothek von dem schwedischen Botaniker Jonas Dryander betreut wurde. Wer eine Kuriosität zu verkaufen, Kenntnisse zu vermitteln, eine Idee zu verkünden oder eine fesselnde Geschichte zu erzählen hatte, der konnte hier mit herzlicher Aufnahme rechnen und auch, wenn er es benötigte, mit einer Mahlzeit und sonstigem Beistand. Doch wenn Banks auch ein Mäzen war, der Gönner aller Gönner, in erster Linie war er ein aktiver Pflanzensammler, ein kluger Pflanzenjäger, dem die Beteiligung an Kapitän Cooks Weltreise internationale Anerkennung einbrachte. Er besaß jene unschlagbare Mischung von Visionärem und Praktischem. Dennoch ist seine Bedeutung weniger in seiner eigenen Laufbahn als Pflanzenjäger zu suchen als darin, daß er andere Sammler ermunterte und schulte, für Kew zu arbeiten.

Kew war im achtzehnten Jahrhundert königlicher Besitz und als solcher den Launen der Hannoveraner ausgeliefert, dem unsicheren Geschmack der Witwe des »unglücklichen Fred« (die von Thackeray als »verschlagene, harte, herrschsüchtige, engstirnige Prinzessin« gezeichnet wird), dem wohlwollenden Interesse des leider später geisteskranken Königs Georg III. und natürlich dem Einfluß ihrer vielen Verwandten. Vater und Sohn Hooker sollten später Kew zum größten botanischen Garten der Welt machen, aber das wurde nur durch Banks' mühevolle Vorarbeit ermöglicht. Seine Freundschaft mit Georg III., sein hohes Prestige sowohl als praktischer Botaniker wie als Vorsitzender der Akademie der Naturwissenschaften machten es ihm möglich, viele seiner ausgezeichneten Ideen ohne große finanzielle oder bürokratische Schwierigkeiten zu verwirklichen. Auf Banks' Veranlassung geschah es auch, daß Linnés Bibliothek und Herbarium von einem Engländer gekauft und in London untergebracht wurden, zur Überraschung und zum Bedauern der Schweden. Auf seinen

Vorschlag hin wurden in Botany Bai an der Küste des australischen Staates Neusüdwales Sträflinge angesiedelt. Sein genialster Plan aber war es entschieden, aus dem königlichen Garten in Kew, einem Dorf in der Grafschaft Surrey, »einen Markt und eine Börse für Pflanzen« zu machen.

Nach dem, was man von Banks' Persönlichkeit weiß, liegt der Gedanke nahe, daß er das Sammeln am liebsten selbst besorgt hätte, wenn es menschenmöglich gewesen wäre. Er war jedoch ein Realist, und er litt an Gicht. Außerdem wußte er, daß er seinen wissenschaftlichen Hunger leichter stillen konnte, wenn er im Zentrum der Dinge blieb, und hierfür war gerade zu dieser Zeit kein Aufenthaltsort geeigneter als London; denn London bedeutete damals England, und England verfügte über Einfluß und Macht in der Welt wie nie vorher und nachher. Er beschloß, von London aus das Pflanzensammeln zu organisieren, seine geschulten Leute auszusenden und die Verteilung ihrer Jagdbeute anzuordnen. Die meisten Pflanzen und Samen fanden ihr erstes Heim in Kew, einige aber auch in den Botanischen Gärten von Jamaika (Saint Vincent) und Ceylon, die ebenfalls Geisteskinder des tatkräftigen Banks waren.

Die Schulung in Kew war nichts Besonderes, und wenn Banks' Sammler überall in der Welt Erfolg hatten, so lag es mehr an seiner richtigen Einschätzung ihrer Charaktereigenschaften und seiner Fähigkeit, sie zur Begeisterung anzufachen. Daß er selbst den vielen Gefahren begegnet war, die ihrer harrten, machte ihn glaubhaft. Theoretisieren im Lehnstuhl ist nicht dasselbe wie die Warnungen eines erfahrenen Praktikers.

Banks war offen. Er sagte seinen jungen Leuten, daß die Pflanzenjagd Ausdauer, Widerstandskraft und heitere Gleichgültigkeit gegenüber Unbilden und fortwährenden Enttäuschungen erforderte; auch daß sie durch ihre Berufung – so faßte er es auf – mit äußerster Hitze oder Kälte, Hunger und Durst, Tropenfieber und anderen Krankheiten, mit abstoßenden Geschöpfen, Schiffbruch und tödlichen Unfällen zu tun bekommen könnten. Die Warnungen kamen von einem Pflanzenjäger, der die notwendigen charakterlichen Voraussetzungen selbst erfüllte, und der auf seinen abenteuerlichen Unternehmungen manches durchgemacht hatte: schlimmste Kälte in Feuerland, Malaria im Malaiischen Archipel, nahezu Schiffbruch vor Neufundland, vollständigen Schiffbruch vor Australien, und immer wieder hatte er mit der Möglichkeit rechnen müssen, daß sein Schiff auf ein Korallenriff auflaufen, kentern oder von Brechern des Stillen Ozeans getroffen werden würde. Während eines Sturmes vor der Nordinsel von Neuseeland hatte er überdies in sein Tagebuch eingetragen:

Die Gewißheit, daß man gefressen wird, sobald man an Land kommt, erhöht die Schrecken eines Schiffbruchs nicht unbeträchtlich.

Die jungen Leute bestaunten den legendären Sir Joseph, bewunderten seine Kaltblütigkeit und dachten an ihn, wenn sie im Dienste von Kew Gefahren begegneten.

Besonders drei von ihnen stellten fest, daß er keineswegs übertrieben, weder die Seligkeit des Pflanzenjägerdaseins über- noch die Schwierigkeiten unterschätzt hatte; und bis zum heutigen Tage erinnert man sich ihrer.

Francis Masson von Aberdeen, geschult in Pflanzen- und Samenpräservierung, verdiente sich sogar die Auszeichnung, vom selbst unermüdlichen Banks ›unermüdlich‹ genannt zu werden. Er sammelte zweimal in Südafrika, außerdem auf der Iberischen Halbinsel, auf Madeira, den Kanarischen Inseln, den Azoren und in Westindien und schließlich in Nordamerika, wo er, wie angenommen wird, im eisigen Winter von 1805 erfroren ist. Er arbeitete für hundert Pfund im Jahr und durfte zweihundert Pfund für Unkosten verbrauchen. Er war recht erfolgreich. Abgesehen davon, daß er das südafrikanische Heidegewächs einführte – den Blumenliebhabern gefiel diese Glockenheide so sehr, daß binnen fünfzig Jahren über vierhundert Arten kultiviert wurden –, erkannte er als erster den Wert der südafrikanischen Pelargonie und schickte fünfzig Varietäten nach Hause, aus denen die gewöhnliche Gartengeranie entstand, die im Viktorianischen Zeitalter so sehr geliebt wurde. Außerdem führte er Proteazeen und Aloe-Arten ein sowie die einzigartige Abendblume oder Kap-Zwiebel (›Ixia viridiflora‹), die wegen ihrer meergrünen, in der Mitte dunkleren Blüten in Kew eine gelinde Sensation hervorrief.

Diesen Triumphen stehen Massons Enttäuschungen und Bedrängnisse gegenüber. In Südafrika gab es nicht nur Pflanzen in Hülle und Fülle, sondern auch wilde Tiere. Er hatte Glück, daß er meistens ihrer Aufmerksamkeit entging. Wenn er ins Hinterland vordrang, um zu botanisieren, wurde sein Leben oft von feindlichen Eingeborenen bedroht. Bei seiner zweiten Expedition nach Südafrika waren die antibritischen Buren sogar noch bedrohlicher als die Eingeborenen; es wurde für ihn gefährlich, wenn er sich mehr als fünfundsiebzig Kilometer von Kapstadt entfernte. Einen besonders schlimmen Schrecken erlebte er ganz in der Nähe von Kapstadt, wo ein Trupp aneinandergeketteter, entwichener Sträflinge ihn entführen und als Geisel zu verwenden gedachte. Er hegte eine unsinnige, unüberwindbare Angst vor gewaltsamer Gefangennahme. Er verbrachte mit einem Federmesser in der Hand in einem Versteck kauernd eine grauenhafte Nacht, während die Sträflinge unter Flüchen das Gebüsch wie Treiber nach ihm absuchten. Diesmal entkam er zwar, aber in späteren Jahren ereilte ihn das befürchtete Schicksal zweimal.

Als er beim Fall von Neugranada in Westindien sehr widerwillig als britischer Rekrut diente, wurde er von den Franzosen gefangengenommen; dann ergriffen ihn auf einer Reise nach Amerika französische Seeräuber. Sein tragischer Tod im Jahr 1805 machte seiner dreiunddreißigjährigen aufopfernden und anstrengenden Pflanzenjagd für Kew ein Ende.

David Nelsons Laufbahn als Sammler für Kew war kürzer und noch gefahrenreicher. Banks entsandte ihn als Botaniker an Bord der ›Resolution‹ mit Kapitän Cooks dritter Expedition. Es war eine gewaltige Reise, die vier Jahre dauerte und auf der Nelson sowohl in der Arktis als auch in gemäßigten und tropischen Regionen Pflanzen suchte. Mit ihm an Bord der ›Resolution‹ war einer von Banks' Schützlingen aus Tahiti, ein junger Mann namens Omai, der von der Londoner Gesellschaft als Kuriosität gehätschelt, von Reynolds gemalt, ins Theater, ins Oberhaus und zu einer Waldhuhnjagd im Moorgebiet von Yorkshire mitgenommen worden war. Er wollte jetzt nach Tahiti zurückkehren, ausgestattet mit einer Pension von König Georg, einer elektrischen Maschine, Töpfen, Pfannen und Bestecken, einer Ritterrüstung und einer tragbaren Orgel.

Die Reise verlief ereignisreich. Sie setzten Omai ab, allerdings nicht auf Tahiti, wo er als Auswanderer nicht mehr gern gesehen wurde, sondern auf einer Nachbarinsel. Sie wohnten einer Opferfeier bei, während der das Ausweiden der Schweine, die Hitze der Opferfeuer, das Getrommel und die durchdringenden Schreie eines Knaben, die göttliche Gnade versinnbildlichten, sogar für einen in Kew geschulten Pflanzenjäger nervenzermürbend gewesen sein müssen. Dann entdeckte Cook die Sandwichinseln und wurde am Strand der sonnigen Karakakuabai von Hawaii im Streit mit Eingeborenen erstochen. Für die Männer der Expedition war Cooks

Tod eine unfaßbare Katastrophe. Nicht nur war Cook sehr geachtet und von einigen als Held verehrt worden, sondern zweifellos war er der größte Segler und Navigator seiner Zeit. Jetzt mußten sie ohne seine Genialität und ohne seine ansteckende Zuversicht auskommen. Es gelang ihnen, über den nördlichen Polarkreis hinaus, dann wieder südwärts nach Japan und China zu segeln, und sie gelangten durch die Wasserstraße zwischen Java und Sumatra und über den Indischen Ozean und das Kap wieder zurück nach England.

Eine solch aufreibende Reise hätte den meisten jungen Männern genügt, nicht aber David Nelson.

Zu Sir Josephs weniger erfolgreichen Einfällen gehörte sein Plan, den Brotfruchtbaum in Westindien einzuführen. Seines Erachtens würde die Frucht ein billiges und wohlschmeckendes Nahrungsmittel für Negersklaven abgeben. Zwei Expeditionen waren notwendig, um den Baum dorthin zu bringen, und zum Schluß zeigte es sich, daß Banks' allzu optimistisch gewesen war. Auf beiden Reisen führte Kapitän William Bligh das Kommando; auf der ersten war sein Schiff die ›Bounty‹. Banks beauftragte seinen bewährten Pflanzensammler Nelson zusammen mit dem in Kew ausgebildeten William Brown, die Verpflanzung der Brotfruchtbäume durchzuführen.

Die erstaunlich virtuose Darstellung des verstorbenen Schauspielers Charles Laughton in dem Film ›Meuterei auf der Bounty‹ hat Bligh zu einem Bösewicht gestempelt. Nach geschichtlichen Unterlagen scheint es aber, daß er wohl schroff auftreten konnte, aber kaum ein brutalerer Zuchtmeister als auch andere Schiffskapitäne der damaligen Zeit war. Als Seefahrer soll er nur hinter Cook zurückgestanden haben. Bestimmt war es eine Leistung, nachdem er gezwungen worden war, sein Schiff zu verlassen, in einem offenen Boot den Stillen

Ozean zu überqueren und gleichzeitig achtzehn Mann in Zucht zu halten; sie erforderte sowohl Seemannskunst als auch Befehlsgewalt.

Indirekt verursachte der Brotfruchtbaum die berühmte Meuterei. Wie die Banane pflanzt sich der Brotfruchtbaum hauptsächlich durch Nebensprossen fort; allerdings kann man ihn auch aus Samen ziehen. Um sicherzugehen, daß das Unternehmen glückte, sollten Nelson und Brown sowohl Nebensprossen als auch Sämlinge nach Westindien bringen. Das bedingte eine Wartezeit auf Tahiti, während der die Sämlinge so weit gedeihen konnten, daß sie für die weitere Seereise genügend widerstandskräftig waren. Ein fünf Monate währender Aufenthalt auf der schwülen Sireneninsel, wo es wenig zu tun gab und jeder Mann sein Mädchen hatte, ließ die Reizlosigkeit des Daseins unter Deck eines britischen Schiffes besonders fühlbar werden. Der Abschied von Tahiti fiel schwer, zumal einige der Mannschaft ihrer Polynesierin wirklich zugetan waren. Die gewöhnlichen Schiffsjungen, die den größten Teil der Besatzung bildeten, haßten die Brotfruchtgewächse: Sie waren schuld daran, daß sie von Tahiti absegeln mußten. Ebensosehr haßten sie den Kapitän, der offenbar kein Verständnis für ihren Abschiedsschmerz hatte. Nachdem sie einige Tage auf See in ihren engen, heißen Unterkunftsräumen geflucht und sich weidlich geärgert hatten, daß die Brotfruchtbäume so viel frisches Wasser verschlangen, waren sie reif für eine Untat.

David Nelson konnte seinem Verzeichnis erlittener Unbilden zwei neue Erfahrungen hinzufügen: Mitten im Nirgendwo in einem kleinen Boot ausgesetzt zu sein und der Vernichtung seiner Pläne und harten Arbeit zusehen zu müssen. Über tausend Brotfruchtpflanzen wurden über Bord geworfen. Sein Assistent William Brown sah sich wohl oder übel auf der Seite der Meuterer und mußte in der Kette der Matrosen bei der Vernichtung seiner geliebten Brotfruchtbäume helfen. Später erwies er sich dem Haupträdelsführer Fletcher Christian auf der Insel Pitcairn mit seinen Pflanzen- und Ackerbaukenntnissen nützlich, aber er endete tragisch in seinem eigenen Garten als Opfer einer verirrten Kugel.

Nelson starb auf andere Weise. Am Ende der furchtbaren siebenundvierzigtägigen Fahrt im offenen Boot erlag er einer Lungenentzündung. Bligh vermerkt in seinem Logbuch:

Den Verlust dieses ehrlichen Mannes beklage ich sehr; er hatte sich mit großer Sorgfalt und mit Fleiß der ihm anvertrauten Aufgabe gewidmet.

Nachdem er für ein anständiges Begräbnis gesorgt hatte, schrieb er:

Zu meinem Bedauern konnte ich keinen Grabstein für seine sterblichen Überreste bekommen.

Ob Bligh reizbar und jähzornig war oder nicht, Banks schätzte ihn so hoch, daß er ihn nochmals nach Tahiti entsandte, Brotfruchtbäume nach Westindien zu schaffen. Und nachdem sich Bligh bei der Seeschlacht vor Kopenhagen unter Admiral Nelson ausgezeichnet hatte, wurde er auf Banks' Vorschlag hin zum Gouverneur von Südwales ernannt, mit dem Auftrag, Ordnung in die schlampige Wirtschaft der Kolonie zu bringen. Bligh regierte dort nur zwei Jahre, und die Art, wie er das Zepter schwang, ist immer noch umstritten; aber im Zusammenhang mit Pflanzenjägern spielte er weiterhin eine Rolle, denn dort befreundete er sich mit dem dritten der hervorragenden Kew-Sammler, nämlich mit *George Caley* aus Yorkshire.

Als Halbwüchsiger hatte Caley an Sir Joseph Banks geschrieben und seinen Wunsch erklärt, er wolle Botaniker werden. Er legte dem Brief ein paar Pflanzen bei, und als sich die eine oder andere als neue Entdeckung herausstellte, antwortete Banks mit der Warnung, Botanik mache sich pekuniär wenig bezahlt, aber wenn der Junge im Ernst zu lernen wünsche, könne er in Kew für einen Wochenlohn von zehn Schilling gern Unkraut jäten. Caley nahm das Angebot an. Zwei Jahre lang lernte er so viel wie möglich, dann bat er Banks, ihn ins Ausland zu schicken. Zuerst erhob Banks Einwendungen, doch schließlich willigte er ein, bezahlte ihm die Überfahrt nach Australien und gab ihm ein Empfehlungsschreiben an Bligh mit.

Zehn Jahre lang sammelte Caley in den wildesten und unbekanntesten Gebieten Australiens Gewächse und schickte wertvolle Samen und Pflanzenteile mit langen botanischen Erläuterungen nach Kew. Einmal beschrieb er einunddreißig Samenpakete auf 318 eng bekritzelten Seiten. Er führte ein einsames Leben. Nach einer Exkursion tief ins Innere sagte er zu Gouverneur Bligh, er habe während des ganzen Unternehmens kein Lebewesen erblickt außer zwei Krähen, und düster fügte er hinzu, wahrscheinlich hätten sie sich bloß verirrt. Zweifellos war diese Eintönigkeit daran schuld, daß er zu Ausbrüchen neigte, sobald er in die Zivilisation zurückkehrte. Er stritt sich mit allen Bekannten, drohte einmal, einen Missionar zu verprügeln, zollte einer Witwe und weiblichen Strafgefangenen unverhohlen Aufmerksamkeit, von denen eine übrigens Margaret Catchpole war, die Gangsterbraut des Schmugglers aus Suffolk.

Kapitän Bligh hatte Caley gern, aber Bligh war eben Bligh. Banks, der gegen exzentrische Pflanzenjäger sehr streng sein konnte, warnte Caley, er solle sich anständig benehmen. Aber selbst diese Ermahnung von oben bewirkte keine Besserung, und so sperrte Banks Caleys Gehalt und stellte ihn vor die Wahl, nach England heimzukehren oder sich als entlassen anzusehen. Caley entschied sich für die Heimkehr und nahm einen eingeborenen Diener namens Dan mit.

Banks wollte oder konnte die Strenge nicht beibehalten. Er vergab Caley und ernannte ihn in Anbetracht seiner Verdienste um die Bereicherung der botanischen Wissenschaft zum Leiter des botanischen Gartens ›Saint Vincent‹ in Jamaika. Hier verstand sich Caley nicht mit der vornehmen Gesellschaft und schloß den botanischen Garten sonntags – dem Tag mit der höchsten Besucherzahl –, weil die Leute, wie er sagte, Langfinger wären und sich gern Pflanzensamen beschafften.

Nach dem Tode von Sir Joseph Banks im Jahr 1820 begann eine konservativ gesinnte Regierung mit Kew zu knausern. Die Zuwendungen für den Garten wurden eingeschränkt und viele Pflanzenjäger zurückgerufen.

Zu den zurückgerufenen Sammlern gehörte *Richard Cunningham*, obwohl er königlicher Botaniker war, und man ersetzte ihm nicht einmal seine Ausrüstung – Feuerwaffen, Zelt, Vorräte, Werkzeug –, die ihm auf der Insel Norfolk von entwichenen Sträflingen gestohlen worden war. Ein anderer, *James Bowie*, der in Südafrika für Kew gearbeitet und viele wertvolle Gewächse heimgeschickt hatte, darunter die Vorfahren der modernen Gladiole und die erste ›Clivia nobilis‹, die man in England zu sehen bekam, sah sich ebenfalls unerwünscht und geriet in finanzielle Schwierigkeiten. Er war genötigt, bei einem deutschen Baron Gärtner zu werden, bis er sich mit dem Nichtstuer Georg Rex befreundete, einem unbekümmerten natürlichen Sohn Georgs III.

Kews Ansehen sank und erstand erst wieder, als Sir William Hooker 1841 Direktor des Nationalen Botanischen Gartens wurde.

In diesen zwanzig Jahren waren mehrere neugegründete botanische und Gartenbaugesellschaften die Hauptgönner der Pflanzenjäger. Diese Vereinigungen mußten Kinderkrankheiten und Wachstumsschmerzen durchmachen, einige gingen dabei ein, andere reiften zu den bekannten heutigen Gesellschaften heran. Sie sorgten für die Fortdauer des wissenschaftlichen Vorgehens beim Pflanzensammeln, förderten jedes Unternehmen, das der Erweiterung botanischer Kenntnisse diente. Hierbei richteten sich unwillkürlich ihre Augen auf China, wo die Verstocktheit kaiserlicher Mandarine die Jagd unmöglich machte.

An dieser Stelle scheint es angebracht, wenn auch nur oberflächlich, die ersten zögernden und oft ungeschickten Schritte zu betrachten, die von den abendländischen Pflanzenjägern im geheimnisvollen China unternommen wurden.

Die verschiedenen Dynastien, die sich in der ungeheueren Geschichte des Kaiserreiches abwechselten, haben natürlich auch die Gartenkunst auf ihre Weise beeinflußt: doch wenn auch die kaiserlichen Vergnügungsparks Wandlungen erfahren haben, so ist die kaiserliche Leidenschaft für Gärten und Blumen immer gleich geblieben. Der erste chinesische Kaiser, der Gärten anlegte, war Tschin Ming; er herrschte von 2737 bis 2697 vor Chr. über einen großen Teil der Han-Gebiete. Der letzte Mandschukaiser von China, der sich politischer Umstände halber schlicht und einfach Henry Pu Yi nennen mußte, starb 1967 im Alter von einundsechzig Jahren, und zwar starb er – getreu der Überlieferung des Drachenthrones – als Jäter im Pekinger Botanischen Garten. Ähnliches ist in der ganzen Geschichte der Zivilisation nicht zu finden.

Von China aus gelangte die Gartenkultur nach Japan, wo man Bäume und Blumen, Wasser und Steingebilde von frühester Zeit an ebensosehr schätzte. Aber keines der beiden Länder konnte oder wollte seine hohe Kultur der übrigen Welt überlassen. Aus wohlerwogenen politischen Gründen hielt man den Zugang so lange wie möglich verschlossen, so daß jeder Handel erschwert wurde und eine systematische Untersuchung der Flora ganz unmöglich war. Die Pflanzen, die in orientalischen Gärten jahrhundertelang kultiviert worden waren, fanden erst allmählich den Weg nach Westen. Da sie unbekannt und überwältigend schön waren, erregten sie Aufsehen und weckten natürlich das Verlangen nach immer mehr neuen Pflanzen. Von den andern Gewächsen des Landes aber wußte man so gut wie nichts, man rechnete nur mit großen Möglichkeiten. Die Berichte von Nutzpflanzen, die Missionare nach Hause sandten, steigerten den Appetit der abendländischen Sammler, lange bevor es die Gesetze ermöglichten, im Fernen Osten auf Pflanzenjagd zu gehen.

Portugiesische Kaufleute eroberten und hielten Macao. Viel später versuchten die Niederländer dasselbe mit Formosa, aber sie wurden von Piraten vertrieben und mußten sich mit einer dürftigen Niederlassung in Japan begnügen. Ihre Handelsfaktorei auf dem Inselchen Desima im Süden der Stadt Nagasaki gab den Angestellten der Holländisch-Ostindischen Handelskompanie gerade die Möglichkeit, über die dortige Gartenkultur und Flora der Insel zu berichten, mehr nicht. Für das Recht, diesen Stützpunkt zu benutzen, mußten die dicksten Holländer einmal im Jahr nach Jedo (später Tokio genannt) gehen und einen nominellen Pachtzins in Form einer Selbsterniedrigung entrichten: sie mußten auf der Straße Purzelbäume schlagen und das Kruzifix bespucken. Die erstgenannte Demütigung dürfte ihren Stolz verletzt haben, erstaunlich ist jedoch, daß sie sich der zweiten unterwarfen — für eine Handelskonzession!

Spanien, Portugal und England, ja selbst China stellten fest, daß ihre Handelsbeziehungen mit Japan streng überwacht wurden. Die Englisch-Ostindische Handelskompanie hatte zwar von 1614 bis 1623 auf der Insel Hirado eine Faktorei, die jedoch aufgegeben wurde, weil sie sich als unrentabel erwies. Ihre Faktorei in Kanton hingegen warf genügend Gewinn ab, so daß sich deren Unterhaltung rechtfertigen ließ, jedoch die Chinesen waren ebenso schwierig wie die Japaner. Die Freiheit der englischen Seefahrer und Händler wurde stark beschnitten. Es war ihnen zum Beispiel streng verboten, sich von ihrer Faktorei zu entfernen, einheimische Diener anzustellen und die chinesische Sprache zu erlernen, und die Kaufleute durften nur über bestimmte chinesische Kaufleute mit der Regierung in Verbindung treten. Man erduldete diese Eingriffe, weil sich der anfangs mäßige Handel mit der Zeit sehr bezahlt machte. Doch bei diesen Beschränkungen ließen sich schwerlich chinesische Wildpflanzen sammeln und ausführen; um so erstaunlicher ist es, daß schon gegen Ende des siebzehnten Jahrhunderts ein Arzt der Handelsgesellschaft, der *Cunningham* hieß, bis zu tausend Arten sammeln und trocknen konnte, darunter Samen der Spießtanne, die nach ihm den wissenschaftlichen Namen ›Cunninghamia sinensis‹ trägt und die einzige Art dieser Koniferengattung ist. Von Beruf war Cunningham zwar Arzt, aber er diente der Gesellschaft eher als Unterhändler. Seine Aufgabe bestand darin, bei den Mandarinen zu vermitteln und den Handel mit Kotschinchina in die Wege zu leiten. Auf dieser ziemlich hohen diplomatischen Ebene versagte er jämmerlich. Als einziger überlebte er einen Angriff auf seine Agentengruppe und verbrachte zwei lange Jahre in einem chinesischen Gefängnis. Dann aber gelang es ihm meisterhaft, chinesische Wächter und Kulis zu überreden oder zu bestechen.

Jenseits des Chinesischen Meeres genoß der deutsche

Engelbert Kaempfer, der erste deutsche Forschungsreisende und wissenschaft

Gelehrte *Engelbert Kaempfer* die Gastfreundschaft der Holländisch-Ostindischen Kompanie und befaßte sich mit der Regionalflora. Seine Arbeit war notgedrungen oberflächlich. Er erfreute sich besonderer Vorrechte und

Entdecker Japans (Nummer 15) auf dem Zug von Nagasaki nach Tokio 1691

lernte das Land immerhin genügend kennen, um eine ›Geschichte und Beschreibung von Japan‹ verfassen zu können; aber seine Freiheit war keineswegs unbeschränkt. Die Wahrscheinlichkeit, daß man ihn mit den

Ohren an einen Holzpfosten nageln und empfindliche Teile seiner Anatomie verstümmeln würde, wenn er die gezogenen Grenzen überschritt, muß seinen botanischen Eifer denn doch gedämpft haben.

Hundert Jahre später hatten sich die Verhältnisse in Japan kaum geändert. Der Schwede *Carl Peter Thunberg*, der gegen Ende des achtzehnten Jahrhunderts in beschränktem Maße sammeln durfte und in Europa die Berberitze (›Berberis thunbergii‹) einführte, bildete eine Ausnahme. In China war es auch nicht viel besser geworden. An sich standen einige chinesische Häfen dem Handel mittlerweile offen, aber es lohnte sich nicht, die Beamten mit großen Geschenken oder einer Pension auf Lebenszeit zu bestechen. Die Holländer hatten ihre Basis auf Desima; die Häfen von Macao und Kanton waren weiterhin die einzigen Ausgänge nach dem Westen, und dann wurde Kanton bedroht. Die Engländer reagierten, indem sie Lord George Macartney als Bevollmächtigten zum Kaiserhof in Peking entsandten.

Es war eine merkwürdige Gesandtschaft: mit Personal überbesetzt, gewiß schlecht ausgerüstet und unfähig, geschickt zu verhandeln, da keiner der Beteiligten irgendeine der chinesischen Sprachen beherrschte und man sich ganz auf den dreizehnjährigen Sohn des Schriftführers verlassen mußte. Aber die Gesandtschaft war frohgemut. Ihr Optimismus beruhte auf der wunderbaren englischen Vorstellung, daß Ehrenhaftigkeit und Lauterkeit zum Schluß den Sieg davontragen müßten und daß man andernfalls immer noch mit Kartätsche, Kavallerie und Flagge drohen könnte. Diese schlichte Diplomatie erwies sich zwar in der langen Geschichte des britischen Weltreichs als höchst gewinnbringend, aber gegenüber einem so klugen und unergründlichen Herrscher wie dem uralten Kaiser Kien-lung, der seine eigenen Anschauungen über Ehrenhaftigkeit hegte und für die Ansprüche des Handels auf höfliche Weise taub war, bedeutete sie einen jämmerlichen Fehlschlag.

Die Beschränkungen des Handels und der Kaufleute setzten sich, sogar in verstärktem Maße, fort. Jedoch brachte die Gesandtschaft doch etwas ein. Sir George Staunton, der Schriftführer, war ein begeisterter Amateurbotaniker, und der unvergleichliche Banks hatte natürlich vorgeschlagen, der britischen Abordnung zwei Gärtner beizugeben. Infolgedessen ging unterwegs eine heimliche Pflanzensuche vor sich, und dadurch gelangten einige interessante Arten zum erstenmal nach Europa.

Die holländischen Handelsposten beschafften nie größere Mengen kultivierter Pflanzen, hingegen fanden es die britischen Ostindienfahrer genügend gewinnbringend, in den Pflanzenschulen (Fa-tie genannt) von Kanton und Macao Gewächse zu kaufen und nach Europa zu bringen. Die ›Vier aus dem Fernen Osten‹, das heißt Varietäten der Kamelie, Chrysantheme, Päonie und Azalee, waren stets gefragt. Andere Gattungen wurden rein zufällig oder durch einen unternehmungslustigen Seefahrer eingeführt. Über neunzig ›chinesische‹ Gewächse standen in Banks' Kew-Katalog von 1810/1813; den weitaus größten Teil hatten Privatreisende eingeführt oder Angestellte der Ostindischen Kompanie, die sich durch Lieferung an reiche englische Gartenbesitzer gern einen kleinen Nebenverdienst verschafften. Undenkbar, daß Sir Joseph Banks die Finger von diesem schönen Kuchen ließ. Niemand hatte bessere Augen als er, wenn es um Pflanzen ging, und aus den neunzig in seinem Katalog folgerte er mit sicherem Blick, welche Möglichkeiten China barg. So entsandte er 1803 *William Kerr*, einen Gärtner von Kew, nach Kanton, und wenn ihn die Gicht nicht zum Krüppel gemacht hätte, wäre er wahrscheinlich selbst hingegangen.

Banks' stellvertretender Sammler machte seine Sache

gut; er schickte die erste Tigerlilie nach Hause, die sofort zum erklärten Liebling wurde, Winterjasmin, die schwefelgelbe Zwergwasserlilie, die starkwüchsige weiße Kletterrose, die er zu Ehren seines Vorgesetzten ›Rosa banksiae‹ nannte, und die nach ihm benannte Kerrie (›Kerria japonica‹), ein kletterndes Rosengewächs mit gefüllten Blüten. Nicht weniger als neun Jahre hielt er sich im Fernen Osten auf – sein Reinverdienst betrug hundert Pfund –, botanisierte auf Java und auf den Philippinen, verbrachte aber die meiste Zeit in Kanton. Hier geriet er mit John Livingstone, dem älteren Arzt der Kompanie, aneinander, der sich ebenfalls als Botaniker betätigte und ziemlich unberechenbar war. Ohne auf Einzelheiten einzugehen, beschwerte sich Livingstone bei der neugegründeten Gartenbaugesellschaft, deren korrespondierendes Mitglied er war, Kerr hätte sich in Kanton schlecht benommen. Er prangerte nicht nur Kerr an, sondern auch Kew:

Da sein Gehalt für seine notwendigen Bedürfnisse zu gering war, sank er in der Achtung. Ich zweifle nicht im geringsten, daß sein Versagen hauptsächlich auf die Notwendigkeit, sich mit minderwertigen Personen einzulassen, zurückzuführen ist.

Das ist nicht einleuchtend. Ein Jahresgehalt von hundert Pfund zuzüglich Spesen war die übliche Bezahlung der Kew-Sammler. Sogar Robert Fortune, der im Fernen Osten für die Gartenbaugesellschaft sammelte, erhielt genau dieselbe Summe. Aber die Bezichtigung erweckt Neugier; man möchte gern wissen, was Kerr angestellt hat, warum und mit wem. Seine Arbeit als ein ›Versagen‹ zu bezeichnen, wirkt seltsam, denn gerade damals, als John Livingstone diesen anklägerischen Brief schrieb, war Kerr zum Botanischen Garten in Colombo berufen worden, offenbar mit Banks' Einwilligung und Unterstützung. Kerr selbst schwieg über die

Angelegenheit. Er erklärte nie, wie er seine Pflanzen erlangte, obwohl den Ausländern so strenge Einschränkungen auferlegt waren. Vermutlich halfen ihm dabei die »minderwertigen Personen«.

Die unerbittliche, engherzige Haltung der chinesischen Mandarine war für die britische Regierung eine Quelle der Ärgernisse. Die Ostindische Kompanie beklagte sich. Immer wieder ersuchte sie um tatkräftige Unterstützung. Schließlich war die britische Regierung genügend bearbeitet, um eine zweite Gesandtschaft unter Leitung von Lord Amherst als Bevollmächtigten zu entsenden. Sie versprach mehr Erfolg, da der Schriftführer Chinesisch sprechen konnte. Es war übrigens der junge Staunton, der als Dreizehnjähriger bei der Macartney-Mission als einziger imstande gewesen war, sich mit den Chinesen zu verständigen. Sir Joseph Banks bestimmte *Dr. Abel* als botanischen Begleiter und gab ihm zwei Sammler bei. Der Zeitpunkt für eine Gesandtschaft war günstig, denn der Sieg bei Waterloo hatte soeben die Macht Britanniens demonstriert. Man nahm an, daß sogar der chinesische Kaiser von Napoleon gehört haben und von seiner Niederlage beeindruckt sein mußte.

Das traf jedoch nicht zu. Oder aber militärische Feldzüge und Siege waren dem Kaiser ebenso gleichgültig wie die Ansprüche des Handels.

Wieder scheiterte die Gesandtschaft.

Das Protokoll verlangte, daß Lord Amherst am Tage seiner Ankunft sofort sein Beglaubigungsschreiben bei Hofe vorlegte; doch er entschuldigte sich mit der Begründung, er sei unpäßlich. Zweifellos war er es nach der Reise küstenaufwärts. Aber Gesandte haben für England schon größere Opfer gebracht, als sich bei Hofe vorzustellen, während sie an Dysenterie litten. Als ihm ein Hofbeamter mitteilte, laut Etikette müsse er sich vor dem Drachenthron niederwerfen, reagierte Amherst wiederum höchst ungeschickt. Er zeigte sich als durch und durch hochmütiger Brite, denn er weigerte sich, so etwas zu tun.

Es ist nicht dasselbe, ob man sich in starker Stellung entrüstet gebärdet oder in schwacher. Der Kaiser lehnte es einfach ab, einen so stolzen, anmaßenden Mann zu empfangen, und entließ die Gesandtschaft, ohne sie angehört zu haben. Amherst mußte unverrichteter Dinge heimkehren.

Auf dem Rückweg zur Küste gingen Abels Sammler auf Pflanzenjagd. Er selbst war gesundheitlich nicht auf der Höhe, und er hatte sich von Anfang an der praktischen Tätigkeit enthalten; aber er überzeugte den tiefgekränkten Bevollmächtigten, daß er wenigstens etwas vorzuweisen haben würde, wenn er seinen Schritt dem der Sammler anpaßte. Diese Offenheit sollte nicht etwa beschwichtigend wirken, sondern ihm lag die Botanik mehr am Herzen als Amhersts verletzter Stolz. Doch gerade mit seiner Aufrichtigkeit setzte er sich durch. Das Tempo wurde verlangsamt, und während sie gemächlich ihres Weges zogen, machten die Sammler Abstecher. Sie standen unter beträchtlichem Druck, da die chinesische Eskorte berücksichtigt werden mußte, und nach einer Weile gaben sie es auf, nach üblicher Praxis Duplikate mitzunehmen. Immerhin gingen sie gründlich vor, und der Erfolg blieb nicht aus: Die reiche Beute an Samen und Pflanzenteilen würde zu Hause zweifellos Eindruck machen.

Aber das Pech verfolgte die Amherst-Gesandtschaft weiter.

Dr. Abel vertraute die wenigen Duplikate der Obhut des Schriftführers an. Das eigentliche Sammelgut wurde auf die ›Alceste‹ verladen; dieses Schiff lief in einem Sturm bei Borneo auf ein Korallenriff und mit ihr versank die botanische Sammlung im Südchinesischen Meer.

In der Geschichte der Pflanzenjagd in China nimmt *John Reeves* eine Sonderstellung ein, weniger als eifriger Sammler, sondern weil er so methodisch vorging. Da ihn die Schwierigkeiten des Pflanzentransports über weite Entfernungen beschäftigten, unternahm er alle möglichen Experimente. Er ließ sich nicht entmutigen, wenn seine Fracht auf See verlorenging und er das Sammelgut zwei- oder dreimal zusammentragen mußte.

Einer der höchsten Posten in der Ostindischen Kompanie war der des Tee-Oberinspektors in Kanton. Dieses Amt übte Reeves siebzehn Jahre lang aus, und während dieser langen Zeit machte er nur zweimal Urlaub in England. Im übrigen war er auf botanischem Gebiet sowohl im Fernen Osten als auch in Europa eine einflußreiche Persönlichkeit. Tatsächlich kann man seine Stellung in China mit der von Sir Joseph Banks in England vergleichen. Er bewirtete die Botaniker, die zu Besuch kamen, und half den Pflanzenjägern, die aus England entsandt wurden, mit Rat und Tat. Natürlich stand er mit Banks in freundschaftlicher Beziehung und korrespondierte mit ihm wie auch mit Sabine, dem Schriftführer der Gartenbaugesellschaft, später dessen Nachfolger Lindley. In Kanton verbündete er sich mit dem Chefarzt Livingstone, und gemeinsam heckten sie Pläne aus, um die Gefahren des Pflanzentransports zu verringern. Da er ein geschickter Organisator war, ließ er ganze Kulischaren heimlich in den Bergen auf Pflanzenjagd gehen. Er beauftragte Maler, ein Bildverzeichnis der eingebrachten Gewächse anzulegen, falls das eine oder andere die lange Reise nach England nicht überstand. Diese farbigen Abbildungen wurden der Gartenbaugesellschaft in London geschickt, jedoch verkauft, als die Gesellschaft bankrott ging, und erst 1936 fanden sie den Weg zurück zur neugegründeten und umgetauften Königlich Britischen Gartenbaugesellschaft.

Das Monopol, das die Ostindische Kompanie in China genoß, gab den Pflanzenjägern nur Gelegenheit, in unmittelbarer Nähe von Kanton und Macao zu sammeln. In einem großen Grenzgebiet im Norden betrieben russische Botaniker ihre Forschungen.

Aus irgendwelchen unerfindlichen Gründen hatte eine kaiserlich russisch geistliche Mission Dauerwohnsitz in Peking, und die chinesischen Behörden erlaubten der Mission einen Stab von drei Naturwissenschaftlern. Im Jahr 1830 wurde *Dr. Alexander von Bunge*, ein sportlich gestählter Botaniker, berühmt durch seine Forschungen im Altaigebirge, zu der Mission in Peking berufen. Leider hatte er alle die Eigenschaften, die Rothaarigen zugeschrieben werden, und so zeigte er gar keine Geduld mit der stumpfsinnigen Bürokratie im Reich der Mitte. Binnen einem Jahr verursachte er diplomatische Verwicklungen, und die Aufenthaltserlaubnis wurde ihm entzogen. Aber allein in diesem kurzen Zeitraum machte Alexander von Bunge fabelhafte Entdeckungen: Er fand unter anderm Winterjasmin, Bleiwurz mit kobaltblauen Blüten – ›Ceratostigma plumbaginoides‹, fälschlicherweise manchmal ›Plumbago‹ genannt – sowie den nach ihm benannten Spindelbaum ›Evonymus bungeanus‹. Ein Arzt namens *Kiriloff*, der zehn Jahre lang in der Pekinger Mission tätig war, konnte sich als Sammler mit Bunge nicht messen, immerhin fand er ein Ginseng, eine sehr seltene Pflanze, deren Wurzel als Aphrodisiakum so sehr geschätzt wurde, daß der Kaiser jedes Jahr eine Expedition zur Suche in die Mandschurei ausschickte.

Japan blieb eine Festung, und nur der bayrische Mediziner und Naturhistoriker Philipp Franz von Siebold hatte einige Erfolge. Er arbeitete in der holländischen Faktorei auf Desima und hatte das unschätzbare Glück, sowohl Augenarzt als auch Botaniker zu sein. Die Japaner mit ihren bekannten Augenleiden fanden es in ihrem eigenen Interesse, ihm besondere Vorrechte einzuräumen, und so konnte er weitaus mehr Sammelgut zusammentragen als seine Vorgänger in Japan. Sein Leben war allerdings nicht gefahrlos. Da er mit seinem medizinischen Wissen sozusagen Tauschhandel trieb, nahm er von dem kaiserlichen Astronomen und Oberbibliothekar eine Kopie der Karte Japans an, ein äußerst wichtiges Geheimdokument. Auf der Rückfahrt nach Desima scheiterte sein Schiff und die Karte wurde entdeckt. Japanische Köpfe rollten – ein Augenarzt aber war ein Augenarzt. Siebold wurde zu zweijähriger Verbannung auf Desima verurteilt und dann aus dem Reich verwiesen. Im Jahr 1830 brachte er 458 Pflanzen nach Holland mit, an sich bereits eine beträchtliche Leistung. Auf seiner Reise zu den Hauptinseln hatte er jedoch die Möglichkeiten des Landes gesehen, und er beschrieb sie. Der Appetit der europäischen Botaniker wurde gereizt.

Zu Beginn des neunzehnten Jahrhunderts verhieß das verbotene Innere von China und Japan goldene Schätze; die Beschränkungen müssen damals phantasievollen und tatendurstigen Pflanzenjägern Qualen bereitet haben.

Im Fernen Westen, in Nordamerika, gab es keine Verbote, aber kriegerische Ereignisse, wilde Indianer, jämmerliche Verhältnisse und gefährliches Gelände. Da die hier geborenen Kolonisten alle Hände voll zu tun hatten, Land zu gewinnen und Grenzen zu erweitern, Ackerbau und Handel zu betreiben, Indianer, Engländer und Franzosen zu bekämpfen, fanden nur wenige etwas Zeit für Pflanzensuche. Eine Ausnahme bildete John Bartram, desgleichen die Sammler *Lewis Clark* und *Long*. Im übrigen wurde das wissenschaftliche Botanisieren in den Staaten von Europäern betrieben, von *André Michaux*, der für die französische Regierung sammelte, von dem Österreicher *Frederick Pursh*, von den Engländern *Nutall* und *Goldie* und von den beiden Schotten *Archibald Menzies* und *David Douglas*. Der letztgenannte trug sein Sammelgut zusammen, als Kew sich kaum über Wasser halten konnte und die Londoner Gartenbaugesellschaft in Brüche ging. Zweifellos war er der unerschrockenste und erfolgreichste aller Pflanzenjäger.

Von Schottland zur Südsee

Sicher ist es bedeutungslos, aber deswegen nicht weniger bemerkenswert, daß die Könige von Schottland im Gegensatz zu Kaisern, Päpsten, regierenden Fürsten, Bischöfen und Königen anderer Länder nie entthront worden sind. Ihr Thron bestand aus Stein, aus einem graublauen schlichten Felsstück, kalt anzufassen, ungefähr von Größe und Form eines Fußschemels in einer Kirche. Die Krönung fand im Königspalast von Scone bei Perth statt, der nach der Vereinigung Englands und Schottlands zerfiel. Der einstige Königssitz, Treffpunkt der Parlamente, schrumpfte zusammen, bis er nur noch ein ärmlicher Weiler mit ein paar Häusern und einer Kirche war.

Hier wurde *David Douglas* 1799 geboren.

Sein Vater nannte sich Steinmetz, das heißt, er stellte ein oder zwei Grabsteine her und meißelte die Inschrift, im übrigen aber war er ein Alleskönner, das Faktotum der ganzen Gegend. Er galt als aufbrausend, ernst und störrisch.

Sein zweiter Sohn David erbte alle drei belastenden Eigenschaften. Vater und Sohn stießen mit ihrem Dickschädel so erschreckend zusammen, daß Mutter Douglas den Jungen aus dem Wege schaffte, indem sie ihn schon im zarten Alter von drei Jahren zur Dorfschule schickte. Jedenfalls war das ihre Hoffnung, aber David widersetzte sich der Autorität der Schulmeisterin, schwänzte den Unterricht und führte sich so schlecht auf, daß er vor seinem siebenten Lebensjahr aus der Dorfschule genommen oder weggejagt wurde.

In seiner neuen Schule glaubte der Lehrer an den kräftigen und regelmäßigen Gebrauch der Zuchtrute – eines harten Lederriemens –, doch beim jungen Douglas zeigte sich kaum ein Erfolg. Er blieb unehrerbietig und unpünktlich und nahm es mit den Schularbeiten weiterhin nicht sehr genau. Wahrscheinlich wäre aus diesem Nichtsnutz ein schlimmer Geselle geworden, wenn er nicht eine verzehrende Leidenschaft für Naturgeschichte entwickelt hätte. Sie machte ihn zu einem vernünftigen Menschen. Als er mit zehn Jahren zur Erleichterung aller Beteiligten von der Schule abging, stellte er fest, daß genau die richtige Arbeit sozusagen vor seiner Türschwelle auf ihn wartete.

Bis zu der Zeit, wo David die Dorfschule verließ, gab es in der Nähe von Scone keinen größeren Garten, doch das änderte sich, als Graf Mansfield das alte Königsschloß wiederaufbauen ließ. Weil Scone allzu nahe lag, wurde der Weiler buchstäblich um drei Kilometer verlegt. Die Kirche wurde abgerissen – jeder Stein numeriert –, und am neuen Standort genau wie zuvor errichtet. Über siebzigtausend Pfund wurden für das Gutshaus ausgegeben, das hundertfünfundzwanzig Räume hatte, neunzig davon Schlafzimmer. In den Anlagen und Gärten amtete, als David Douglas von der Schule ging, ein Freund seines Vaters, William Beattie, als Obergärtner.

Die Gärten von Schloß Scone wie William Beattie wirkten Wunder bei dem Knaben. Über Nacht verwandelte er sich von einem starrköpfigen Faulpelz in einen fleißigen Schüler. Während seiner siebenjährigen Lehrzeit wurde er ein Gärtnermeister, der alle praktischen Arbeiten in Zier- und Küchengärten beherrschte. Auch als Botaniker zeichnete er sich aus; er sammelte Wildgewächse in den Bergen, trocknete und preßte sie oder verpflanzte sie in den Garten seines Vaters. Er wurde wissensdurstig, las Reiseschilderungen, naturgeschichtliche Bücher, die Bibel, einfach alles, was ihm in die Hände fiel. Als sich dem Achtzehnjährigen durch Beatties Vermittlung dann eine Stellung in dem berühmten Park von Valleyfield bei Dunfermline bot, schien er selbst auf dem Wege zum Obergärtner zu sein. Aber die vielen ausländischen Pflanzen in Valleyfield brachten Douglas auf einen neuen Gedanken: statt Gärtner wollte er Botaniker werden, kein gewöhnlicher Stubenhocker-Gelehrter mit Mikroskop und Notizbuch, sondern ein Sammler in der freien Natur, ein richtiger Jäger.

Die Geschichte vom Aufstieg der Botaniker aus einfachsten Verhältnisse zu Ruhm und Glanz liest sich oft wie ein Märchen. Auch dem Schotten David Douglas war das Glück hold.

Zunächst durfte er in Valleyfield die Privatbibliothek seines Arbeitgebers benützen und sämtliche botanischen Werke lesen. Er machte davon so ausgiebig Gebrauch, daß er sich zwei Jahre später um eine Anstellung im Botanischen Garten von Glasgow bewerben konnte und sie auch erhielt. Hier wurde der Universitätsprofessor William Hooker auf ihn aufmerksam, einer der fortschrittlichsten Botaniker der damaligen Zeit. Der Landjunge aus Scone und der Botanikprofessor wurden enge Freunde, sie botanisierten zusammen in den Bergen und auf den schottischen Inseln. So sehr schätzte Hooker seinen jungen Gefährten, daß er ihn dem Schriftführer Sabine von der neuen Londoner Gartenbaugesellschaft empfahl, und als David Douglas vierundzwanzig Jahre zählte, erfüllte sich sein Herzenswunsch: er erhielt den Auftrag, für die Gartenbaugesellschaft im Osten der Vereinigten Staaten Informationen und Pflanzen zu sammeln.

Die Landkarte der Vereinigten Staaten von 1823 sieht sonderbar aus.

Große Teile des Landes waren zu dieser Zeit noch unerforscht, riesige Gebiete unbewohnt, nicht einmal eingezeichnet. Erst kürzlich hatte Spanien die beiden Florida der Union abgetreten; die heutigen Staaten Kalifornien, Nevada, Utah, Arizona, New Mexico, Texas und drei Viertel von Colorado waren Kolonien des von 1822-1823 regierenden mexikanischen Kaisers Augustin I. Die Staaten Washington, Oregon und Idaho gehörten noch den Engländern, Alaska den Russen. New York rühmte sich zwar einer Bevölkerung von 125 000 Seelen, aber an der Stelle, wo heute das Rockefeller Center steht, breitete sich ein zwanzig Morgen großer, vernachlässigter Garten aus, und die Straßenreinigung wurde von sehr gesunden, in der Gosse wühlenden Schweinen betrieben.

Douglas' Aufgabe war, neue Gewächse zu finden, doch hauptsächlich sollte er sich mit dem Obstanbau im Osten befassen und Bäume erbitten oder kaufen.

Die Reise von Liverpool aus dauerte neunundfünfzig volle Tage. In der zweiten Woche mußte das Wasser eingeschränkt werden; der Tabak wurde so knapp, daß die Mannschaft ihn zweimal benutzte: zuerst kaute man ihn, dann trocknete man ihn an der Sonne, um ihn rauchen zu können. Die Landung in New York muß wie die Befreiung aus einem Gefängnis gewirkt haben.

Schon auf den ersten Exkursionen bewies Douglas Entschlossenheit und Hartnäckigkeit. Er lernte eine bunte Gesellschaft kennen, darunter den Orchideenzüchter William Coxe, der ihm für die Gartenbaugesellschaft zwei Flaschen eines siebenjährigen Apfelweines schenkte, und einen ehemaligen Gouverneur von New York, De Witt Clinton, der ihm sechs Wildtauben und Kisten mit Mineralien, Äpfeln, Birnen, Mokassins, Büchern und schriftlich niedergelegten Reden anvertraute. Douglas reiste mit verschiedenen Beförderungsmitteln, mit Postkutschen, von Pferden gezogenen Kanalbooten und Raddampfern. Einmal geriet der Dampfer in einen Sturm, wobei das eine Schaufelrad weggerissen wurde. Douglas bekam auch Sehenswürdigkeiten zu Gesicht, so das Landgut von Joseph Bonaparte, dem Bruder Napoleons und einstigen König von Spanien, und den Niagarafall; er wohnte der feierlichen Eröffnung des Erie-Kanals in Albany bei. Der Botanische Garten von Philadelphia und Bartrams ›Garten der Freude‹ in Kingsessing bedeuteten ihm tausendmal mehr als das Haus von Napoleons Bruder. Den Abstecher zum Niagara benutzte er dazu, am Flußufer und auf der Ziegeninsel zu botanisieren; und während sich ganz Albany bei der Eröffnung des Kanals mit Salven, Feuerwerk, schmetternder Musik, mit Speis und Trank belustigte, saß David Douglas still in seinem Hotelzimmer und ordnete voller Hingabe sein Sammelgut.

Er ist ein schlagendes Beispiel dafür, wie aus dem Steckenpferd eines Knaben ein Beruf, aus einem Interesse eine ausschließliche Leidenschaft werden kann, sozusagen ein Spleen. Wahrscheinlich fanden die Einwohner von Albany, daß ihr Gast aus Schottland einen Spleen hatte.

Im ganzen war Douglas' Reise erfolgreich. Er brachte viele interessante Gewächse nach England mit, Samen, getrocknete Exemplare und Pflanzenteile, außerdem Notizen über Verbreitung und Standort. Neben den Geschenken von Coxe, Clinton und anderen führte er auch einige lebende Brautenten sowie ein paar Wachteln mit sich.

Die Rückreise war kürzer und angenehmer; sie dauerte bloß dreißig Tage. Seltsamerweise wurden nur die Enten seekrank.

Douglas' weitere Reisen für die Gartenbaugesellschaft könnte man seine großen Abenteuerfahrten nennen. Oft gelangte er in Gegenden, die noch kein Weißer, vielleicht sogar noch nie ein Mensch betreten hatte, so in der Wildnis von Kanada und an der größtenteils noch unerforschten Westküste von Nordamerika.

Die Westküste erreichte man um das Kap Horn herum. Auf seiner ersten langen Fahrt an Bord der ›William and Ann‹ im Jahr 1824 erfreute sich Douglas der Gesellschaft eines jungen Mannes, den er von der Universität Glasgow her kannte: *John Scouler*, erst neunzehn Jahre alt, aber schon Doktor der Medizin und wohlbestallter Schiffsarzt.

Scouler war ein ebenso emsiger Sammler wie Douglas. Als er zum Beispiel in Rio eines Abends an Bord zurückkehrte, bot er einen höchst sonderbaren Anblick. Die japanische Botanisierbüchse auf seinem Rücken war so vollgestopft mit Pflanzen, daß sie überquoll. In den Taschen hatte er schwere Steine. Sein Hut war innen und außen mit Insekten besteckt. In beiden Armen trug er Pflanzen, und irgendwie war es ihm gelungen, auch noch eine der giftigsten brasilianischen Schlangen mitzuschleppen.

Er und Douglas packten zwei Kisten mit seltenen Orchideen und anderen Gewächsen voll und schickten sie von Rio aus nach London. Auf der Reise südwärts zum Kap Horn setzten sie ihre naturwissenschaftlichen Studien fort: sie maßen zwanzig Meter lange Algen und fingen mehrere Albatrosse, einen mit vier Meter Flügelspannweite. Was die abergläubischen Seeleute davon hielten, ist nicht bekannt.

Es war für beide eine glückhafte Reise. Da der Kapitän nachsichtig war – er wurde von der Gartenbaugesellschaft für seine Geduld mit einer Silbermedaille belohnt –, machten sie aus seinem Schiff ein schwimmendes Laboratorium. In Fort George (heute Astoria genannt), wo die ›William and Ann‹ überholt und mit neuen Vorräten versehen wurde, botanisierte Dr. Scouler mit Douglas eifrig. Abgesehen von der Gesellschaft einiger begeisterter Amateure unter den ›Herren‹ der Hudsonbaikompanie und den ›Angestellten‹, die sich größtenteils aus Französisch-Kanadiern, Indianern, Mischlingen und ein paar Sandwichinsulanern zusammensetzten, ging Douglas später allein auf Pflanzenjagd.

Nachdem sich Douglas ein halbes Jahr lang in der Gegend am Columbia aufgehalten und um der Botanik willen schon einiges durchgemacht hatte, schrieb er am Neujahrstag 1826 in sein Tagebuch:

Jetzt bin ich hier, und Gott allein weiß, wo ich demnächst sein werde. Wenn keine Änderung eintritt, werde ich aller Wahrscheinlichkeit nach bald ins Grab sinken.

Von seinen drei Hauptexpeditionen – die erste führte zur Ostküste, die zweite in den Nordwesten und quer durch Britisch-Nordamerika, die dritte nach Kalifornien und zur Westküste – stellte die zweite die größten Anforderungen an ihn.

Er bewies seinen Ehrgeiz oder seine Tollheit, indem er einmal auf einer ausgedehnten Exkursion in unbekanntes Gebiet kaum irgendwelche Kleidung mitnahm, um dreißig Bündel Papier im Gewicht von 102 Pfund zum Trocknen und Verpacken der Pflanzen, die er zu finden hoffte, mitschleppen zu können. Bei einer anderen Gelegenheit spielte sich folgendes ab: Mit einer Gruppe hungriger, frierender Angehöriger der Kompanie war er auf Schneeschuhen unterwegs in die Rockie Mountains, ein fürchterliches Unternehmen, bei dem sie einen reißenden Bergfluß vierzehnmal am Tage furteten, das heißt bis zur Leibesmitte durch eiskaltes Wasser waten mußten. Einer von ihnen hatte das Glück, einen Wildvogel, der vorzüglich schmecken sollte, zu erspähen und zu erlegen. Aber niemand bekam einen Bissen davon. Douglas war als erster dort, und da er einen solchen Vogel noch nie erblickt hatte, stopfte er ihn an Ort und Stelle aus und fügte ihn seiner ohnehin schweren Traglast hinzu. Er gab ihm den Namen Franklin-Rauhfußhuhn, und dieses Exemplar, das er vor rund hundertfünfzig Jahren in den Rockie Mountains notdürftig präparierte, ist immer noch im Königlich Schottischen Museum zu Edinburgh zu sehen.

Douglas befreundete sich mit einigen Indianern, besonders unter den Tschinuk, die ihn bildkräftig den ›Grasmann‹ nannten und ihn für einen von König Georgs großen weißen Häuptlingen hielten. Die Tschinuk waren von Natur freundlich; von andern erkaufte er die Freundschaft mit Knöpfen, Ringen, anderem Krimskrams und mit Kautabak; aber häufig sah er sich auch von feindlichen Indianern bedroht. Es bestand immer die Gefahr, Indianern auf dem Kriegspfad zu begegnen oder einen Verräter als Führer anzustellen.

Er war noch anderen Unbilden ausgesetzt: Einmal fand er so lange nichts zu essen, daß er, um nicht zu verhungern, alle die Beeren und Samenkörner verzehrte, die er mit solcher Mühe gesammelt hatte, die Wurzeln des wilden Pfeilkrauts und die Tierhäute, die eigentlich für England bestimmt waren; zweimal war er genötigt, sein Pferd aufzuessen. Es gab Schlammgruben, Schneewehen, Felsspalten, Lawinen, halbverborgene Felsen und andere Flußfallen, die den Boden eines Kanus aufschlitzen konnten, Schnellen, Wasserfälle und jähe Fluten. Zweimal verlor er sein gesamtes Sammelgut in einer gefährlichen Lage. Er litt auch unter Fieberanfällen, denen nur die zähesten Europäer zu widerstehen vermochten und die unter den Indianern viele Opfer forderten. Derartige Fieberanfälle schwächten Douglas ebenso wie eine eiternde Wunde am Knie, die ein rostiger Nagel verursacht hatte; eine Augenentzündung behinderte seine Sehkraft. Nicht zu vergessen sind Schädlinge und Ungeziefer. Während er schlief, fraßen Packratten alle Samenkörner auf, die er kürzlich gesammelt hatte, durchnagten ein Bündel getrockneter Pflanzen, verschleppten sein Rasiermesser und die Seifenschale und weckten ihn erst, als sie sich daran machten, sein tragbares Tintenfaß fortzuzerren. In einer Indianerhütte hatte er ein unangenehmes Erlebnis mit »einer unbeschreiblichen Flohhorde«. Er legte sich draußen zum Schlafen nieder, wo er sogleich einem neuen Angriff ausgesetzt war, »von zwei Ameisenarten, einer sehr großen, schwarzen, zwei Zentimeter langen und einer kleinen, roten«.

Schlechtes Wetter war so an der Tagesordnung, daß Douglas oft Tage und Nächte nicht trocken wurde:

Der Regen, den der Wind heranpeitschte, machte es mir unmöglich, ein Feuer in Gang zu bringen, und zu allem Unglück wurde mein Zelt mitten in der Nacht umgeweht... Alle zehn bis fünfzehn Minuten rief ein umstürzender Baum ein Krachen hervor, als ob die Erde bärste, und das zusammen mit dem unaufhörlichen Donnergeschmetter und den gezackten und gegabelten Blitzen brachte mein Gemüt in eine Aufregung, die ich nicht zu beschreiben vermag.

Seine Standhaftigkeit war nichts weniger als heldenhaft, und es ist nicht verwunderlich, daß dieser ohnehin barsche Mann noch barscher wurde. Aber offen gab er es zu:

Legte an die fünfzig Kilometer zurück, durchtränkt von Regen und zerschlagen von Hagel, durchfroren von einem scharfen Nordwind, und erlebte dann am Ende des Tages den Trost, mich naß ohne Essen und Feuer niederzulegen. Bei solchen Gelegenheiten bin ich nahe daran, mürrisch zu werden.

Die meisten von uns würden weinen, den Kampf aufgeben oder ins Gras beißen.

Auf dieser zweiten amerikanischen Expedition fand Douglas die von ihm in Europa eingeführte Fichte, die seinen Namen trägt, einen massiven, aber anmutigen Baum, der so groß ist, daß in seinen Heimatwäldern die astlosen Stämme gleich Kathedralensäulen aus grüngrauem Marmor aufragen. Die Douglasfichte war jedoch nur einer unter seinen vielen Koniferenfunden. In einem Brief an Hooker in Glasgow schrieb er: »Sie werden bald glauben, ich fabriziere Fichten zu meinem Vergnügen.«

Die schönste von allen war wohl die Kalifornische Zucker- oder Riesenkiefer (›Pinus lambertiana‹). Gewiß führte sie ihn am meisten an der Nase herum.

Gleich zu Beginn seiner Forschungsreise war er auf Indianer gestoßen, die große, süße Kiefernsamen kauten, und hatte erfahren, daß die Samen von weit entfernt wachsenden Riesenkiefern stammten. Nachdem er festgestellt hatte, daß die Bäume im unbekanntesten Gebiet der Umptqua-Indianer vorkamen, hörte er, daß Pelztierjäger der Hudsonbaikompanie dieses Gebiet erforschen wollten, und er schloß sich der Gruppe an.

Die Pelztierjäger ritten, aber der Pflanzenjäger ging lieber zu Fuß und benutzte sein Pferd als Tragtier. Sie ernährten sich von dem, was sie unterwegs erbeuteten, und da es nur wenig Wild gab, litten sie sehr bald Hunger. Das war noch die geringste ihrer Plagen. Einer der Gruppe wurde von einem Grizzlybären in die Enge getrieben und übel zugerichtet. Als sie glücklich die Gegend erreichten, wo heute die Stadt Elkton im Staat Maryland liegt, waren die Pelztierjäger erschöpft, nicht nur vom Hunger, sondern weil sie sich durch das Dickicht einen Weg hatten bahnen müssen. Auch ihre Pferde konnten nicht mehr.

Der unbezähmbare Douglas aber schnallte seinen Gürtel um ein Loch enger und ging botanisieren. Er stolperte in eine tiefe Schlucht, wo er fünf Stunden lang bewußtlos lag, bis er von Indianern gefunden wurde. Da ihn die Brust schmerzte, verschrieb er sich eine Roßkur, indem er sich am linken Fuß zur Ader ließ und im eiskalten Fluß ein Bad nahm. Entgegen allen Regeln erholte er sich.

Danach trennte er sich von den Pelztierjägern und machte sich auf die Suche nach der Zuckerkiefer, geführt von einem Häuptlingssohn namens Centrenose. Es war ein furchtbares Unternehmen. Sie führten nur wenig Verpflegung mit sich, wurden in einem Unwetter durchnäßt und durchfroren, und der Botaniker erkrankte. Der Kopf barst ihm beinahe vor Schmerzen, er litt an Leibkrämpfen und an solchen Schwindelanfällen, daß er kaum zu sehen vermochte. Er heilte sich mit einer Schwitzkur und einem nachfolgenden Zwanzig-Kilometer-Marsch.

Dann setzte er seinen Weg allein fort und traf einen Indianer, der seinen Bogen spannte, um den zerlumpten Botaniker zu erschießen. Douglas legte schnell seine Flinte nieder, schenkte dem jungen Mann ein paar Knöpfe, rauchte eine Pfeife mit ihm und erfuhr durch Zeichensprache, daß er etwa dreißig Kilometer vom Gebiet der Zuckerkiefern entfernt war.

Er erreichte sein Ziel ein paar Stunden später, und sogleich waren Müdigkeit und Hunger vergessen, so entzückt war er. Die aufrecht stehenden Bäume ließen sich unmöglich messen, aber eine umgestürzte Kiefer war siebzig Meter lang und hatte an der dicksten Stelle einen Umfang von fast zwanzig Metern. Diese und andere Einzelheiten notierte Douglas sorgfältig, ehe er sich daran machte, die dreißig Zentimeter langen Zapfen von den Bäumen herunterzuholen.

Eifrig war er damit beschäftigt, die Zapfen mit Erdklumpen abzuschießen, als er sich plötzlich von acht Indianern in voller Kriegsbemalung umzingelt sah, die bis an die Zähne bewaffnet waren und keineswegs friedliche Miene machten.

Es folgte ein Nervenkrieg: die Indianer zielten mit ihren Pfeilen auf Douglas, der ihnen auf sechs Schritt gegenüber stand, in der einen Hand das Gewehr mit gespanntem Hahn, in der andern die Pistole. So verstrichen acht, neun, zehn Minuten, bis der Anführer unvermittelt um Tabak bat. Damit war die Spannung gebrochen. Douglas versprach ihnen Tabak, wenn sie ihm noch mehr Zapfen holten. Die Indianer erklärten sich einverstanden und verschwanden.

Douglas hob drei Zapfen auf, die er heruntergeschossen hatte, und lief, so schnell er konnte, zu seinem Lager zurück. Außerstande, mit seinem Führer zu sprechen, frierend – er wagte kein Feuer zu machen – und hungrig verbrachte er hier eine ungemütliche Nacht, fortwährend einen Überfall erwartend. Die Indianer kamen nicht. Statt dessen erschienen bei Morgengrauen drei Grizzlybären. Douglas erlegte zwei von ihnen. Nach einem langen Marsch flußabwärts traf er wieder mit den Pelztierjägern zusammen.

Douglas hatte sein schlimmstes Erlebnis gegen Ende der Exkursion: er verlor beim Durchschwimmen eines Flusses den größten Teil des Sammelgutes, das er in wochenlanger Mühsal zusammengetragen hatte. Zum Glück behielt er seine kostbaren Kiefernzapfen.

Nach derartig zermürbenden Abenteuern hätte sich jeder andere Ruhe gegönnt, nicht so David Douglas, obwohl er an geschwollenen Fußknöcheln litt – eine Folge der langen Fußmärsche in Kälte und Nässe. Sobald er wieder zu stehen vermochte, konnte er nicht mehr stillsitzen. Er begab sich allein zur Küste, um Algen und Muscheln zu sammeln, und dabei geschah es, daß sein

Kanu in einem Sturm am Ufer zerschellte. Er kroch an Land und nahm Zuflucht vor dem Unwetter bei einem freundlichen Indianer, der ihn mit gedörrtem Lachs und Teeheidebeeren fütterte. Diese ungewöhnliche Nahrung rief bei ihm einen so schweren Gallenfieberanfall hervor, daß er auf dem langen Rückweg zur Basis der Hudsonbaikompanie Qualen der Erschöpfung und des Hungers durchmachte. Er kam dort am Weihnachtstag mehr tot als lebendig an.

David Douglas wurde für seine Mühen belohnt. Sein Erfolg fand große Anerkennung.

Nach dieser Exkursion unternahm er die schwierige Überlandreise zur Hudsonbai, von wo er mit dem Schiff heimreisen wollte. Als er die Faktorei York an der Südwestküste erreichte, hatte er in etwas über zwei Jahren fünfzehnhundert Kilometer in Kanu oder Schaluppe, zu Pferd, mit Schneeschuhen oder zu Fuß zurückgelegt. Ohne einen Gefährten, ohne Steigeisen, Bergstock, Schneebrille, ja selbst ohne Spazierstock hatte er – nur als Unterbrechung einer langen Wanderung – die beiden höchsten Gipfel der Rocky Mountains erklettert und sie zu Ehren des Botanikers Brom und seines Freundes William Hooker getauft. Er hatte mehr Pflanzen gefunden und in England eingeführt als jemals vor ihm ein einzelner aus irgendeinem Land.

Das Schicksal spielte ihm noch einen letzten kleinen Streich vor seiner geplanten Abreise mit der ›Prince of Wales‹. Wegen des seichten Wassers lag das Schiff etwas entfernt draußen vor Anker, und Douglas ließ sich zusammen mit drei anderen Reisenden von acht Leuten hinausrudern, um es zu besichtigen. Auf der Rückfahrt wurden sie von einem Wirbelsturm ergriffen und in die Bucht hinausgefegt. Die Wellen waren meterhoch. Es donnerte und regnete gewaltig, es herrschte eine eisige

Kälte. Es war unmöglich, zu rudern. Sie konnten das Boot nur auf dem Wasser halten, indem sie es unaufhörlich mit den Hüten ausschöpften. Das taten sie die ganze Nacht, den ganzen folgenden Tag und weiter bis in die nächste Nacht hinein, bevor sie die Riemen gebrauchen konnten. Inzwischen waren sie über hundert Kilometer weit draußen, ohne Kompaß in pechschwarzer Dunkelheit. Es war wirklich ein Wunder, daß sie schließlich zur Faktorei York zurückgelangten; aber allen hatten Kälte und Anstrengung arg zugesetzt. Douglas war in besonders jämmerlicher Verfassung. Als die ›Prince of Wales‹ am 11. Oktober 1827 in Portsmouth anlegte, war er gerade wiederhergestellt.

David Douglas war achtundzwanzig Jahre alt und schon berühmt.

Die großartige Leistung ihres besoldeten Sammlers wurde von den Leitern und Mitgliedern der Londoner Gartenbaugesellschaft und von einem noch größeren Verehrerkreis aufrichtig bewundert. Douglas wurde zum Mitglied ernannt und zum Ehrenmitglied der Linné-Gesellschaft, der Zoologischen Gesellschaft und der Geologischen Gesellschaft. Die Veröffentlichung seines Tagebuches wurde vorbereitet.

Man überhäufte ihn mit Ehrungen, und zuerst genoß er es, daß man in Londoner Salons und Komiteeräumen, ja sogar in Ballsälen viel Wesen um ihn machte. Dann aber langweilte es ihn, oder – und das ist wahrscheinlicher – es stieg ihm zu Kopf. Jedenfalls wurde er in der Zeit, die die glücklichste seines Lebens hätte sein können, unzufrieden, verdrossen und tadelsüchtig.

Manchen Grund hatte er dazu. Nach derartigen Opfern für die Gartenbaugesellschaft feststellen zu müssen, daß er schlechter bezahlt wurde als der Türsteher, der das Portal öffnete und schloß, das hätte auch einen weniger reizbaren Menschen als David Douglas in Harnisch gebracht. Noch mehr ergrimmte es ihn, als er entdeckte, daß einige botanische Exemplare, die er 1825 so sorgsam nach Hause geschickt hatte, nachlässig in einen Winkel gestopft worden waren. Sie waren von Ungeziefer zerfressen, zerdrückt und wertlos.

Er zankte sich mit dem Schriftführer Sabine. Er zankte sich mit dem Ausschuß. Er zankte sich mit den Mitgliedern. Er hätte sich brieflich auch mit Hooker gezankt, wenn Hooker das zugelassen hätte. Hooker wußte besser als irgendeiner, was da nicht stimmte, wußte, daß Unrast die Wurzel des Übels war, und daß es im Grunde zu David Douglas aus Scone nicht paßte, als Salonlöwe herumgereicht zu werden.

Die Schotten sind bekannt für ihre Wortkargheit. Wenn diese Eigenschaft durch Humor aufgehellt wird, mag er noch so trocken sein, dann ist alles gut. Douglas war wortkarg, aber dazu ebenso ernst wie sein Vater. Die Schotten haben ein starkes Bedürfnis nach Unabhängigkeit, was durchaus ehrenwert und lobenswürdig ist, solange kein Starrsinn dazukommt. Douglas hatte seine Dickköpfigkeit schon als Kind bewiesen.

Wie er nun einmal war, paßte er nicht in die Londoner Gesellschaft: unwirsch, humorlos, mißtrauisch, zänkisch und gar von schlechten Formen. Hätte er einen geliebten Menschen gehabt, so wäre er vielleicht anders gewesen; aber in seiner ganzen Privatkorrespondenz hat sich kein einziger Liebesbrief gefunden. Er achtete und bewunderte ein paar Freunde. Er hing an einem kleinen Scotchterrier namens Billy, der von dieser Zeit an kaum jemals von seiner Seite wich. Aber sein Herz schenkte er nur den Pflanzen.

All dies besagt durchaus nicht, daß er seinem Wesen nach ein unglücklicher Mensch war. Douglas brauchte keine Gefährten. Er war von Natur ein Eigenbrötler,

9 *William Dampier, Seeräuber, Botaniker und Expeditionsleiter, mit einem Band seines Reisewerkes ›New Voyage round the World‹, London 1697-1707.*

Einer der berühmtesten Seefahrer und Entdecker aller Zeiten war James Cook. Auf drei Weltumsegelungen erforschte er vor allem die Südsee und die polynesische Inselwelt. Um die Botanik kümmerten sich wissenschaftlich erfahrene Begleiter: so auf der ersten Reise 1768-1771 Sir Joseph Banks, der spätere Direktor von Kew Garden, auf der dritten Reise 1776-1779 einer von Banks' Schützlingen, David Nelson, auf der zweiten Reise 1772-1775 die beiden Deutschen Johann Reinhold Forster und sein Sohn Georg. Sie sind es wohl, die sich in den beiden Rückengestalten links im Boote Cooks verbergen.

10 *Cook landet auf den Freundschaftsinseln 1773*

← 11 *Sir Joseph Banks*

12 *Johann Reinhold und Georg Forster*

13 *James Cook*

14 *Nach den Engländern beherrschten die Franzosen das Forschungsfeld der Südsee. Als letztes großes Unternehmen des Ancien Régime wurde 1785 Jean François de la Perouse von Ludwig XVI. ausgesandt, um jedoch nie zurückzukehren. Neben vielen anderen Aufgaben erhielt er auch den Auftrag, Pflanzen zu sammeln, wozu ihm der Botaniker de la Mortinière und der Gärtner Colli-*

gnon mitgegeben wurden. Auf der Osterinsel vergaß man nicht, neben dem Botanisieren auch die prähistorischen Steinmonumente maßstabgerecht aufzunehmen und zu zeichnen, während die Eingeborenen – die schon Cook als geschickte Taschendiebe geschildert hatte – sich keine Möglichkeit entgehen ließen, die fremden Seefahrer gehörig auszuplündern.

15 *Nachdem General d'Entrecasteaux auf seiner Expedition 1791-1794 vergeblich nach dem Verbleib La Perouses geforscht hatte, ging Hyacinthe Yves Philippe Florentin de Bougainville, der älteste Sohn des ersten französischen Weltumseglers Louis Antoine de Bougainville, 1824-1826 auf seine große Fahrt. Er landete unter anderem an der Botany Bay in Australien – heute Vorort von Sidney –, die*

Cook 1770 entdeckt und wegen der reichen botanischen Ausbeute so genannt hatte und von wo Perouses letztes Lebenszeichen stammte. Von dort stießen Bougainville und seine Begleiter botanisierend und forschend ins Innere des Landes vor, an die Ufer von Nepean und Waragamba, wo sie der Expeditionszeichner bei einer Erfrischungspause überrascht hat.

16 *Auf seiner Weltreise, die Jules Dumont d'Urville 1826-1829 auf Befehl König Karls X. von Frankreich mit der Korvette Astrolabe durchführte, landete er auch auf der Koralleninsel Vanikoro in der melanesischen Santa-Cruz-Gruppe. Neben einer reichen Pflanzensammlung – hier die Forscher bei ihrer Ankunft im*

Dorf Manewaï – brachte Dumont d'Urville nach eindeutigen Funden auch die Gewißheit mit nach Hause, daß es jene rechts im Hintergrund sichtbare Bucht war, in der der unglückliche Jean François de la Perouse im Jahre 1788 gescheitert war.

17 *Sieben Jahre später, 1837, brach Dumont d'Urville erneut zu einer dreijährigen Expedition nach Ozeanien und zum Südpol auf. Auf Ao-Kena, einem Eiland der Mangareva- oder Gambier-Inseln, begeisterte ihn, der auch selbst eifriger Botaniker war, die exotische Vegetation der erst 1797 entdeckten Gruppe.*

18 *1769 landete Cook als erster Europäer auf Neuseeland und wiederholte seinen Besuch auf der zweiten Weltumseglung. Seine botanischen Begleiter, Johann Reinhold und Georg Forster, waren die ersten Forscher, die die Flora der Insel systematisch untersuchten und beschrieben.* →

der seinen Weg gern allein ging. In der Londoner Gesellschaft benahm er sich nur schlecht, weil er hier so wenig in seinem Element war wie ein Fisch auf dem Land.

Hooker wußte das. Viele Jahre später beschrieb er Douglas' Niedergeschlagenheit und Reizbarkeit und auch die Ursache:

Er wurde empfindlicher denn je, war rastlos und unzufrieden, so daß seine besten Freunde wie er selbst nur wünschen konnten, er wäre wieder mit der ehrenvollen Aufgabe beschäftigt, Nordwestamerika zu erforschen.

Man atmete allgemein erleichtert auf, als die Gartenbaugesellschaft ihn abermals auf eine Expedition zur Westküste von Nordamerika entsandte. Er sollte über Kap Horn und die Sandwichinseln reisen und sich vor allem mit der Flora von Kalifornien befassen. Die Zoologische Gesellschaft unterstützte ihn ein wenig, desgleichen das britische Kolonialministerium, das eine genaue Karte des Columbia-Territoriums wünschte. Man zeigte ihm, wie geographische Positionen nach Längen- und Breitengraden einzutragen waren, stattete ihn mit Sextant, Chronometer, Barometer, Thermometer, Hygrometer, Kompaß aus, mit lauter kostspieligen Apparaten, und unterwies ihn in der Handhabung.

Unter dem Patronat der britischen Regierung, der königlichen Marine, der Hudsonbaikompanie, der Gartenbaugesellschaft und der Zoologischen Gesellschaft wurde Douglas in sein ureigenes Element zurückversetzt. Es war nicht, wie er selbst bemerkte, »die Reise eines gewöhnlichen Touristen«.

Er stach am 31. Oktober 1829 in See und sah England nie wieder.

Die früheren Entbehrungen hatten an Douglas gezehrt. Als er nach achtmonatiger Reise das Columbia-Territorium erreichte, fiel seinen alten Bekannten die Veränderung an ihm auf. Während seiner Abwesenheit hatte die Greenwicher Marineakademie mehrere junge Leute hergeschickt, die von der Kompanie ausgebildet wurden. Einer von ihnen, der den dreißigjährigen Botaniker noch nie gesehen hatte, beschrieb ihn folgendermaßen: »Ein blonder, frischer, teilweise kahlköpfiger Schotte von mittlerer Statur und vornehmer Lebensart, ungefähr achtundvierzig Jahre alt.«

Er war trotz seines früh gealterten Aussehens immer noch zäh. Er stellte einen Matrosen als Träger an, wenn er botanisieren ging, und vorläufig waren seine Exkursionen weder so lang noch so abenteuerlich wie früher, aber er hatte die Widerstandskraft, einen Fieberanfall zu überleben, der so verheerend war, daß ganze Indianerdörfer ausstarben. Vierundzwanzig Leute der Kompanie starben daran, und eine Zeitlang stand der Handel still. Douglas überwand die Krankheit »mit gesunder Bewegung«, wie er sich ausdrückte, das heißt mit anstrengenden botanischen Exkursionen.

Als er es an der Zeit fand, weiter südwärts nach Kalifornien zu ziehen, hatte er eine Ladung toter und lebender Vierfüßer, Vögel, Reptilien und Insekten für die Zoologische Gesellschaft gesammelt und für die Gartenbaugesellschaft drei Kisten voll Samen und über hundert neue Pflanzenarten, darunter sechs unbekannte Koniferen.

Da die Indianer im Gebiet der Zuckerkiefern zwischen dem Columbia und Kalifornien rastlos und gefährlich waren und Douglas weniger als früher dazu neigte, ein Risiko einzugehen, beschloß er, mit dem Schiff zu reisen.

Archibald Menzies, der Naturforscher an Bord der ›Discovery‹ auf Vancouvers Forschungsreise zur Westküste Amerikas, war schon vor Douglas' Geburt in Kalifornien gelandet. Er hatte einige Pflanzen gesammelt und andere pedantisch genau beschrieben. Als Douglas dorthin gelangte, war es eine mexikanische Kolonie, wo Weinreben, Oliven- und Feigenbäume und sogar Bananen und Zuckerrohr kultiviert wurden; aber der größte Teil war noch nicht bevölkert und im allgemeinen unerforscht.

Daß Douglas überhaupt nicht wußte, was ihm bevorstand, erhellt sich aus der Liste der Vorräte, die er vor der Abfahrt erstand. Abgesehen von offensichtlichen Notwendigkeiten wie Schuhen, Schrotkugeln, Angelgerät und Kerzen besorgte er sich zehn Pfund Tee, vierzig Liter Branntwein, zwei große schwarze Seidentaschentücher, ein großes Elchfell und schließlich noch eine Maultrommel. Er bezahlte seinen Träger, nahm seinen treuen Terrier Billy und ging mit ihm an Bord eines südwärts segelnden Zweimasters.

Don David, wie Douglas genannt wurde, weil er ein ›hombre de educación‹ war, zeigte sich begeistert von Kalifornien: von seiner üppigen Flora, der freundlichen Bevölkerung, der Gastfreundschaft und Hilfe von seiten der Franziskaner, die »die Wissenschaft viel zu sehr liebten, als daß sie es sonderbar gefunden hätten, wenn ein Mensch eine so weite Reise machte, um Gras zu suchen«.

Die einzigen Nachteile dieser sonst idealen Gegend sah er in der starken Sommerhitze und in der Anwesenheit zweier anderer Botaniker. Dr. Thomas Coulter sammelte hier nämlich für einen Schweizer Auftraggeber, und der zweite war der deutsche Naturforscher Ferdinand Deppe, der als Ladungsaufseher eine Weltreise machte. Aber Douglas freundete sich mit ihnen an, und sie tauschten ihre Funde wie Schulbuben; hingegen konnte er gegen die Hitze nichts machen, die »alle Flöhe zum Ersticken brachte«.

Der Frühling war unglaublich schön, und in dieser Zeit mußte er sich tummeln, bevor die Vegetation in der Hitze verdorrte. Im ersten Jahr ordnete und katalogisierte er zahlreiche unbekannte Gattungen und über achthundert Arten, darunter viele neue.

In Kalifornien fand er die später in London eingeführte Garrya, ein Hartriegelgewächs, dessen männliche Form das auffallendste und eleganteste Immergrün unter der Sonne ist. Die eiförmigen Blätter sind oben smaragdgrün, an der Unterseite pelzig und grau. Die Kätzchen – in den Staaten dreißig Zentimeter, in England kaum halb so lang – sehen aus wie enggegliederte Jadehalsbänder. Diese Entdeckung, sowie die Einführung der Montereyfichte und zahlreicher schöner einjähriger Blumen, wie die des Wilden Heliotrops, der Prachtscharte Blazing-star und der kalifornischen Glockenblume, machten ihn weit über Großbritannien hinaus berühmt. Zum Beispiel wurde das Duplikat einer seiner Sammlungen dem Botanischen Garten in St. Petersburg zugestellt.

Besonderen Wert gewann Don Davids kalifornische Expedition durch ihre Dauer. Er blieb neunzehn Monate dort und ging beim Sammeln systematisch vor. Zum Schluß fand er ungefähr sechzig neue Gewächse, und sein Sammelgut bestand aus Hunderten von Arten, außerdem aus Algen und Moosen.

In der Erde, die an den Wurzeln haftete, waren Spuren eines gelblichen Minerals. Douglas wußte, was es war, ahnte jedoch nicht, wieviel davon vorhanden war. Sonst wäre der große kalifornische Goldrausch von 1848 vielleicht siebzehn Jahre früher ausgebrochen.

Douglas kehrte über die Sandwichinseln zu einer neuerlichen Exkursion zum Columbia zurück, und dort hörte er, daß bei der Gartenbaugesellschaft das größte Durcheinander herrschte. Sein Auftraggeber, der Schriftführer Sabine, war ein so passionierter Gärtner, daß er die Alltagsgeschäfte einem kleinen Angestellten überlassen hatte, und dieser Mann hatte Unterschlagungen begangen. Gleichzeitig kam heraus, daß etliche Mitglieder der Gesellschaft große Beiträge schuldeten, darunter der König, ein Herzog, ein Marquis, dreizehn andere Adlige und zwölf Geistliche. Sabine trat zurück. Aus Treue zu ihm löste auch Douglas seinen Vertrag. Danach ging all sein Material an Hooker.

Aber das sollte nicht von langer Dauer sein.

Der Plan, in Alaska, Sibirien, Rußland und in einigen europäischen Ländern zu botanisieren – der Zar und der russische Gouverneur von Alaska hatten ihr Einverständnis erklärt – fand nach zweitausend Kilometern der Reise ein Ende.

Allein die Zurücklegung dieser Strecke war eine Heldentat, da sich Douglas' Sehkraft sehr verschlechtert hatte. Auf dem rechten Auge war er vollständig erblindet, und zum Schutz des andern mußte er eine dunkle Brille tragen. Infolgedessen war er noch barscher und schwieriger geworden. Unterwegs stritt er sich mit einem Händler der Kompanie und wurde zum Duell herausgefordert; er nahm die Herausforderung jedoch nicht an. Er erfuhr, daß die Indianer auf seiner Route den Weißen feindlich gesinnt waren. Er war niedergeschlagen und fühlte sich einer monatelangen Wanderung durch unbekanntes Gebiet nicht gewachsen. Zum erstenmal in seinem Leben kehrte er um. Eine Woche später trat eine Katastrophe ein.

Er fuhr mit seinen Begleitern im Kanu den Frazer flußabwärts, und in den Stromschnellen bei Fort George Canyon ging das Kanu in Brüche. Douglas geriet in einen Strudel und wurde eine Stunde und vierzig Minuten lang herumgewirbelt, bevor er einem Korken gleich ans Felsenufer gespült wurde. Glücklicherweise kamen alle mit dem Leben davon, aber Douglas hatte eine Sammlung von vierhundert Pflanzenarten verloren – das war die eigentliche Katastrophe –, seine Flurnotizen, ein dickes Heft, in das er in numerierter Reihenfolge den genauen Standort all seiner wichtigen kalifornischen Gewächse eingetragen hatte, nicht nur für ihn ein herber Verlust, sondern auch für alle späteren Botaniker.

Erschöpft gelangte er zum Columbia. Drei Monate später beschloß er sehr widerstrebend, wohl oder übel in die Heimat zurückzukehren. Nur der Gedanke, unterwegs einen Abstecher zu den Sandwichinseln zu machen und dort die tropische Vegetation sowie die Vulkane zu erforschen, ließ ihm die Aussicht auf London erträglich erscheinen.

Im Oktober 1833 fuhr er mit Billy an Bord des Zweimasters der Kompanie ab. Kurze Zeit hielt er sich in San Francisco auf – »ein paar verfallene Gebäude« – und botanisierte in der Gegend, die heute ungefähr das Zentrum von San Francisco ist. Dann segelte er nach Honolulu.

Douglas genoß die Monate auf den Sandwichinseln. Es verblüffte ihn, daß die Eingeborenen Fettleibigkeit höchst anziehend fanden, und er schaute zu, wie sie sich mit Poi, einem stärkehaltigen Gericht aus Taro, vollstopften. Er stellte mehrere Leute an, Träger, einen Koch, einen Vogelfänger und einen Führer, der sein Fernrohr und seinen Schirm trug. Unterwegs erlegte er schwarze Schweine und wilde Rinder – die Nachkommen der Rinder, die Kapitän Vancouver zu den Inseln gebracht hatte –, und er fand einige interessante Farne sowie viele neue Moose und Flechten. Während er die Inseln der Reihe nach bereiste, verzeichnete er magnetische und geographische Befunde und beobachtete erloschene und halbtätige Vulkane.

Gegen Ende Juni kannte er alle Inseln gründlich, so daß er sich mit dem bedrückenden Gedanken vertraut machen mußte, das nächste Schiff nach England zu nehmen, das in Honolulu anlegte. Während der Wartezeit wollte er einem zu Besuch weilenden Missionar die Wunder von Hawaii zeigen. Sie verabredeten, sich in dem Dorf Hilo auf Hawaii zu treffen.

Die Zusammenkunft fand nie statt.

Douglas legte den weiten Weg über die Berge zu Fuß zurück. Da er keinen Träger anstellen konnte, trug er sein kleines Bündel und seine Ausrüstung selbst. Billy trabte mit. Douglas übernachtete bei einem Manne namens Davis, und am folgenden Morgen besuchte er Ned Gurney, einen ehemaligen englischen Strafgefangenen. Er wurde gewarnt, daß etwa drei Kilometer weiter drei Viehfallen aufgestellt wären, das heißt ausgeschaufelte Gruben, die mit Zweigen, Blättern und Erde grob getarnt waren.

Einige Zeit später vernahmen zwei von Gurneys Eingeborenen die unmißverständlichen Geräusche eines in der Falle gefangenen Tieres. Sie liefen zu der Grube. Schnaubend stampfte ein verängstigter wilder Stier in der Zweig- und Blätterdecke herum, die unter seinem Gewicht eingestürzt war. Unter ihm lag, halb verborgen von den Trümmern, mit zerfetzten Kleidern der verstümmelte Leichnam eines Mannes. Auf dem Pfad bewachte ein kleiner schwarzer Hund ein Bündel.

Niemand wußte genau, ob Douglas verunglückt war oder nicht. Alte Sträflinge sind immer verdächtig. Es hieß, der Botaniker habe beim Aufbruch einen Geldbeutel bei sich gehabt, der nie gefunden worden sei. Ein amerikanischer Viehfänger untersuchte den Toten und vertrat die Meinung, die Wunden und Risse hätten nicht von einem Stier verursacht sein können. Für den ortsansässigen Missionar bestanden genügend Zweifel, so daß er die Leiche einbalsamieren und zur fachmännischen Untersuchung nach Honolulu befördern ließ. Hier sagten die Sachverständigen, die Wunden wären von einem Stier verursacht worden.

In seinem Buch über David Douglas weist A. G. Harvey darauf hin, daß manche Leute überzeugt sind, Douglas sei ermordet worden; aber wahrscheinlich hörte er das Gebrüll des Stiers, spähte – wie auch die Eingeborenen nach ihm – in die Fallgrube und rutschte aus. Ohne die geringste Aussicht, dem rasenden Tier entkommen zu können, muß er ein schreckliches Ende erlitten haben.

In der ganzen Welt wurde er von den Wissenschaftlern betrauert. Er hinterließ nichts als fünzig Pfund und das Bündel getrockneter Pflanzen, die er auf den Sandwichinseln gesammelt hatte.

ZWEITER TEIL

Kunstgriffe und Geheimnisse

Gefahren beim Transport der Gewächse

Während die Zahl technischer Erfindungen immer schneller ansteigt, entwickelt sich der internationale Postverkehr zu einer immer kostspieligeren und schwierigeren Angelegenheit; aber es ist immer noch möglich, eine Pflanze mit Luftpost in einem luftdicht verschlossenen, starren Plastikbehälter zu verschicken in berechtigter Hoffnung, daß sie, sofern sie weder vom Zoll- noch vom Postamt schlecht behandelt wird, wohlbehalten und rechtzeitig auf der anderen Seite der Erde ankommen wird. In früherer Zeit, ja bis zum neunzehnten Jahrhundert, wäre ein Pflanzenjäger, der von einer solchen Beförderung geträumt hätte, zum Irren erklärt worden.

Die Jäger der Königin Hatschepsut waren gut beraten, als sie 1482 vor Christus Gewächse – Bäume und Blumen – in Bastkörben und Krügen mit Erde beförderten, aber sie brauchten sie auch nur unter günstigen klimatischen Verhältnissen vom Lande Punt nach Ägypten zu schaffen; außerdem standen ihnen pharaonische Sklaven zur Verfügung, die Wasser schleppten, Fächer in Bewegung brachten, Sonnendächer richteten und überhaupt alles Notwendige zur Gesunderhaltung ihrer grünen Schätze taten.

In den folgenden 3316 Jahren wurden keine großen Fortschritte darin gemacht, wie man Pflanzen transportiert. Freilich, David Douglas verwendete Wachstuchballen zur Verpackung seiner getrockneten Pflanzen, gewachste Behälter für seine ruhenden Blumenzwiebeln, Ableger und Wurzelstöcke, auch Samensäckchen, die er – allerdings erfolglos – gegen Ungeziefer behandelt hatte; aber er war allein, ohne Sklaven oder Diener, und das Schiff, auf dem sein Sammelgut die weite Fahrt von Vancouver nach London machte, fuhr kaum schneller als ehemals die ägyptischen Schiffe auf dem Nil. Douglas schickte auch ganze Pflanzen auf die Reise, aber wie bei den Wüstenwanderern kamen nur ein paar besonders zähe und widerstandsfähige durch. Ja, die Aussichten, Pflanzen damals auf einem langen Transport am Leben zu erhalten, waren ungefähr die gleichen wie die Aussichten, daß eine Flaschenpost zuverlässig ihren Bestimmungsort erreichen würde.

Sogar die Botaniker, die teure Expeditionen ausrüsten und sich schwere Kisten von Kulis tragen lassen konnten, sahen sich großen Schwierigkeiten gegenüber, wenn es galt, zarte Pflänzchen vor der Vernichtung zu bewahren und die kräftigeren den schwankenden klimatischen Verhältnissen anzupassen. Südamerika war von jeher eine Stätte der Extreme auf fast allen Gebieten, nicht zuletzt in bezug auf die Schwierigkeiten, mit denen der Botaniker zu tun bekam, wenn er seine Funde zur Küste befördern wollte. Die Reise, die oft viele Wochen dauerte, war gefährlich und mühsam. Man mußte unterwegs auf frische Maultiere oder Träger warten, auf Kanus, Flöße oder Dampfer; manchmal war der Pfad durch einen Steinschlag versperrt oder es mußte eine Brücke wieder hergestellt werden; es konnte auch vorkommen, daß man warten mußte, bis sich ein ausgetrocknetes Flußbett wieder mit Wasser füllte. In regelmäßigen Abständen mußte man die Kisten öffnen und den Inhalt prüfen, die kranken und verdorbenen Gewächse ausscheiden und die übrigen von neuem verpacken. Die Pflanzen reagierten auf die Schwankungen der Luftfeuchtigkeit, der Temperatur und der Lichtstärke, während sie durch Sümpfe, Grassteppen, Urwälder, über hohe Bergpässe und auf Meereshöhe dahingetragen wurden. Besonders die Orchideenjäger stellten fest, daß es in Südamerika nicht genügte, eine Nase für das Vorkommen einer Pflanze zu haben und der Witterung immer mutig zu folgen. Sie mußten auch erfahrene Transporteure sein, die sowohl mit Pflanzen als auch mit Maultiertreibern, Aufsehern, Flößern und Ladungsaufsehern umzugehen verstanden.

Im Hafen endete die Verantwortung des Pflanzenjägers, nicht so seine Sorge. Er mußte damit rechnen, daß der Kapitän die Fracht auf hoher See umverteilen und die Pflanzen nach vorn schaffen lassen würde, wo sie der Gefahr des Sprühwassers hundertmal stärker ausgesetzt waren. Es bedurfte keiner großen Salzmengen, um Pflanzen zugrunde zu richten. Wenn Tag für Tag Meerwasser gegen die Kisten gespült wurde, so genügte das durchaus. Oder aber er verstaute sie vielleicht ganz unten, wo genau die richtigen Bedingungen herrschten, um Pflanzen zu einer breiigen Masse vergären zu lassen. Das alles würde angeblich »im Interesse der Seemannskunst« geschehen, in Wirklichkeit aber zur persönlichen Bequemlichkeit des Kapitäns. Nicht viele schätzten es, wenn ihr Heck und ihre Quartiere mit Pflanzen vollgestopft waren.

Selbst wenn der Kapitän ein Blumenliebhaber war oder ein eigenes kommerzielles Interesse daran hatte, daß die Gewächse sicher und wohlbehalten am Bestimmungsort eintrafen, wurde die Gefahr des Verderbens durch Nachlässigkeit und Faulheit der Matrosen erhöht.

In der heißen Zone mußte man die Pflanzen lüften, indem man den Deckel jeder Kiste eine bestimmte Zeitlang offen ließ, aber in der Hitze arbeiteten die Matrosen natürlich so wenig wie möglich, die geringste Körperbewegung war ihnen zu viel. So blieben die Kisten oft geschlossen.

Ratten gehören zu Schiffen wie Zucker zu Kuchen. Wie man weiß, fressen sie alles, und bestimmt würden sie frisches Kistenholz nicht verschmähen, noch weniger würzige Pflanzen. Wenn gar Insekten auf den Blättern und Stielen aus ihrer Heimat verschleppt wurden, hatten die Ratten unterwegs alles, was sie brauchten.

Zu allen diesen an sich vermeidbaren Unglücksfällen kamen die klimatischen Veränderungen. Ein Gewächs aus dem Hochland von Ostasien war auf der unendlich langen Fahrt nach Europa großer – trockener wie feuchter – Hitze ausgesetzt, und – was das schlimmste war – sehr plötzlichen Temperatur- und Luftfeuchtigkeitsschwankungen. Derartige Veränderungen, mit denen auch das menschliche Gemüt nur schwer fertig wurde, bedeuteten für die Gewächse oft den Tod. Und nicht zu vergessen: Wenn ein Schiff in die Stürme geriet, die so oft am Kap und auf der letzten Strecke in der Bucht von Biskaya tobten, wurde in der Not die Pflanzenfracht immer als erstes über Bord geworfen.

Alles in allem waren sichere Überfahrt und sichere Ankunft der für Europa bestimmten Gewächse von dem Augenblick an, wo man sie entwurzelt hatte, höchst zweifelhaft. Dennoch ist die Zahl der erfolgreichen Einführungen, die John Claudius Loudon nennt – und er war mit seinen Berechnungen sehr gründlich –, höchst eindrucksvoll. Nach ihm wurden zu Beginn des neunzehnten Jahrhunderts auf den britischen Inseln 13 140 Gewächse kultiviert, von denen nur 1400 einheimische Pflanzen waren. Alle übrigen haben zu irgendeiner Zeit und auf irgendwelche Weise die Überseereise glücklich überstanden.

Um die Sterblichkeitsziffer der transportierten Pflanzen zu verringern, wurden alle möglichen Versuche unternommen. Nach John Evelyns Ansicht waren die Pflanzen der langen Reise und den Unbilden des Wetters eher gewachsen, wenn man sie in Fässern verstaute. Ein anderer Vorschlag ging dahin, sie einzeln in Papier einzuwickeln und in Netzen an der Decke der Hauptkabine aufzuhängen; damit hatte man auf kurzen Reisen einen gewissen Erfolg, auf längeren litten die Pflanzen unter dem Mangel an Licht und Feuchtigkeit und unter der muffigen Luft, die Seeleute so sehr lieben, wenn sie sich unter Deck aufhalten. Peter Collinson konnte nur vermuten, mit welchen Schwierigkeiten Bartram zu kämpfen hatte, um seine Pflanzen auf den weiten Exkursionen ins Innere am Leben zu erhalten. Er stellte in London Versuche an und schlug dem Amerikaner vor, die Pflanzen in Tierblasen zu stecken, die Wurzeln mit einer Handvoll feuchter Erde zu bestreuen und den Scheitel der Harnblase fest um den Pflanzenstengel zu wickeln. Der Rat klingt ganz modern. Wieviel leichter wäre Bartram die Arbeit geworden, wenn er unsere Plastiksäcke in verschiedenen Größen zur Verfügung gehabt hätte. Ein anderer Auftraggeber Bartrams, der reiche Dr. Fothergill aus Upton, schlug ihm vor, Gewächse für die Züchtung in offene Kisten zu verpflanzen und sie mit einem über ein Bambusgerüst gespanntem Segeltuch vor dem Sprühwasser zu schützen. Bei gutem Wetter könnte man die Tücher zurückschlagen und so den Pflanzen Licht und Luft geben. Oder aber die Kisten sollten einen Schiebedeckel aus dickem Glas erhalten. Im Rahmen der damaligen Möglichkeiten war das ein fachmännischer Rat, und Fothergill bewies seine Klugheit, indem er hinzufügte, am wichtigsten wäre es, den Kapitän, die Schiffsoffiziere und die Mannschaft zu bestechen.

John Livingstone, der Chefarzt in Kanton, der Reeves Freund und Kerrs Verleumder war, schrieb 1819 über den Pflanzentransport an die Gartenbaugesellschaft. Bezeichnenderweise – denn er war ein brüsker Mensch und prangerte gern an – beschwerte er sich über dieses und jenes; aber der Brief war so aufschlußreich und nützlich, daß er ins Protokoll aufgenommen und an die Mitglieder verteilt wurde. Seine Bemerkungen über die Transportkosten für Pflanzen aus China sind erstaunlich:

Nach meinen Kenntnissen und Beobachtungen ... vertrete ich die Meinung, daß auf eine Pflanze, die die Reise nach England überlebt hat, tausend verlorengegangene Gewächse kommen. Die Kosten für eine Pflanze, die in Kanton erworben wurde, belaufen sich mitsamt Verpackung und anderen notwendigen Auslagen auf sechs Schilling und acht Pence. Folglich muß jede Pflanze, die sich jetzt in England befindet, für die ungeheuren Unkosten von mindesten dreihundert Pfund eingeführt worden sein.

Natürlich fand Livingstone das Ganze beklagenswert. Seine Ratschläge beruhten auf Beobachtungen, die er und Reeves in Kanton gemacht hatten. Viele der Pflanzen in China wurden in Treibhäusern gezüchtet, so daß sie zwar genügend Kraft hatten, in einem Garten auszuhalten, jedoch die weite Reise nach Europa unmöglich überstehen konnten. Andere stellten besondere Ansprüche. Sie gediehen vortrefflich in ihrem einheimischen Lehmboden und waren den Witterungsverhältnissen in diesem Teile von China, den heftigen Regengüssen und der langen Dürre, durchaus angepaßt, jedoch einer längeren Seereise nicht gewachsen. Sie mußten zwei Monate vorher in Töpfe mit fibröser, lehmiger Erde versetzt werden. Die dritte wichtige Empfehlung, die langer Tradition zuwiderlief, riet davon ab, die Pflanzen unterwegs auf der Insel St. Helena an Land zu nehmen. Diese Sitte rührte vielleicht von einem gefühlvollen und ungebildeten Kapitän her, der in Anbetracht der Tatsache, daß ein Landaufenthalt seiner Besatzung gut tat, gemeint hatte, für die Pflanzen an Bord müßte das ebenso günstig sein. In Wirklichkeit weckte das milde, feuchte Klima die teilweise ausruhenden Pflanzen, so daß sie zu wachsen begannen und ihre Kraftreserven aufbrauchten, die sie später in nördlichen Breitengraden dringend benötigt hätten. Auf einer seiner beiden Reisen nach England bewies Reeves den Wert dieser Empfehlungen, indem er neunzig von hundert Pflanzen ohne Schaden von Kanton zur Themse brachte.

Zweifellos waren es drei vortreffliche Ratschläge. Aber Livingstone erklärte weiter, auch dieses »sicherere Verfahren zugunsten der englischen Gärtner und Botaniker« müßte versagen und alle seine Forschungen, sein Können und sein Wissen wären ganz und gar verschwendet, wenn nicht gegen die fürchterliche Untüchtigkeit im Londoner Hafen vorgegangen würde. Bürokraten, die sich in übertriebener Weise mit Frachtlisten beschäftigten, und nachlässig herumfuhrwerkende Schiffsentlader könnten im Verein eine wertvolle Lieferung zugrunde richten.

Dieser Schlamperei solle die Gartenbaugesellschaft gefälligst ein Ende machen und dafür sorgen, daß Löschung und Abfertigung der Pflanzenfracht flüssiger erledigt würden. Der Gartenbaugesellschaft stelle er es zudem anheim, im Osten einen hauptamtlichen Gärtner anzustellen, der gute Kultursorten auslesen und sie im Hinblick auf die Verpflanzung ins Abendland abhärten müsse. Gewissenhaft bis ins letzte riet Livingstone:

Er sollte in Macao wohnhaft sein, eine geeignete Ausrüstung, Haus, Garten und eingeborene Gehilfen haben.

Und um dem Mann die Sporen zu geben, sollte er im Akkord bezahlt werden:

Eine bestimmte schöne Summe für jedes neue Gewächs, mit dem er Gartenbau und Botanik von England bereichert hat.

Ebenso vorzüglich war auch seine Empfehlung, das Sammelgut an Bord eines Schiffes einzig und allein der Obhut eines Gärtners anzuvertrauen.

Vierzehn Jahre nachdem Livingstones Brief in London eingetroffen war, sandte der Botaniker Nathaniel Wallich, ein ausländisches Mitglied der Gartenbaugesellschaft, einen Aufsatz über das selbe Thema ein. Seine Erfahrungen stützten sich auf den Pflanzentransport von Indien nach Europa. Im allgemeinen unterstrich er die Empfehlungen aus Kanton. Die Pflanzen müßten ausgereift sein, erklärte er, »schon in vorgerücktem Alter«, und Propfreiser mindestens drei Jahre vor der Verschiffung festeingewachsen. Dann sollte man sie in Glaskistchen tun und je acht in eine rechteckige Holzkiste einpassen. So könnte man sie unterwegs leicht von der Stelle bewegen und im Falle des Absterbens ersetzen. Die Glaskistchen sollten am Boden je drei Abzugslöcher haben und auf einer Scherben- und Kieselschicht ruhen. Der Holzbehälter sollte hingegen auf kleinen Füßen stehen, so daß die Matrosen das Deck darunter abspülen könnten. Da die Behälter bemalt, eisenbeschlagen und eher das Erzeugnis eines Kunstschreiners als eines Zimmermanns zu sein hätten, würde ihr elegantes Aussehen die Kapitäne erfreuen, die »ihr Deck sehr ungern von unansehnlichen Gegenständen besetzt sehen«. Für Luft und Wasser sorge man, indem man die Kästchen morgens und abends öffne und den Pflanzen jeweils einen halben Liter Wasser gäbe. Vor Sprühwasser könne man die Kisten mit einem Überzug von Austernschalen, dickem Glas, einer dichten Talkumschicht oder

III

Alexander von Humboldt beim Botanisieren an den Ufern des Orinoko: die Fahrt auf dem größten Strom Venezuelas – dem drittgrößten Südamerikas – im Jahre 1800 gilt noch heute als eine der Großtaten des Forschers und seiner Zeit. Das Bild, von dem hier ein Ausschnitt wiedergegeben ist, wurde von Friedrich Georg Weitsch 1806, kurz nach der Rückkehr Humboldts nach Berlin, geschaffen und hängt heute in der Nationalgalerie von Ostberlin.

mit bemaltem Segeltuch schützen. Diese kunstvolle Ausführung erwies sich offensichtlich als nützlich, denn Dr. Wallich schrieb:

So kräftig wuchsen die solcherart behandelten Pflanzen, daß es oft notwendig war, zum Messer zu greifen, um ihr üppiges Wachstum zu beschneiden.

Als Beschreibung eines Pflanzentransports im Jahr 1831 klingt das so, als ob der Wunsch der Vater des Gedankens gewesen wäre. Statistische Tatsachen hören sich anders an. Zwei Jahre später beglückwünschte die Zeitschrift ›The Gardener's Magazine‹ den Zahlmeister eines Ostindienfahrers, weil er acht von neunundzwanzig chinesischen Azaleen unbeschädigt von Kanton nach London gebracht hatte. Es galt also schon als Erfolg, wenn weniger als fünfzig Prozent der Pflanzen die Reise überlebten.

Wenn man bedenkt, daß heute, im Zeitalter der schnellen Verbindungen, mehr Samen als lebende Pflanzen befördert werden, auch, daß Samenkörner ja viel weniger Platz beanspruchen, wundert man sich, daß bis vor hundert Jahren mehr Pflanzen als Samen transportiert wurden. Einige Botaniker vom Range Bartrams und Douglas' sammelten mehr Samen als Pflanzenteile, aber der erste Bericht über eine größere Samensammlung bezieht sich auf die unglückselige Amherst-Gesandtschaft zum Kaiser von China. Dr. Abels Gehilfen brachten damals dreihundert Samenposten zusammen. Das war 1815. Im Jahr 1822 hielt John Lindley, damals erst Hilfssekretär der Gartenbaugesellschaft, einen Vortrag über die Beförderung exotischer Gewächse, in dem er auf den Wert des Samens als Mittel zur Einführung neuer Pflanzen hinwies. Für den Laien scheint das klar zutage zu liegen. Aber anscheinend verhielt es sich nicht so. Noch 1848 schickte Joseph Dalton Hooker nach dreimonatiger

Sammelarbeit im mittleren Teil des Himalajas seinem Vater in Kew nicht weniger als achtzig Wagenladungen Pflanzen.

Vielleicht rührte das allgemeine Widerstreben gegen das Samensammeln von den Schwierigkeiten her, die es bereitete, ausdauernde Exoten aus Samen zu ziehen. Heute gibt es botanische Laboratorien, wo man wichtige Daten ausarbeiten kann, so die thermische Konstante eines Samenkorns, seine Anfälligkeit für Wurzelbrand, die genaue Natur seiner Fermente und die ›prozentuale Reinheit‹ einer Sammlung. Im Jahr 1849 und noch lange danach hatte man die Wichtigkeit einer solchen Arbeit noch nicht erkannt. Jedenfalls schien es sich nicht zu lohnen, sie für ein paar Botanische Gärten zu unternehmen, wo Mangel an Personal oder Fachleuten herrschte, so daß man immer mit dringenderen Aufgaben im Rückstand war. Das Naturhistorische Museum und der Botanische Garten in Paris waren überschwemmt mit getrockneten Pflanzen: zum Beispiel hatten allein vier von den unzähligen französischen Missionaren über 233 500 Stück geschickt. Vor siebzig Jahren hatte *Dr. Emil Bretschneider*, der Autor eines Werkes über chinesische Gewächse in Europa, allen Grund, sich zu beklagen. Er sammelte »reifen Samen interessanter, in Europa unbekannter Pflanzen« in den Berggegenden der Pekinger Präfektur. Dann lieferte er »das Sammelgut zur Kultur an mehrere große botanische und gartenbauliche Institutionen in Europa und Amerika«. Nicht alle Ergebnisse waren befriedigend. Der Jardin des Plantes in Paris und das Arnold Arboretum der Harvard University wurden von ihm wegen ihrer Sorgfalt gelobt, hingegen äußerte er sich scharf über den Königlichen Botanischen Garten in Edinburgh: es sei sinnlos, dorthin Samen zu schicken, er würde nachlässig behandelt. Das bedeutete damals eine starke Herausforderung, aber niemand scheint ihm widersprochen zu haben. Zweifellos war es schwer, Exoten aus Samen zu ziehen. Auch erlebten die Gärtner ohne die Hilfe botanischer Sachverständiger oft Enttäuschungen und kauften darum viel lieber Pflanzenlieferungen.

Überdies machten die Besonderheiten der Samen das Sammeln fast zu einem Glücksspiel. Da gab es Samen so fein wie Staubkörchen und Samen wie Kanonenkugeln, dunkle und jaspishelle Samenkörner, regelmäßig geformte und andere, die an Schirmchen, Fächer und kleine Mädchen im Festkleid erinnerten. Manche Pflanzen tragen wenig Samen, andere in Hülle und Fülle, und die Sporenpflanzen natürlich überhaupt keinen. Nicht zu vergessen ist das Rätsel der Lebensfähigkeit. Die Kurzlebigkeit des Gummibaumsamens machte es notwendig, einen Dampfer zu chartern, der ihn in Rekordzeit von Pará nach Kew brachte; andrerseits heißt es, daß Getreidekörner, die in ägyptischen Pyramiden versiegelt waren, auf Feuchtigkeit, Wärme und Licht ansprachen und keimten. Manche Samen, die mit allen ausgeklügelten Hilfsmitteln der Wissenschaft gehegt wurden, starben sehr bald ab; aber eine ledrige Tonkabohne, die Jahre und Jahre dazu benutzt worden war, Schnupftabak zu parfümieren, entwickelte fröhlich Keimlinge und Wurzeln, als sie aus der Schnupftabakdose genommen wurde.

Derartige Überempfindlichkeiten verdoppelten die Ängstlichkeit des Sammlers. Verdreifacht wurde sie durch die Tatsache, daß er selten in der Lage war, Samen im genau richtigen Zeitpunkt zu sammeln, und vervierfacht, weil sein unruhiges Leben ihm kaum erlaubte, grundlegende Keimproben auf Löschpapier, Filz oder Flanell anzustellen, ganz zu schweigen von den erwünschten, aber verwickelten Untersuchungen mit Durchleuchtungsgerät, Zentrifuge, Brutkasten und Apothekerwaage. Verfünffacht wurde die Ängstlichkeit des Sammlers noch dadurch, daß er niemals sicher sein konnte, ob sich die Samen, welche die Reise glücklich überstanden hatten und tatsächlich keimten, zur echten Elternpflanze entwickeln würden. Mißbildungen kommen zwar bei Wildgewächsen seltener vor als bei kultivierten Pflanzen, aber man muß immer damit rechnen.

Kein Wunder also, daß die Pflanzenjäger angesichts eines solchen Nebels von Sorgen, Zweifeln und Schwierigkeiten ein Vorurteil gegen den Samenversand als Mittel zur Einführung von Exoten hegten.

Selbst ihr Transport barg ebensoviele Gefahren wie die Verschiffung der Gewächse und Pflanzenteile. Ungeziefer hatte an Samenkörnern noch größere Freude als an Blättern, Stengeln und Wurzeln. Klimatische Veränderungen waren ihnen ebenso schädlich. Bei starker Hitze wurden sie überreif, so daß sich die Möglichkeit des Keimens verringerte, auf jeden Fall aber der ganze Prozeß verlangsamt wurde. Durch feuchte Luft wurde die Kutikula aufgeweicht, und es setzte Fäulnis ein. Es war ja gut und schön, die Kapitäne zu bitten, sie möchten die Samensäckchen an der Kabinendecke aufhängen lassen: kühle, trockene Luft, die für die Gesunderhaltung notwendig war, gab es nur selten. Die Bedingungen unter Deck an Bord der alten holzverschalten Schiffe schwankten zwischen kaltem Zug und erstickendem Mief.

Dr. Fothergill, der Collinson und Bartram in dieser Beziehung beriet, schlug vor, größere Samen in Pappschachteln zwischen Bienenwachs zu verpacken und die Schachteln außen mit einer dicken Schicht Quecksilbersublimat zu bestreichen. Kleine Samen könnten in gewachste Watte gewickelt und ebenso verpackt oder aber, eingedreht in Wachspapier, in Glasflaschen gesteckt werden. Es genüge jedoch nicht, warnte Fothergill, die

Flaschen einfach zu verkorken. Um die Samen vor extremer Hitze und Kälte zu schützen, müßten sie isoliert werden; zu diesem Zweck sollten die Flaschen in Harnblasen oder Ledersäcke eingenäht und in einen Kübel mit einer abgemessenen Mischung aus Ammoniak, Salpeter und Salz ›eingelegt‹ werden. Nicht weniger kunstreich war sein dritter Rat: Man lege Samenpäckchen in Krüge oder Kanister zwischen isolierende Reis-, Hirse-, Kleie- oder Maiskörnerschichten und siegle die Krüge mit einem Insekten abstoßenden Präparat aus Kampfer, Schwefel und Tabak.

Ein Jahrhundert lang fand niemand grundlegende Verbesserungen. Dann experimentierte der erfindungsreiche Dr. Livingstone in Kanton mit getrockneten Samen, wobei er die Eismaschine des schottischen Physikers Sir John Leslie benutzte; in ihr brachte Schwefelsäure das Wasser zum Gefrieren. Er befürwortete auch den Einfall, kurzlebigen Samen vorübergehend in Zucker zu mumifizieren, besonders Samen wie den der Berberitze, deren Fruchtkerne an Lebensfähigkeit einzubüßen schienen, sobald das saftige Fleisch entfernt war. Seine eingezuckerten Samen kamen in Kanton an Bord eines Ostindienfahrers und wurden nach ihrer Ankunft in Europa wie eine Schar schlafender Dornröschen erweckt. Livingstone schlug auch vor, kurzlebige Samen, die nicht einmal die kleinste Reise überstehen konnten, in Kanton in Gefäße einzusäen und sie während der Reise von einem erfahrenen Gärtner pflegen zu lassen, so daß sie in Europa als kräftige Sämlinge ankommen würden. Ob dieser Versuch unternommen wurde, ist nicht bekannt. Gewiß gab die Gartenbaugesellschaft seinen Rat weiter. Aber zarte Samen und Sämlinge hätten all die Gefahren überstehen müssen, die sogar Dr. Wallichs dreijährige gesunde Reiser nur mit Mühe überwanden.

Das Jahr 1834 war für die Botanik insofern unheilvoll, als es den vorzeitigen Tod von David Douglas brachte, des größten Pflanzensuchers in der Geschichte der Pflanzenjagd. Es sollte aber auch einen entscheidenden Schritt nach vorne bringen: in diesem Jahr wurde ein Experiment durchgeführt, das eindeutig den Wert einer Erfindung bewies, die der Londoner Arzt Nathaniel Bagshaw Ward gemacht hatte. Seine Erfindung verdankt er einem glücklichen Zufall, aber sie revolutionierte den Überseetransport der Exoten in einem Maße, daß man in der Geschichte der Pflanzenjagd von einer vorwardianischen Ära bis 1834 und von einer nachwardianischen Zeit sprechen kann.

Die Wardsche Kiste

Viel weiß man nicht von Dr. Ward, außer daß er sich aus Leidenschaft mit Naturkunde befaßte und eher notgedrungen als aus eigener Wahl im Londoner East-End-Viertel als Arzt praktizierte. Nach dem Buch zu urteilen, das er über seine Erfindung veröffentlichte, war er vermutlich ein gütiger, schüchterner, scharfsinniger Mensch, der aber auch aufgeblasen sein konnte. Da er zu dem Schlage gehörte, der Raupen in Flaschen steckt, war er wohl Junggeselle oder Witwer. Bestimmt war er ein Romantiker mit der Sehnsucht nach Beschaulichkeit, denn er empfahl seine Entdeckung wegen der Möglichkeit, »sich in die stillsten Bereiche der Pflanzenwelt zu begeben«. In beruflicher Hinsicht dürfte er kein Feuerbrand gewesen sein, eher ein bescheidener, unauffälliger Arzt mit allgemeiner Praxis.

All das ist Vermutung und vielleicht ganz verkehrt. Bekannt ist, daß Wellclose Square, jener Teil des Hafenviertels, wo er wohnte, eine geeignete Stätte für Sherlock Holmes gewesen wäre, wo nicht gerade Ausgestoßene, Schurken und böse Chinesen hausten, wo aber gleichwohl dieser Eindruck vorherrschte. Hätten Sherlock Holmes und Dr. Watson ihren Zeitgenossen Dr. Nathaniel Ward gekannt, so hätten sie seine wissenschaftliche Methodik im Beobachten und Folgern bestimmt bewundert.

Ward machte die folgende Beobachtung:

Wie üblich hatte er eine Raupe auf den Boden eines Glasgefäßes in Erde hineingelegt, damit sie sich verpuppe. Er verstöpselte das Glas und vergaß es dann anscheinend. Als ihm seine Raupe einfiel, stellte er fest, daß aus der Erde ein winziger Farn und ein Blättchen gewachsen waren. Das wäre in diesem Stadtteil von London, wo Grünzeug so selten vorkam wie Haare auf einem Ei, an sich schon ein Ereignis gewesen, aber die Umstände des Pflanzenwachstums erweckten das besondere Interesse des Arztes:

Ich beobachtete, daß die Feuchtigkeit, die während der Hitze des Tages von der Erde aufgestiegen war, an der Oberfläche des Glases kondensierte und dorthin zurückkehrte, woher sie gekommen war, so daß die Erde immerzu denselben Feuchtigkeitsgrad behielt.

Der Zyklus war natürlich schon vorher von Glashausgärtnern beobachtet worden. Einige hatten ihn zufällig entdeckt, weil sie vergaßen, ihr Treibhaus an einem heißen Sommertag zu lüften. Andere hatten das Prinzip absichtlich angewendet, um Kürbissen und sonstigen Tropenpflanzen die warme, feuchte Umgebung zu schaffen, die sie liebten. Aber es bedurfte Wards logischer Deduktionskraft, sich klarzumachen, warum Grassamen und Farnspore keimten und sich zu gesunden Pflanzen entwickelten. Seiner Überlegung nach lag es daran, daß sie sich »in feuchter Luft befanden, abgeschlossen von Ruß und anderen Fremdkörpern«, und daß sie Licht, Wärme und Feuchtigkeit hatten. Er fügte hinzu, es wäre auch darauf zurückzuführen, daß sie »zeitweise Ruhe und frische Luft« hatten.

Was er mit »zeitweise Ruhe« meinte, ist nicht leicht zu verstehen. Jeder künstliche Antrieb, ob hemmend oder das Wachstum beschleunigend, dürfte unerwünscht sein. Pflanzen, die man in Ruhe läßt, ruhen von selbst aus; man braucht sie nicht wie Papageien unter einem grünen Tuch »zu Bett zu bringen«. Unklar ist auch, warum Luftveränderung so erwünscht ist. Wards Pflänzchen gediehen doch und schienen unsterblich zu sein, weil er sich um das zugestöpselte Gefäß nicht gekümmert hatte. Von dem Schicksal der Puppe berichtete er nichts – wahrscheinlich war die Raupe eingegangen –, aber er vermerkte, daß die Pflanzen vier Jahre lang in derselben Atmosphäre lebten, bis der Deckel verrostete und Regenwasser eindrang, das die chemischen Unreinheiten von Wellclose Square mit sich führte. Frischluftzufuhr war also nur selten nötig, erstens, weil dadurch der regelmäßige Atemzyklus gestört würde, und zweitens, weil auch die frischeste Luft unsichtbare, unzuträgliche Unreinheiten enthalten könnte. Tatsächlich lag es bei diesen Pflanzen gerade daran, daß sie fast ganz unter Glas und abgeschlossen gehalten, jedenfalls nur ganz selten der Luft ausgesetzt wurden. Die geschlossenen Kisten, die in der vorwardianischen Zeit auf Seereisen benutzt wurden, waren nicht richtig verglast, und entweder öffnete man sie nie, so daß die Pflanzen aus Lichtmangel erstickten, oder man öffnete sie so regelmäßig, wie es die Wetterverhältnisse erlaubten, und mit der Luftveränderung fanden dann Salz und andere schädliche Partikel Zutritt.

Von dem Gedanken ausgehend, daß ein sauberes gleichbleibendes Klima Voraussetzung für die Gesunderhaltung der Pflanzen wäre, entwarf Ward einen größeren Kasten, der seiner Raupenbrutstätte entsprach. Er schärfte dem Schreiner ein, die Tischlerarbeit so fugenlos wie möglich zu machen und abgelagertes Hartholz zu nehmen, das der Kondensation im Innern und den »Fremdkörpern von außen« widerstehen würde. Dieser Kasten, in dem er versuchsweise Pflanzen zog, war das Urbild der Hunderte und Tausende, die in den nächsten Jahren entstehen sollten, denn seine Entdeckung machte es auch möglich, ohne Schwierigkeit im Zimmer Pflanzen zu halten.

Man nannte die Kästen Terrarien, und bald gehörten sie zur Einrichtung des Salons und Wohnzimmers wie Kaminsims, Wachsfrüchte unter einem Glassturz, ›Blumensträuße‹ aus getrockneten Gräsern und Pfauenfedern wie Nippessachen. Im allgemeinen waren sie rechteckig, nur die Sammler verlangten runde, ovale und keilförmige, auch solche, die wie Urnen oder Vasen geformt waren. Bizarre Stücke dieser Terrarien hatten gelbliches oder hellblaues Glas, und manche Leute ließen sich Arabesken oder das Profil zeitgenössischer Helden eingravieren. Kunsttischler schufen reich verzierte, ausgewölbte Kästen mit Spiegeln und Prismen auf drehbaren Tischchen zum Auffangen der Sonnenstrahlen; die massiven Rahmen und Ständer bestanden aus geschnitztem Mahagoni und Teakholz. Andere Kästen waren schlichter, aber ebenso solid und für die Dauer gebaut. Die einfachsten hatten einen gußeisernen Rahmen, der in der Gießerei serienmäßig hergestellt wurde; dem Rahmen paßte man die Behälter an. So standen die Terrarien auf einem beweglichen Tisch mit roter Plüschdecke oder auf einem Ständer mit gedrechselten Beinen, deren Stil von barocker Überladenheit bis zu feiner Eleganz reichte.

Die Pflanzen in den Tausenden von Zimmergärten, die damals von den Engländern und Amerikanern gehalten wurden, unterschieden sich kaum voneinander, denn zufällig fiel die Herstellung des Wardschen Terrariums zeitlich mit einer allgemeinen Passion für Farne zusammen. Es war sozusagen das ›Farnzeitalter‹. Die Züchtung der Farne, draußen und drinnen, exotischer und einheimischer Arten, abnormer und gewöhnlicher Varietäten, war weit verbreitet. Hausierer, die Feld und Wald durchstreift hatten, gingen mit Körben voller Farne von Tür zu Tür. Züchter verwendeten viel Zeit und Geld darauf, den gewöhnlichen Farnkräutern gekrönte, quastenförmige, gefiederte und krautartige Wedel zu verleihen, bis die Mannigfaltigkeit mehr als tausend beschriebene Varietäten umfaßte. Es gab zum Beispiel nicht weniger als fünfundsechzig Spielarten des gewöhnlichen Weiblichen Streifenfarns, sowohl Hybriden als auch Kulturvarietäten. So war nicht zu vermeiden, daß der allgegenwärtige Farn im Terrarium der Viktorianer einen Ehrenplatz einnahm. Da er Vernachlässigung nicht übelnahm, für Krankheiten nicht anfällig war und Dämmerlicht ebenso liebte wie einst die Höhlenbewohner, war er von allen Pflanzen am leichtesten zu ziehen.

Die weitverbreitete Zimmerkultur der Streifen-, Schuppen- und Frauenhaarfarne war aber nur ein Nebenergebnis von Dr. Wards scharfsinniger Schlußfolgerung. Das Phänomen, das er beobachtet hatte, brachte ihn nämlich auf den Gedanken, daß dies ein Mittel sein könnte, alle Transportschwierigkeiten zu beseitigen, die von den Botanikern immer so sehr beklagt wurden. Erfolgreiche Versuche führten ihn dazu, noch andere geschlossene Kisten anfertigen zu lassen und sie auf schwere Proben zu stellen. Im Jahr 1834 bewies er schlüssig, daß Pflanzen die höchsten Lebensaussichten hatten, wenn sie in festverschlossenen Glaskästen nach dem Modell seines ›Raupengefäßes‹ befördert wurden.

Zwei Wardsche Kisten wurden mit englischen Farnkräutern und Gräsern bepflanzt, versiegelt und auf einen Klipper verfrachtet, der nach Neusüdwales segelte. Nach sechsmonatiger Fahrt wurden die Kisten auf der anderen Seite der Erdkugel geöffnet. Der Inhalt war in tadellosem Zustand. Die eine Hälfte des Experiments war befriedigend verlaufen. Nach Wards Anordnungen bepflanzte man die beiden Kisten nun mit einheimischen australischen Gewächsen, nicht etwa aufs Geratewohl, sondern es wurden Pflanzen gewählt, die sich bereits als Reisende ohne Widerstandskraft erwiesen hatten, wie etwa die zarte Gleichenia, ein krautartiger Farn mit kriechendem Wurzelstock, die noch keinen Versuch, sie nach England zu verschiffen, überlebt hatte. Zwischen der Botanybai und dem Londoner Hafen waren die Pflanzen Temperaturunterschieden von $-7°$ bis $+39°$ ausgesetzt. Im Wellengang zweier Ozeane wurden sie vorwärts, rückwärts und seitwärts gerollt. Doch als Dr. Ward schließlich seine Kisten öffnete, sahen die Pflanzen frisch, grün und vielversprechend aus. Seine Erfindung hatte sich bewährt.

Danach hatten die Pflanzenjäger weniger Transportsorgen, obwohl natürlich Irrtümer vorkamen. Wie sie feststellten, war es möglich, daß ein Gewächs in der eigenen Atmung ›ertrank‹. Bei sengender Sonne und Übermaß an Feuchtigkeit konnte es sogar zerkocht werden. Mangelhafte Tischlerarbeit ließ Salz eindringen. Wenn zur Verglasung kein unzerbrechliches durchsichtiges Material verwendet wurde, kam es auf einem Deck, wo es lebhaft zuging, unweigerlich zu Unglücksfällen. Die notwendigen Abänderungen mußten vorgenommen werden, aber grundsätzlich bedeutete der Gebrauch der Wardschen Kiste – so wurde sie genannt –, daß empfindliche Gewächse auf langen Reisen zu Wasser und zu Land neunzigprozentige Aussicht hatten, alle Strapazen zu überstehen.

Man sollte eigentlich meinen, diese Kisten hätten eine bevorzugte Standardgröße gehabt. Tatsächlich gab es sie in allen Größen, von Umfang und Form einer Schuhschachtel bis zu den Riesenkisten, die Joseph Hooker benutzte, als er seinem Vater in Kew Bäume aus Feuerland schickte: jede Kiste wog mehr als drei Zentner.

Es ist zweifelhaft, ob Nathaniel Ward durch seine Erfindung finanziellen Gewinn hatte, und unbekannt, ob ihm sein Buch über den Pflanzentransport in Glaskästen und die Anlage eines Terrariums etwas einbrachte. Aber er war ein Diener der Wissenschaft, der genug zum Leben hatte, und höher als alles andere wertete er die Anerkennung von seiten der Gelehrten und hochgestellten Sammler. Der ziemlich grobe Herzog von Northumberland, der in Syon House eine Schatzkammer an Exoten besaß, erklärte in einem Brief, Treibhausgärtner hätten Ward viel zu verdanken. Sein Rivale im Gartenbau, der sechste Herzog von Devonshire, teilte Ward mit, seine Kiste habe sich beim Transport einer ›Amherstia nobilis‹ von Indien bis zum eigens für sie geschaffenen Glashaus in Chatsworth als unentbehrlich erwiesen. Sir William Hooker ließ es sich angelegen sein, Ward zu sagen, was für einen ungeheuren Unterschied die Kisten für die Pflanzenbeförderung nach Kew bedeuteten. Berühmte Handelsgärtner wie Konrad und Georg Loddiges in Hackney bei London stellten fest, daß sich ihre Unkosten durch den Gebrauch der Wardschen Kiste geradezu unglaublich verringerten, so daß sie sich veranlaßt fühlten, dem Erfinder zu danken. Andere Handelsgärtner, unter ihnen John Gould Veitch in Exeter, betrachteten es jetzt als ein lohnendes Geschäft, Pflanzensucher auszubilden und auf eigene Rechnung in die weite Welt zu schicken. Besonders freute sich Ward, als er hörte, daß es dank seiner Erfindung gelungen war, den Chinarindenbaum von seiner Heimat Südamerika nach Java,

Indien und Ceylon zu verpflanzen; denn da nur dieser Baum das Arzneimittel Chinin liefert, war er für die asiatischen Völker lebenswichtig. Auch die Ostindische Kompanie stand sehr bald in Wards Schuld. Sachverständige hatten längst erklärt, daß sich das Himalajagebiet vorzüglich zur Kultur eines besonders feinen Tees eigne, aber wegen der Kurzlebigkeit des Samens war es bisher unmöglich gewesen, den Teestrauch dort anzusiedeln. Jetzt säte man die Samen auf Dr. Livingstones Vorschlag hin unter der sachkundigen Anleitung des Botanikers Robert Fortune direkt in Wardsche Kisten, und da sie unterwegs keimten, konnten über hunderttausend kräftige Sämlinge in Zentralasien ausgepflanzt werden. Das riesige Geschäft der Übersiedlung von Nutzpflanzen wurde einzig und allein durch die Wardsche Kiste ermöglicht. Konsularbeamte schickten Samen nach Kew, wo die Pflanzen kultiviert und abgehärtet wurden, bevor man sie wieder ins Ausland versandte: zum Beispiel Korkeichen nach Südaustralien, bessere Tabakpflanzen nach Natal, Kaffee-, Zimt-, Ingwer- und Indigogewächse nach Queensland. Auch in den Vereinigten Staaten, die sich rasch vergrößerten, verhalf Dr. Wards Entdeckung zur Übersiedlung der Pflanzen von einer Region zur andern. Sie veränderte die Aussichten der Pflanzenjäger und ihrer Auftraggeber in dramatischer Weise.

Nach 1834, in der nachwardianischen Zeit, schien es keine Beschränkungen mehr zu geben. Alles war jetzt möglich, jedenfalls dem Anschein nach. Endlich stand dem Sammler die Pflanzenwelt der ganzen Erde offen.

DRITTER TEIL

Auf der Jagd nach dem Grünen Gold

Von Mexiko nach Patagonien

Meister der modernen Prosa meinen, daß sparsam verwendete Wortbilder besonders anschaulich sein können. So wollen wir also sagen, daß die Pflanzenjagd in Mittel- und Südamerika nie und nirgends ein Kinderspiel gewesen ist.

Seit 1492 haben auf der Landenge von Panama, in Westindien und auf den Karibischen Inseln nie über größere Zeiträume hinweg sichere und friedliche Verhältnisse geherrscht, angefangen von blutigen Piratenüberfällen, der Unterdrückung von Sklavenrevolten bis zu den kürzlichen heftigen politischen Unruhen. Selten hat man in diesen Gebieten dem Botanisieren ungestört nachgehen können. Ebenso gehörten in Südamerika Umsturz und Gewalt beinahe zum Alltag. So mußte der Botaniker in einem Erdteil, in dem Revolutionen endemisch und Staatsstreiche nichts Ungewöhnliches waren, bei der Rückkehr aus dem Inneren immer in Sorge sein, ob die politischen Verhältnisse seine Sicherheit nicht gefährdeten.

Dabei waren die körperlichen und seelischen Bedrängnisse der Pflanzensucher bei ihrer Arbeit schon groß genug. Man erinnert sich vielleicht, daß Philibert de Commerson seine Jaguarjagd in der Nähe von Buenos Aires genoß, jedoch nicht der Sammler, der sich im neunzehnten Jahrhundert beklagte, in einigen Teilen des Landes gäbe es »auf jedem Meter Boden einen Jaguar«. Ein anderer erklärte, daß Jaguare, wie gewandt, groß und wild sie auch sein mochten, den übrigen erbarmungslosen Plagen bei weitem vorzuziehen wären: Wolken von Stechfliegen, die »sich auf jedes Stückchen entblößtes Fleisch setzten wie Stubenfliegen auf Marmelade«, Zecken und Flöhe, die sich unter die Haut bohren, beißende Ameisen, gierige Fledermäuse, die sich mit Blut vollsaugen, und – die schlimmsten Feinde – die Blutegel, schwarze Schmarotzer, die ihren Weg durch Kleidernähte und Knopflöcher so unbeirrt fanden wie Trunksüchtige den Weg in ihr Lieblingswirtshaus. Diese unangenehmen Erscheinungen kamen auch im Fernen Osten und in anderen tropischen Urwäldern vor, aber die Sammler berichteten, in Mittel- und Südamerika wären die Insekten größer, weitaus häufiger und viel bösartiger. Ein französischer Orchideenjäger schrieb in einer Jeremiade, keiner der von ihm angestellten Baumkletterer wolle weder in die dichten Wolken stechender Insekten hinaufsteigen noch im Unterholz sammeln, wo es unmöglich sei, »ein Schillingstück zwischen die roten Spinnen und andern Insekten zu legen«. Er könne es ihnen nicht verübeln, sagte er, denn manche Ameisen seien fünf Zentimeter lang; aber es bedeute das Ende seiner Orchideensuche in diesem Teil von Brasilien.

Die Vegetation war erschreckend, besonders in den tropischen Urwäldern. Messer, Beil und Hippe mußte man benutzen, um sich einen Weg durchs Dickicht zu bahnen. Das dichte Geflecht des Blätterwerks und der Schlingpflanzen schirmte das Licht ab und erhöhte die Luftfeuchtigkeit. Der Baumbaldachin verzerrte auch die Geräusche: nachts klangen die Tierlaute so regelmäßig und ohrenbetäubend wie Großstadtlärm, schrilles Schnattern und Schnarren, Kreischen und Krächzen wurde

19 *Pflanzenjagd über Rio de Janeiro: Brasilien wie überhaupt Südamerika war die große Domäne deutscher Botaniker des 19. Jahrhunderts.*

20 *Maximilian Prinz zu Wied-Neuwied konnte seine bereits 1806 geplante Brasilienexpedition 1815 endlich durchführen: in Begleitung seines Hofgärtners und Hofjägers sowie der Naturforscher Freireß und Sellow streifte er zwei Jahre*

lang, den Flüssen entlang vordringend, durch die Urwälder Brasiliens. Wie die meisten Forscher sein eigner Expeditionszeichner, stellt er hier die Reisegesellschaft auf dem Rio Doce im Gebiet der Botokuden vor.

21 *Kaum hatte Prinz zu Wied das Land verlassen, trafen 1817 die bayerischen Forscher Martius und Spix in Brasilien ein. Um die Zeit ihres dreijährigen Aufenthaltes noch besser zu nutzen, trennten sich die beiden im Amazonasgebiet und Martius fuhr 1819-20 den wegen seiner Stromschnellen und Fieber-*

seuchen gefürchteten Rio Japurá hinauf bis zu den Wasserfällen von Arara Coara (im Bild). Die Ausbeute der Reise war ungeheuer: sie betrug allein 6500 Pflanzenarten, ungerechnet die mineralogischen, zoologischen und ethnographischen Sammlungen.

22 Im Jahre 1867 erforschten Franz Keller-Leuzinger und sein gleichnamiger Sohn im Auftrag der brasilianischen Regierung den Lauf des Madeira. Neben ihrer eigentlichen Aufgabe, Möglichkeiten zum Bau einer Eisenbahnlinie zu

erkunden, nahmen sie sich auch Zeit zu botanischen Exkursionen. In einem nach eigenhändigen, hinreißenden Zeichnungen illustrierten Reisewerk berichteten die beiden von ihren Erlebnissen, hier von ihrer Landung bei den Caripuna-Indianern.

23 *Die Pflanzenjagd im Urwald war kein beschaulicher Spaziergang: auf Schritt und Tritt lauerten Gefahren, und die Flinte war ein ebenso notwendiges Requisit wie die Botanisiertrommel. Für Philibert Commerson aber bot die Jaguarjagd 1767 bei Buenos Aires nach langer Seefahrt willkommene Abwechslung.*

manchmal von den Angstschreien eines Tieres in Todesnot durchbrochen; aber es war ebenso nervenzermürbend, wenn die Geräusche tagsüber gedämpft ertönten oder vollständige Stille herrschte.

Es war mühsam, durch die Regenwälder zu ziehen, sich einen Durchschlupf im Gewirr schlüpfriger, klebriger, zäher Zweige freizuhacken, vorsichtig auf dem schleimigen, unebenen Boden aufzutreten und, soweit es das Dämmerlicht erlaubte, sorgsam auf Insekten, Raubtiere und alle möglichen Schlangen zu achten.

Alle diese Plagen mußte der Pflanzenjäger allein ertragen. Denn es war typisch bei der Suche in den unendlichen Urwäldern: war die Expedition nicht in fürstlichem Stile ausgerüstet und bemannt, fühlte sich der Sammler durch die Umgebung erdrückt und vereinsamt. Die lastende Schwüle erschöpfte ihn wie ein ununterbrochener Aufenthalt in einem türkischen Bad es tun würde.

Fieberanfälle wurden am meisten gefürchtet, denn der kranke Botaniker war seinen Trägern auf Gnade und Ungnade ausgeliefert. Die wenigen Indianer, die nicht abergläubisch waren, blieben ihm vielleicht treu und pflegten ihn gesund; die meisten aber neigten eher dazu, ihn auszurauben und im Stich zu lassen, oder sie verschacherten ihn für Kautabak an Kopfjäger und Kannibalen.

Diese Liste der Gefahren und Strapazen kannten alle, die in Mittel- und Südamerika auf Pflanzensuche gehen wollten; doch so groß war die Anziehungskraft der exotischen Flora, daß sie sich nicht abschrecken ließen.

Von Nordamerika aus gingen allerdings nicht viele in den Süden. Die Vereinigten Staaten von Amerika gewannen immer mehr an Umfang. Wie ein Kaleidoskop nahmen sie Jahr für Jahr ein anderes Aussehen an, neue Gebiete wurden besetzt, erobert, abgetreten, gekauft, durch Vertrag oder durch Aufruhr hinzugefügt. Alles

Interesse richtete sich auf das eigene Land. Botaniker und Pflanzensucher waren vollauf damit beschäftigt, die einheimischen Wildpflanzen der neuen Staaten zu erforschen, die Abenteurer damit, unbekanntes Land zu durchstreifen, Indianer zu bekämpfen, Grenzen mit Waffengewalt zu erweitern. Die gewinnsüchtigen Piratennaturen segelten von New Bedford oder Nantucket nach Süden, um sich an der Ausrottung der Robben und Wale zu beteiligen. Zu dieser Zeit waren nur ein paar Verrückte bereit, im Ausland auf Pflanzenjagd zu gehen.

Hingegen machten viele besessene Privatleute und gutausgerüstete Botaniker vom alten Europa die Überfahrt nach Buenos Aires, Rio, Pernambuco, Pará, Kingston und Belize. Sie wurden angelockt von den Forschungsberichten über die erstaunliche Flora in den Steppen und Wäldern, in den Kordilleren und im Gran Chaco.

Zwischen der Expedition, die 1735 von der französischen Akademie der Wissenschaft entsandt wurde, und der Arbeit, die *Richard Spruce* bis 1866 für Kew in Südamerika leistete, fanden zahlreiche Exkursionen von Vertretern aller Länder statt; die Liste umfaßt berühmte Namen: *Charles Darwin*, Linnés Schüler *Löfling*, *Mutis*, *Humboldt*, *Wied-Neuwied*, *Eschwege*, *Orbigny* und *Tschudi*. Das waren keineswegs schlichte Pflanzenjäger. Da sich die Botanik immer mehr verzweigte, gab es gerade in Südamerika noch so viel zu erforschen und zu entdecken, daß die Botaniker der nachwardianischen Zeit immer neue Expeditionen dorthin ausrüsteten.

Einige gingen sehr großzügig vor, doch diese große Linie entsprach dem Zeitgeist und war von psychologischer Bedeutung. Sonderbarerweise waren viele dieser Pflanzenjäger mitten in der Wüste oder im tiefen Urwald mehr von Komfort umgeben als die meisten heutigen Gasthäuser anbieten. Verschließbarer Flaschenständer, Reiseschreibpult aus festem Eichenholz, Medizinschrank, messingbeschlagene Utensilienkästen, handgearbeitete schwere Instrumente, Leinen, Geschirr und Besteck entschädigten für die bestandenen schlimmen Abenteuer und die vielleicht bevorstehenden Mißhelligkeiten. Zweifellos belebte es den Mut und die Tatkraft des Sammlers, wenn er sich von all diesen Dingen, mochten sie noch so schwer sein, umgeben sah und er so seinen gesellschaftlichen Standard beibehielt.

Natürlich gab es auch einige Widerspruchsgeister wie etwa *Emmanuel Thomas*, der sich an keine Konventionen hielt, nur das tat, was er wollte, und sich weder wusch noch rasierte, wenn es sich vermeiden ließ. Trotzdem erregte er die Bewunderung Sir William Hookers, der selbst äußerst korrekt war und immer und überall den äußeren Anstand wahrte. (Beim Botanisieren trug er die gleiche Kleidung wie in der Universität oder in Kew: Zylinder, hoher Kragen, Uhrkette mit Anhänger.) Sir William Hooker schrieb über den ungepflegten Emmanuel Thomas:

Er ist nie müde, obwohl er auf dem Rücken eine riesige Blechbüchse trägt, die fast so groß und ähnlich geformt ist wie ein Londoner Milchkessel. In der Hand trägt er ein Instrument zum Pflanzensammeln, das an einen nordamerikanischen Tomahawk erinnert.

Die Sammler, die im Auftrag der Handelsgärtnereien der Pflanzensuche oblagen, waren nicht so luxuriös ausgestattet wie die Privatjäger, aber ebenso praktisch. Das mußte sein. In Mittel- und Südamerika wurden botanische Forscher sehr schnell belehrt, daß sich Geiz nicht bezahlt machte, daß Unternehmungen in kleinem Stil wenig Aussicht auf Erfolg hatten. Die Handelsgärtner sahen sich gezwungen, ihren Sammlern nicht nur einen hohen Lohn zu geben, sondern sie auch großzügig auszurüsten und mit erheblichen Unkosten zu rechnen. Aber ihre Politik beruhte weniger auf Menschenfreundlichkeit als auf Geschäftstüchtigkeit. Es war eine vielversprechende Zeit für Gärtner. Die Neureichen wollten mit dem Glanz ihrer Gärten und Wintergärten Eindruck machen. Exotische Pflanzen waren immer mehr gefragt, nachdem Dr. Ward seine Kiste erfunden hatte. Es erwies sich als gute Kapitalanlage, Sammler auszubilden und ins Ausland zu schicken. Allerdings war es unerläßlich, daß sie lauter und urteilsfähig, mutig, erfahren und praktisch, erfindungsreich, hartnäckig und besessen waren. Heute findet man diesen überaus seltenen Schlag unter Astronauten. Im vorigen Jahrhundert scheint es ihn ziemlich häufig gegeben zu haben.

Der bekannteste Botaniker, der als einer der ersten in der nachwardianischen Zeit in Südamerika sammelte, war *Joseph Hooker*, der Sohn Sir Williams. Schon im Alter von zweiundzwanzig Jahren begleitete er als Assistenzarzt und Botaniker an Bord der ›Erebus‹ Kapitän Ross auf der antarktischen Expedition, die zur Auffindung des magnetischen Südpols führte. Durch seinen Vater lernte er früh viele der damaligen führenden Botaniker in Amerika und England kennen, und er befreundete sich mit Charles Darwin, dessen Buch ›Reise eines Naturforschers um die Welt‹ er so sehr liebte, daß er es immer unter dem Kopfkissen hatte.

Ross' Expedition mit den beiden Schiffen ›Erebus‹ und ›Terror‹ war mit seemännischer Gründlichkeit bis ins kleinste ausgerüstet worden, nur die Bedürfnisse des Botanikers schien man übersehen zu haben. Hookers Ausrüstung war mager:

Außer einigen Papierbögen zum Pflanzentrocknen hatte man mir kein einziges botanisches Instrument und kein Buch mitgegeben... keine einzige Flasche zur Aufbewahrung... Wir hatten nichts anderes als leere Einmachgläser und Rum als Konservierungsmittel aus den Vorräten an Bord.

Der Kommandant zeigte Mitgefühl und gab Hooker auf eigene Kosten einen Schrank für sein Sammelgut. Außerdem ermutigte er den jungen Botaniker während der ganzen vierjährigen Reise. Aber Hookers größte Vorteile waren seine eigene Begeisterung und seine Zuversicht – sie hätten für zwanzig Botaniker gereicht; er sammelte, sooft sich die Gelegenheit bot, mit unverdrossener Freude und ohne Rücksicht auf persönliche Unbequemlichkeit. Auf dieser Lehrlingsfahrt legte er den Grundstein zu seinem Werk als Geobotaniker, denn er sammelte in so vielen verschiedenen Ländern, daß er bald erkannte, wie wichtig es war, den genauen Standort jeder Pflanze zu verzeichnen.

Nachdem Ross den magnetischen Südpol entdeckt hatte, sollten ›Erebus‹ und ›Terror‹ nördlich des südlichen Polarkreises überwintern, wo sich Hooker die langersehnte Gelegenheit bot, in unerforschtem Gebiet auf Pflanzenjagd zu gehen: auf Grahamland, auf den Falklandinseln und im äußersten Süden von Argentinien.

Die Stürme, die sie auf der Fahrt dorthin zu bestehen hatten, waren so gewaltig, daß zwanzig Zentimeter dicke Trossen wie Bindfäden rissen und die Segel zerfetzt wurden. Die Schiffe wurden durch Eisschollen getrieben und liefen Spießruten zwischen Eisbergen. Das Barometer zeigte 32 ° unter Null an. In einer Nacht verloren sich die beiden Schiffe aus den Augen, in einer andern brach auf der ›Terror‹ unter Deck ein Brand aus, der zwei Stunden lang währte, und einmal wurden sie vom Wind auf der Wetterseite eines hohen Eisbergs aufeinandergetrieben. Die zertrümmerten Masten und die vereiste Takelung verhakten sich ineinander, und als die ›Terror‹ freigehackt worden war, stellte sich heraus, daß die ›Erebus‹ vorübergehend seeuntauglich war. Nur dank der Seemannskunst des Kapitäns Ross konnte die ›Erebus‹ von dem Eisberg weggebracht werden.

Zerschlagen und zerfetzt liefen die Schiffe am 6. April 1842 in den Falklandsund ein.

Der junge Joseph Hooker brannte darauf, an Land zu gehen und mit der Suche zu beginnen. Ross' Anweisungen untersagten es. Zuerst sollten die Leute des Zahlmeisters die Postsäcke holen. Hooker flehte den Zahlmeister an, ihm eine Handvoll Gewächse mitzubringen, und während er ungeduldig wartete, träumte er von winterfesten Exoten an der kahlen, schneebedeckten Küste. Nach mehreren Stunden kehrte der Zahlmeister zurück, ohne Post, aber mit einer einzigen Pflanze für den eifrigen Botaniker. Es war ein struppiges Hirtentäschel.

Hooker durchstöberte die Falklandinseln auf ausgedehnter Pflanzenjagd, und obwohl die baumlose Gegend nur wenig Vegetation aufwies, fand er doch einige interessante Gräser, unter anderm Tussacgras. Es sah aus wie Sprühwasser, aufgeworfen durch eine ins Meer gefallene Bombe; es sollte später in Kew kultiviert werden und sich auf den Shetlandinseln als sehr nützlich erweisen. Zur Freude seines Vaters – Sir William widmete sich nämlich im besonderen der Mooskunde – fand Hooker auf einer Insel bei Feuerland, wo Banks mit Cook gewesen war, die vielfältigsten Moose. In Feuerland selbst bezauberte ihn die Flora ebensosehr wie seinerzeit Commerson, obwohl ihm kein hübsches Mädchen im Tausch für eine der Schiffskatzen angeboten wurde. Da seine Leidenschaft für Geobotanik schon entflammt war, nannte er Feuerland »das große botanische Zentrum des Antarktischen Ozeans«. Seine Entdeckung, daß die Britischen Inseln und Feuerland viele Flechten und Blumen gemeinsam haben, weckte sofort sein Interesse für die Möglichkeiten der Pflanzenwanderung.

Die botanischen Zeichnungen, die er in dieser kalten Gegend Südamerikas herstellte, und seine Notizen über die von ihm gesammelten Gewächse wurden später in ein mehrbändiges Werk aufgenommen. Er kehrte gesund und munter nach England zurück. Dennoch war es eine anstrengende Expedition gewesen. Botanisieren in der Antarktis bereitete Unbequemlichkeiten, wie er sagte; doch als ein Freund ihm vorschlug, zur Entschädigung im entgegengesetzten Klima auf Pflanzenjagd zu gehen, gestand er, lieber würde er eine Weile bei seinem Vater in Kew bleiben, denn er habe »keine Lust, von der Kälte in die Hitze zu hüpfen und wie ein Weinglas zu zerspringen«. Da er durchaus wußte, welche Beschwerden Hitze machen kann, fügte er hinzu: »Habt ihr Botaniker nicht schon genug Sammler in den Tropen umgebracht?«

Zu den hervorragenden Forschern in Südamerika gehörte *William Lobb*. Er und sein jüngerer Bruder Thomas betätigten sich für den Handelsgärtner Veitch in Exeter. Thomas betrieb die Jagd auf Java – von ihm wird noch die Rede sein –, William, der eher Gärtner als Botaniker war, wurde nach Südamerika geschickt. Bei der Suche nach Pflanzen setzte er seine persönliche Sicherheit bis zur Tollkühnheit aufs Spiel.

Nach seiner Ankunft in Rio de Janeiro im Jahr 1840 begab er sich sogleich ins Hinterland. Das war schwieriges und größtenteils noch unerforschtes Gelände. Er streifte durch Steppe und Urwald am Rande des brasilianischen Hochlandes. Sehr bald hatte er genügend gesunde Gewächse gesammelt, um Veitchs Vertrauen zu rechtfertigen, und in den nächsten vier Jahren setzte er seine Entdeckungen auf der argentinischen Pampa, in den Anden und in der gemäßigten Zone von Chile fort. In den chilenischen Wäldern fand er ein Gewächs, das seinen Ruf eines außergewöhnlichen Sammlers begründen sollte, er erkannte dort einen Baum, den *Menzies*, der schottische Arzt auf Vancouvers Entdeckungsfahrt, als erster nach England gebracht hatte. Menzies hatte ihn Chilefichte getauft, aber seine Einführung hatte sich auf fünf Sämlinge beschränkt, und diese Exemplare galten eigentlich nur als wissenschaftliche Kuriosität. Als Gärtner vermutete Lobb, daß der Baum in Europa sehr beliebt werden könnte, und daß es sich lohnen würde, große Samenmengen nach Europa zu senden. Er gab der Gattung einen neuen Namen: ›Araucaria‹, nach den Indianern, deren Gastfreundschaft er genoß, und denen der Samen – doppelt so groß wie eine Mandel – als Frucht oder zu Mehl zermahlen als wichtiges Nahrungsmittel diente. Sein Instinkt trog ihn nicht. Bei den Botanikern erfreute sich die Araucaria aus Chile des Ruhmes, die einzige südlich des Äquators bekannte Konifere zu sein, die in westeuropäischem Klima Nutzholzgröße erreichte. Beim großen Publikum wurde sie ebenso beliebt wie die Schuppentanne.

Nach seiner mühevollen, aufreibenden Exkursion verdiente Lobb nicht nur die Dankbarkeit seines Auftraggebers, sondern auch eine lange Ruhepause, aber Veitch freute sich zu sehr über das Ergebnis des Unternehmens, als daß er hätte geduldig sein können. Lobb durfte sich zu Hause in Cornwall nur kurze Ferien gönnen, dann wurde er zu einer neuerlichen Expedition nach Südamerika geschickt. Er wollte »das Neueste vom Neuen« in Chile, vor allem auf den Inselgruppen, und im nördlichen Patagonien suchen.

Auf dieser langen, anstrengenden Expedition fand er die ›Lapageria‹, eine immergrüne Winde mit Büscheln roter, trompetenförmiger Blüten, die seinen Ruhm untermauerte. Sie erhielt ihren Namen nach der Kaiserin Josephine, die vor ihrer Verheiratung mit Napoleon I. Josephine de la Pagerie geheißen hatte. In den Treibhäusern wurde sie sofort ein Erfolg. In den folgenden Jahren fand William Lobb eine Überfülle lohnender

Einführungen: die rote Stechpalme ›Desfontainea spinosa‹, die heute nicht mehr oft zu sehen ist, die aprikosenfarbene Berberitze ›Berberis darwini‹, die sich durch ihren Widerstand gegen salziges Sprühwasser auszeichnet, den Baum ›Embothrium coccineum‹, dem W. J. Bean in Kew hohes Lob zollte: »Vielleicht bietet kein Baum, der auf den britischen Inseln kultiviert wird, einen so auffallenden und strahlenden Anblick wie dieser.« Eine weitere wundervolle Entdeckung war die Flammenkresse, ein ausdauerndes Gewächs mit Vorliebe für feuchten Torfboden und so widerstandsfähig, daß es sowohl im kälteren Schottland als auch in der Blauen Kette in Nordkarolina eingeführt werden konnte.

Nachdem William Lobb die schwierigere Arbeit geleistet hatte, ging er in die Vereinigten Staaten, um in der Sierra Nevada und im milden Klima von Kalifornien Pflanzen zu sammeln. Er starb in San Francisco an Paralyse.

Veitchs Hauptziel war es, Treibhauspflanzen zu erhalten, die ins Freie versetzt werden konnten. Er bildete weiterhin Sammler aus. Einer von ihnen, *Richard Pearce*, entdeckte die hellgrüne Steineibe, die er ›Prumnopitys elegans‹ nannte, die aber unter dem Namen, den der deutsche Naturforscher Eduard Friedrich Pöppig ihr gab, bekannter ist: ›Podocarpus andinus‹. Pearce führte auch die erste Knollenbegonie ein: ›Begonia boliviensis‹. Mit anderen südamerikanischen Varietäten, die er in großer Höhe über dem Meeresspiegel fand, sollte sie die Urmutter von Veitchs berühmten Kulturvarietäten der Begonie werden.

Nach einem abenteuerlichen Leben hatte Pearce das Glück, im Bett zu sterben. Andere, die in den Anden Treibhauspflanzen suchten, hatten weniger Glück. So wurde *David Bowman* gerade vor seiner Abreise nach England all seiner Besitztümer beraubt, auch seiner

Pflanzensammlungen. Der Kummer schwächte seine Widerstandskraft so sehr, daß er in Bogotá der Dysenterie erlag. Der Sammler *Zahn*, ein Farnfachmann, ertrank in Panama. *J. Henry Chesterton*, Veitchs Diener, der später Sammler wurde, überanstrengte sich beim Orchideensammeln und erlitt einen Herzschlag.

Sein Schicksal war nicht ungewöhnlich. In den Regenwäldern von Brasilien und Mittelamerika gab es unzählige Orchideenarten, die in geschäftlicher Beziehung einen solchen Anreiz bildeten, daß die Sammler ihretwegen häufig ihr Leben aufs Spiel setzten und vielleicht auch verloren. Die Geschichten von ihren Abenteuern waren fast ebenso zahlreich wie die Orchideen. Das lag nicht nur am märchenhaften Aussehen und an der Kostspieligkeit der Orchideen, sondern auch an ihrem geheimnisvollen Standort. Viele dieser romantischen Geschichten handelten von verschwundenen Orchideen, das heißt von einer besonderen Art, die »in der Gefangenschaft« gestorben war und irgendwie ersetzt werden sollte. Eine beliebte Orchidee war ›Cattleya labiata vera‹, die eine Zeitlang in den europäischen Treibhäusern gehegt wurde; dann wurden die Gewächse schwach, sprachen auf keinerlei Behandlung an und starben wie bleichsüchtige Damen der Viktorianischen Zeit eine nach der andern, bis nur noch ein einziges Exemplar übrig war. In dem Zeitalter der industriellen Revolution fehlte es nicht an Geld, um eine Expedition auszusenden, die frische Exemplare aus Südamerika holen sollte. Aber inzwischen wußte niemand mehr, wo die ersten Pflanzen gefunden worden waren. Berichte lagen nicht vor; als Unterlage hatte man nur das letzte Exemplar im Treibhaus eines englischen Gutsbesitzers. Handelsgärtner, Botaniker und Orchideenfachleute berieten sich miteinander; doch während sie sich händeringend fragten, wie man das einzige Exemplar am Leben erhalten könnte, machte die Vorsehung in Form eines Brandopfers allen Sorgen ein Ende: Treibhaus und Orchidee gingen in Flammen auf. Jahre verstrichen. Plötzlich entstand gewaltige Aufregung, denn man fand einen alten Bericht, aus dem hervorging, daß die ursprüngliche ›Cattleya labiata vera‹ ganz zufällig nach England gekommen war: als Schmarotzerpflanze zusammen mit einer Lieferung von Moosen und Flechten aus dem brasilianischen Orgelgebirge. Die ›Cattleya labiata vera‹ war damit der Heilige Gral der Pflanzensucher geworden. Große und kleine Expeditionen, im Auftrag und auf eigene Rechnung, durchstreiften das Orgelgebirge. Niemand fand die Orchidee. Dann tauchte sie siebzig Jahre später wieder in Europa auf, unglaublicherweise auf einem Diplomatenball in Paris als Ansteckblume einer Dame. Ein Orchideenliebhaber, ein Attaché der britischen Gesandtschaft, erkannte sie. Er schaute hin, schaute nochmals hin, ja er schaute so oft hin, wie es einem Herrn auf einem Diplomatenball nur erlaubt sein kann. Als er die Orchidee zu erkennen glaubte, zweifelte er an seinem Verstand. Irgendwie gelangte er in den Besitz der Blume. Ein Fachmann bestätigte seine Vermutung. Der Heilige Gral war endlich erschienen, man verfolgte die Spur zurück nach Brasilien. Orchideenliebhaber und -züchter waren am Ziel ihrer Wünsche.

Manche Orchideensucher bestanden heldenmütige Abenteuer und nahmen derartige Entbehrungen auf sich, daß man sie hätte besingen müssen. Zum Beispiel überquerte *Walter Davis* die Kordilleren zu ungezählten Malen, wobei er Höhen bis zu sechstausend Meter überwinden mußte. Er zog den ganzen Amazonasstrom entlang von der Quelle bis zum Delta im Atlantik. *Gustave Wallis* unternahm die gleiche Riesenreise auf der Suche nach Orchideen, aber in der umgekehrten Richtung von der Mündung bis zur Quelle. Im Gegensatz zu Walter Davis, der die Strapazen überstand und heimkehrte, erlag er in Ekuador einem Fieber und starb eines qualvollen Todes.

Es gab allerdings auch Sammler, die Glückspilze waren und sich mancherlei Komfort gönnen konnten. *Albert Millican* beschrieb seine erfolgreichen Reisen und Abenteuer als Orchideenjäger in einem reich illustrierten Band, den sogar ein Porträt des Autors schmückt; denn Millican machte sich die soeben aufkommende Photographie zunutze. Der Fürst der Orchideenjäger in Mittel- und Südamerika war der Tscheche *Benedict Roezl*. Die meisten anderen Sammler räumten ihm diese Stellung ein und erkannten an, daß ihn sein überlegenes Wissen am besten befähigte, Orchideenstandorte in den Wäldern aufzuspüren. Er führte verschiedene Spielarten des ›Selenipediums‹ ein, eines südamerikanischen Verwandten des Frauenschuhs, Varietäten von Cattleya und Stanhopea; er fand Kuriositäten wie die Masdevallia, deren Kelchblätter zu langen, dünnen Fortsätzen ausgezogen sind, und die Miltonia, die nach ihm ›Miltonia roezlii‹ heißt, eine Baumorchidee, die wie die berühmten Rosen in Paestum zweimal im Jahr blüht. Niemand übertraf ihn in den dampfenden Regenwäldern, die sich zwischen der Campechebai und der Bucht von Guayaquil, von Bolivien bis zur atlantischen Küstenlinie Brasiliens erstrecken; aber Roezl wurde ebensosehr als allgemeiner Sammler bewundert. In dieser Eigenschaft entdeckte er in Kalifornien und Patagonien alle möglichen Gewächse, darunter Wildlilien wie Lilien, die von spanischen Siedlern im Garten kultiviert worden waren, Agaven und andere Sukkulenten in der mexikanischen Hochebene sowie in der Wüstengegend von Atacama und Patagonien; Warmhauspflanzen wie die Zwergform der ›Aphelandra aurantiaca‹ mit ihren verdrehten Blättern und der überraschenden Farbe, die an einen errötenden Chinesen erinnert; ferner in Westindien Flamingopflanzen, deren Blütenscheide und Wurzel denen des wilden Gefleckten Aronstabes ähneln. Unter diesen Flamingopflanzen war zum Beispiel ›Anthurium roezlii‹ mit weißem Hüllblatt und dunkelrotem Kolben; andere hatten einen elfenbeinfarbenen, hellroten oder rosa Kolben.

Derartige Erfolge hätten Roezl eigentlich zu einem reichen Mann machen müssen. Als sich Joseph Hooker, während er in Assam sammelte, über sein eigenes mageres Staatsgehalt beklagte, schrieb er, ein fleißiger Sammler könne in einer einzigen Saison durch den Verkauf von Orchideen aus Khasi leicht zwei- bis dreitausend Pfund verdienen. Um eine solche Summe zu erlangen, seien nicht viele Orchideen erforderlich. Obwohl Roezls Orchideenlieferungen aus Mittelamerika tatsächlich acht Zentner wogen, verdiente er nie viel Geld. Wahrscheinlich lag es daran, daß er selten bei einer Handelsgärtnerei angestellt war. Es sagte ihm mehr zu, auf eigene Rechnung oder als Sonderbeauftragter eines privaten Liebhabers zu arbeiten. Er war in der Nähe von Prag geboren, der Hauptstadt von Böhmen unter der österreichisch-ungarischen Monarchie, und in seinem Charakter mischten sich beide Nationaleigenschaften. Zur Verblüffung seiner Träger konnte er sich ohne ersichtlichen Grund wie ein Chamäleon wandeln; bald gab er sich verschlossen, unnahbar und stolz, bald unerschütterlich optimistisch, gesprächig und sonnig. Er war ein anregender Reisegefährte, ein Genie in der Aufspürung von Gewächsen, aber viel zu impulsiv und eigenbrötlerisch, um nach Anweisung zu sammeln. Als er später nach Böhmen zurückkehrte und eine eigene Handelsgärtnerei eröffnete, fand er den Pflanzenhandel trivial und ungeeignet für einen Menschen von Geist, und konsequenterweise erlitt er mit seinem Geschäft Schiffbruch. In der sengend heißen mexikanischen Wüste, in den Sümpfen von Costa Rica und in den unwegsamen Wäldern am Columbia, da war er in seinem Element. Die Hochschätzung seiner Kollegen nahm er bescheiden entgegen; es freute ihn, eine neue Beute aufgespürt zu haben. Je nach Stimmung waren ihm Mühsal und Gefahren gleichgültig, oder er lachte sogar darüber; und Mühsal wie Gefahren erlebte er in reichlichem Maße. So setzte ihm jedesmal die Akklimatisation, für jeden Menschen ein nervenzermürbender und unbehaglicher Prozeß, stark zu. Er mußte ähnlich viel Widerstandskraft aufbringen wie eine Pflanze, die zwischen Treibhaus, Warmhaus und Eiskasten hin und her befördert wird.

Für die ihm durch Raubtiere drohenden Gefahren stehe die folgende Geschichte: Als er einmal in seinem Zelt Notizen über die im Laufe des Tages gesammelten und gepreßten Pflanzen machte, nahm er plötzlich beißenden Raubtiergeruch wahr. Er fuhr hoch und sah auf zwei Meter einen Jaguar vor sich, der weder ein Kätzchen noch ein gutmütiger alter Großvater war, sondern ein ausgewachsenes und offensichtlich übelgelauntes Tier. Der Jaguar knurrte böse, rieb den Kopf an dem Tisch und überlegte anscheinend, was er tun sollte. Doch bevor er einen Entschluß faßte, wurde Roezl lebendig, schleuderte eine Petroleumlampe nach dem Tier und warf sich zu Boden. Diese plötzliche Aktion, Roezls Schnelligkeit, vielleicht auch seine Unverschämtheit ließen den Jaguar kehrtmachen und mit ängstlichem Wimmern verschwinden.

Wildtiere bildeten natürlich fortwährend eine Gefahr, nicht minder aber die Banditen in den halbzivilisierten Gegenden. Roezl schien eine große Anziehungskraft auf sie auszuüben. Er wurde nicht weniger als siebzehnmal überfallen und ausgeraubt; doch da er zu den seltenen Sammlern gehörte, die damals möglichst einfach und leicht ausgerüstet reisten, erlitt er nie große Verluste. Als eine Bande mexikanischer Banditen nichts anderes bei ihm fand als sein Pferd, seine Kleider und bündelweise Grünzeug, ärgerte sie sich so sehr, daß sie die größte Lust hatte, ihm die Kehle durchzuschneiden. Schon waren die Messer gezückt, doch da erhob der Räuberhauptmann Einspruch. Konnte dieser Unkrautsammler bei Verstand sein? Sie blickten einander an. Es brachte Unglück, einem Verrückten den Hals abzuschneiden. Wenn ein Mann so verdreht war, in der Gegend umherzuwandern und Blumen, Gräser und Baumteile zu sammeln, dann mußte er »unter dem Auge Gottes wandeln«. Jedenfalls gelangten sie glücklicherweise zu diesem Schluß, bekreuzigten sich, um von der Gnade etwas abzubekommen, ließen Roezl laufen und ritten davon, einen andern zu berauben.

So hatte er noch einmal Glück gehabt, wie eben etwas Glück zu einem Orchideenjäger gehört. Nach einer unergiebigen Pflanzenjagd oben in den Bergen fuhr er mit einem jungen Eingeborenen im Kanu zur pazifischen Küste hinunter. Der Fluß war infolge kürzlicher Regenfälle angeschwollen und hatte starke Strömung. Um jeder Gefahr auszuweichen, hielt Roezl die Augen offen, und so stellte er fest, daß sie einen schwimmenden Baum überholten, der am Ufer weiter flußaufwärts entwurzelt worden sein mußte. Zweige und Rinde waren wie zu einem Frühlingsfest geschmückt mit epiphytischen Orchideen, mit Farnen und Moosen in allen grünen Schattierungen und – das war am erstaunlichsten – mit einem pelzblättrigen roten ›Monochaetum‹. Roezl und der Junge vertäuten sich schnell an dem Baum und lasen die Gewächse von seinen Zweigen ab. Die reiche Ernte entschädigte sie für die vorherige Enttäuschung.

Derartige Glücksfälle, verbunden mit einem gut Teil Mut, die Geschicklichkeit des erfahrenen Pflanzensuchers und seine besondere Begabung für die Aufspürung seltener Pflanzen bildeten die Grundlage seiner ungeheuren Erfolge. Sie ließen ihn auch alle Gefahren überstehen, mit denen er es in Mittel- und Südamerika von seiten der Menschen und Tiere, der Geographie, des Klimas und der Pflanzenwelt oft auf höchst dramatische Weise zu tun bekam. Er verdiente das Denkmal, das ihm zu Ehren als dem hervorragendsten Pflanzenjäger unter den Söhnen des alten Böhmen errichtet wurde.

Indien und Afrika

Seit Vasco da Gama 1498 im Hafen von Kalikut vor Anker gegangen war, bedeutete Indien für phantasievolle Europäer das gleiche wie eine Kerzenflamme für Nachtfalter. Es verhieß Reichtum im Überfluß. Der Schwarzkünstler Faust ersehnte sich Geister, »nach Indien zu fliegen, um Gold zu holen«. Das Land verhieß Geheimnisse, unermeßliche Gelegenheiten für Abenteurer, Forscher, Händler, Soldaten, Administratoren, religiöse Bekehrer, Techniker und – Pflanzenjäger. Ostindien, wo Warren Hastings, Lord Robert Clive und Lord William Bentinck die britische Macht vertraten, wurde der auserwählte Jagdgrund vieler Botaniker und Blumenliebhaber.

Die Herrschaft der Ostindischen Kompanie und die Ordnung, die sich durchsetzte, seit die Verwaltung 1858 der englischen Krone übertragen worden war, verliehen den Angloindern das sichere Gefühl des Beheimatetseins, das die Siedler in Australien noch immer nicht kannten. Sie kamen sich nicht nur wie flüchtige Zeltbewohner vor. In den großen Städten fand westliche Kultur Eingang, und dazu gehörten botanische Gärten.

Nathaniel Wallich, der vor Wards Erfindung weise Ratschläge für die Beförderung von Pflanzen gegeben hatte, wurde 1815 Direktor des Botanischen Gartens in Kalkutta. Er war selbst ein bekannter Sammler, und sein Herbariumsmaterial gelangte schließlich nach Kew; aber wie bei Reeves in Kanton war sein Hauptverdienst, daß er andern Botanikern beistand und sie auf die Suche schickte. Vor allem war er sich klar, unter welchen Spannungen die Pflanzensucher ihrer Arbeit nachgingen. Sie hingen weitgehend vom Erfolg ihrer Tätigkeit ab. Sie konnten den Gedanken nicht loswerden, daß ihr Lebensunterhalt und ihre ganze Zukunft bedroht waren, wenn sie das, was man von ihnen verlangte, nicht fanden und nicht herbeischafften. Außerdem hatten sie unter Heimweh zu leiden. In der klassenbewußten Gesellschaft des neunzehnten Jahrhunderts waren sie entweder zu scheu, um von den der Oberschicht angehörenden englischen und französischen Residenten Hilfe zu erbitten, oder die Not machte sie so kühn, daß sie anmaßend wirkten und ihre Forderungen übertrieben. Pflanzensuche in Indien war schon ohne diese Belastungen schwierig genug. Es war Wallichs besonderes Talent, hier zu helfen. Er holte die Gärtner persönlich im Hafen ab. Er bügelte Schwierigkeiten aus, bereinigte echte oder eingebildete Kränkungen und vergewisserte sich, daß sie während ihres ganzen Aufenthaltes in Britisch-Indien gut behandelt und geachtet wurden.

Ein Beispiel dafür, wie sehr es Wallich am Herzen lag, sich für die Pflanzensucher einzusetzen, war seine Fürsorge für *John Gibson*, der 1835 eintraf, also im ersten Jahr der nachwardianischen Ära. Der junge Mann war vom Herzog von Devonshire nach Indien entsandt worden, genauer gesagt, von dessen Hauptgärtner Joseph Paxton, und zwar mit genauen Anweisungen: er sollte die ›Amherstia nobilis‹ und so viele Orchideen wie möglich aufspüren.

Gibson war ausgesucht worden, weil er als der »intelligenteste Gärtner« von Chatsworth galt, aber es fehlte ihm noch an Selbstvertrauen; als sein Schiff sich dem Ziel näherte, war er von seinem Mißerfolg überzeugt. Niemand hatte sich die Mühe gemacht, ihm einiges von Indien zu erzählen; dafür kannte er das Gedicht von Erasmus Darwin – dem Großvater des Naturforschers – über eine auf dem Ganges schwimmende Lotublume:

> Verzaubert bleibt der Tiger stehn und starrt,
> Der Büffel, der geweidet hat, verharrt;
> Es staunt der Elefant, der seinen Wald verläßt,
> Und alle sind beglückt vom Blumenfest.

Kaum verwunderlich, daß ein derartiges Märchenbild der Wirklichkeit nicht im geringsten entsprach, da Erasmus Darwin nie in Indien gewesen war. Der fast vollständige Mangel an exotischen Tieren und das unromantische Netzwerk träger, brauner Flüsse am Delta des heiligen Ganges enttäuschten das Landkind aus Chatsworth sehr. Wie Gibson später bekannte, zitterte er vor Unbehagen, als er indischen Boden betrat. Niedergeschlagen glaubte er, die vor ihm liegende Verantwortung nicht tragen zu können. Seine großartige Ausrüstung – nicht weniger als dreizehn Wardsche Kisten – und der Reichtum seines Auftraggebers bedrückten ihn, anstatt ihm Selbstvertrauen zu geben. Der Gedanke an Paxtons Plan, ein besonderes Warmhaus für die ›Amherstia‹ zu bauen, nahm ihm allen Mut. Außerdem ertrug er die Hitze nicht. In Chatsworth hatte ihn kein Mensch gefragt, ob ihm warmes Wetter behage. Nun, er fand es unerträglich. Eine Temperatur zwischen 31 ° und 37 ° machte ihn – nach Wallichs Worten – »entsetzlich elend«.

Da kam Wallich ihm zu Hilfe. Er beachtete die Tolpatschigkeit und die Wortkargheit des jungen Gärtners einfach nicht. Er überspielte alle Mißgestimmtheit, zauberte das Unbehagen weg und erklärte ihm, daß es zwar in Bengalen heiß und luftlos wie in einem Schmelzofen und in Assam schwammnaß sein könnte, daß ihn aber die Flora für alle Unannehmlichkeiten entschädigen und erfreuen würde. Damit sollte er recht behalten. Mit Boot, Wagen und Sänfte zog Gibson in Etappen durch Ostbengalen und durch das Brahmaputratal. In der Sänfte, die im Relaistransport befördert wurde, hielt er es hinter den geschlossenen Vorhängen nicht aus, so daß er lieber zu Fuß ging. Mochten die Wege noch so heiß sein, die Wälder noch so feucht, die Vegetation schlug ihn in Bann und lenkte ihn ab. Selbst wenn sie spärlich war, übertraf sie an Leuchtkraft alles, was er in der weichen Pastell-Landschaft rings um Chatsworth gesehen hatte. Wo sie üppig war, da wucherte ein Dickicht ohnegleichen: erstickende Massen von Farnen, Moosen, Pilzen und Flechten; Bambus ragte bis zur Höhe eines Kirchturms empor, höher als dreißig Meter; die Bäume waren gleich Schiffen mit den Segeln und Stagen unermeßlich wuchernder Pflanzen getakelt; da und dort leuchteten an Stämmen und Ästen Epiphyten; so bombastisch schwellend war die Natur, daß man in den seltenen Augenblicken der Stille, wenn Geklapper, Kreischen, Schreien und Gebrüll zufällig verebbten, das Pflanzenwachstum, das Keimen und Knospen zu hören meinte.

Gibsons Zweifel an sich selbst schwanden. Er fand seine ›Amherstia‹. Er sammelte so angespannt und erfolgreich, daß alle dreizehn Wardschen Kisten gefüllt waren, als er von Kalkutta abreiste. Der gute Nathaniel Wallich, der ihm durch Anregung und Ermutigung zum Erfolg verholfen hatte, begleitete ihn an Bord und sorgte dafür, daß die epiphytischen Orchideen, die immer noch mit ihren Substraten verbunden waren, in Gibsons Kabine an der Decke aufgehängt wurden. Er machte sich dann sogar noch die Mühe, dem Herzog von Devonshire zu schreiben, sein Gärtner werde ihm »einen wahrhaft fürstlichen Schatz« an indischen Pflanzen bringen. Das stimmte. Der tüchtige Paxton, der aus Kalkutta benachrichtigt worden war, ließ die Pflanzen im Kanalbecken nahe bei Gibsons Landestelle von einem herzoglichen Boot abholen. Pferdegespanne brachten sie dann nach Cromford, dem nächsten Kanalbecken bei Chatsworth, und von dort ging es weiter mit gefederten Wagen. Das neue ›Amherstia-Haus‹ des Herzogs von Devonshire hatte den ersten Bewohner. Außer diesem Triumph, der »den Herzog sehr befriedigte«, war Chatsworth um mehr als hundert Orchideenarten reicher, ganz abgesehen von anderen schönen Gewächsen, die es vor Gibsons Aufenthalt in Indien in England noch nicht gegeben hatte.

Der Erfolg dieser ersten Forschungsreise beflügelte Gibson, noch viele andere zu unternehmen, und er wurde bekannt als einer der erfahrensten Indienreisenden. Deshalb wurde er schließlich zum Leiter des Battersea-Parks ernannt, in dem er einen subtropischen Garten anlegte. Er verwendete Blattpflanzen wie Fächer- und Sagopalmen, Baumfarne, Bananen und Aralien, die Sir William Hooker für ihn in Kew züchtete, und erreichte zur Freude der Londoner eine ähnlich üppige Vegetation, wie er sie auf seinen vielen Reisen gesehen hatte. Sehr bald war der subtropische Garten von Battersea-Park in London ebenso berühmt wie Barillet-Deschamps' exotischer Garten in Paris und Olmsteads Central Park in New York. Aber für Gibson selbst war er eine blasse Nachahmung, nur der Abklatsch der tropfenden und verschlungenen, bunt emaillierten Jadewälder, die er unter der Anleitung des Leiters des Botanischen Gartens von Kalkutta zuerst in Bengalen erblickt hatte.

Wallich erfreute sich großer Beliebtheit wegen seiner

»Briefchen«, wie er sich ausdrückte. Jede Gelegenheit packte er beim Schopf. Wenn er zum Beispiel einem Botaniker oder Gärtner in Kalkutta irgendwelche Pflanzen geschenkt hatte, bombardierte er den Betreffenden hernach mit botanischen Billetsdoux, erkundigte sich nach Ergehen, Reifegrad, Gesundheit und Appetit der Pflanzen als ob es sich um Kinder handelte. Besonders gern versandte er gute Nachrichten und schrieb mit knabenhaftem Vergnügen »Glückwunschbriefchen«. Ein Beispiel dafür war ein Brief, den Sir William Hooker erhielt, nachdem sein Sohn zum Mitglied der Königlich Britischen Akademie der Naturwissenschaften gewählt worden war. Zu dieser Zeit hatte Wallich seine Arbeit in Kalkutta aufgegeben, so daß er bei der Feier anwesend sein konnte. Gleich danach setzte er sich hin und schrieb an Sir William:

Es freut mich, Ihnen zu sagen, daß Ihr Sohn von einer großen Mehrheit gewählt wurde, einer viel größeren als irgendeiner der acht erfolgreichen Kandidaten. Ihr Joseph hat sie alle geschlagen! Ein Hurra für Ihren Namen und für die Sache der Botanik!

Wallichs Begeisterung rührte nicht nur von seiner Freundschaft mit der Familie her, sondern er freute sich auch, weil *Joseph Hooker* nach Indien gehen sollte – dem Land, das Wallich liebte –, um dort für Kew und das Geologische Museum zu sammeln, und weil der junge Mann dafür bestimmt zu sein schien, die Nachfolge von Sir Joseph Banks anzutreten. Diese Verheißung erfüllte sich. Wie Banks wurde er mit Ehren überhäuft und zum Vorsitzenden der Akademie der Naturwissenschaften ernannt. Er übte ebenso großen Einfluß aus, hatte ein ebenso umfassendes Wissen und ebenso reiche Erfahrung als Sammler. In der ganzen Geschichte der Pflanzenjagd gab es kein ähnliches Paar wie die beiden Josephs.

Doch als Joseph Hooker Mitglied der Akademie wurde, war er erst dreißig Jahre alt und noch nicht geadelt. Seit seiner Rückkehr vom »antarktischen Botanisieren« hatte er sein Buch ›Flora antarctica‹ geschrieben, Pflanzen gezeichnet und an der Universität Edinburgh Vorträge gehalten, um sich einen Lehrstuhl für Botanik zu sichern – allerdings wurde er nicht berufen, als der Lehrstuhl dann frei wurde. Die Berufung nach Glasgow, die ihm statt dessen angeboten wurde, lehnte er ab, desgleichen den Vorschlag, die Leitung des Botanischen Gartens von Sydney zu übernehmen. Hingegen arbeitete er beim Amt für geologische Aufnahmen auf dem Gebiet der botanischen Paläontologie, schrieb Abhandlungen über Pflanzenabdrücke in Steinkohle und befaßte sich mit getrockneten Pflanzen von den Galapagosinseln, die Charles Darwin ihm schickte, und neben all dem verliebte er sich in die Tochter des Cambridger Botanikprofessors.

Zu diesem Zeitpunkt standen Joseph viele Türen offen, und er hätte sich für die eine oder andere sichere Laufbahn entschließen können. Aber er mochte ebensowenig wie Banks vor ihm still zu Hause sitzen, und er war auch ebensowenig ein Laboratoriumsbotaniker. Er hatte die zappeligen Füße des Feldbotanikers, so daß er kaum Überlegungen anzustellen brauchte, als ihm vom Ersten Lord der Admiralität, den er zufällig auf der Insel Man kennenlernte, Arbeit im Ausland angeboten wurde. Zuerst hieß es, er solle nach Borneo gehen und einen Bericht über die dortigen britischen Besitzungen machen und dann auf der Heimreise in Indien sammeln. Dieser Plan zerschlug sich jedoch. Das Sammeln in Indien aber wurde ein festes Angebot: versteinerte Pflanzen fürs Geologische Museum und lebende Pflanzen für Kew. Obwohl er das Schreiben vernachlässigen und sich von der Tochter des Botanikprofessors trennen mußte, zögerte er überhaupt nicht, das Angebot anzunehmen. Es entsprach ja seinen eigentlichen Wünschen. Für Gartenbau und Botanik in Europa hatte das weitreichende Folgen.

Viel besser ausgerüstet als auf der vorigen Expedition, versehen mit guten Ratschlägen von Nathaniel Wallich und begleitet von Hugh Falconer, dem neuen Direktor des Botanischen Gartens in Kalkutta, begab sich Hooker zu Schiff nach Alexandria, mit dem Leichter nach Kairo, auf dem Rücken eines Dromedars nach Suez und von dort weiter mit der ›Moozuffer‹, einer höchst unbequemen Fregatte. In Indien erledigte er im Nu den ersten Teil seines Auftrags, sammelte Versteinerungen und zog zum Himalaja.

Gibsons Vorstellung von Indien hatte sich durch Erasmus Darwins übertriebene Verse gebildet; bei Hooker war sie beeinflußt von einem Bericht über Samuel Turners Gesandtschaft nach Tibet im Jahr 1783. Mochte er auch ein vortrefflicher, sogar pedantischer Botaniker und Geologe sein, so war er doch auch ein Träumer. Er gehörte zu den seltenen zufriedenen Menschen, die sich am Wissenschaftlichen und zugleich am Romantischen begeistern können, sich über die winzige Einzelheit im Mikroskop ebenso freuen wie über ein großes Panorama. Den zweiten Teil seines Auftrags fand er besonders spannend. Er wollte zuerst nach Sikkim und dann, wenn möglich, nach Nepal und Bhutan. Nach allem, was er vom dortigen Klima gehört hatte, durfte er damit rechnen, viele unbekannte Gewächsarten zu entdecken. Das war in wissenschaftlicher Hinsicht befriedigend. Ebenso entzückte ihn die romantische Vorstellung, der erste Europäer zu sein, der nach fünfundsechzig Jahren dieses noch nicht kartographierte Himalajagebiet bereiste. Wahrscheinlich wäre er noch begeisterter gewesen, wenn er gewußt hätte, daß wiederum ein halbes Jahrhundert vergehen sollte, bevor ein anderer seinen Spuren folgen würde.

In seinen Tagebüchern, die zum erstenmal 1854 erschienen, zeigte er den bizarren Chauvinismus und den Hochmut der damaligen Engländer, und seine Verallgemeinerungen illustrieren die Anmaßung der Viktorianer den Bewohnern des Landes gegenüber. Die Leptscha erachtete er eines kleinen Lobes würdig, obwohl er es sogleich dämpfte, indem er hinzufügte: »Ich glaube, der Leptscha ist ein richtiger Feigling.« Die Bhutiya waren »absonderlich und unverschämt«, die Khasi »finstere, unlenksame Gesellen«. Immerhin tat er an ihnen seine Pflicht und nahm höflich die Ehrerbietung entgegen, wenn ihm die Dorfbewohner Früchte und Gemüse schenkten, ihm einen Sonnenschutz errichteten, wo er ausruhen konnte, und ihn mit zeremoniellen Biergelagen langweilten.

Er reiste recht luxuriös mit einem Gefolge von sechzehn bis sechzig Dienern. Das heißt nicht unbedingt, daß er ein bequemes Leben führte. Im Gegenteil, einmal geschah es, daß die Ersatzträger am vereinbarten Ort nicht eintrafen, und erst nach stundenlangen Verhandlungen in strömendem Regen konnte er sechs Leute überreden, sein Gepäck zu tragen, während er selbst die zwanzig Kilometer bis zur nächsten Etappe zu Fuß zurücklegte. Und das war keine Ausnahme: ein andermal mußte er ohne Essen und ohne Bett in einer Hütte übernachten, weil einige Träger zurückgeblieben waren. Auf dem Wege nach Bhomsong in Sikkim, wo bisher noch kein Europäer gewesen war, mußte er mit achttägigem Proviant zweieinhalb Wochen auskommen und sich tagelang ausschließlich von Reis und Essig ernähren. Am schlimmsten war es für einen Fanatiker wie Hooker, daß er die gefundenen Pflanzen öfters nicht konservieren konnte, sondern gar wegwerfen mußte, weil die

24 *Diese blaßlila blühende Hakenlilie, ›Crinum herbertianum‹, fand Nathaniel Wallich, Direktor des Botanischen Gartens in Kalkutta und eifriger Förderer der Pflanzensammler, bei Rangun. Er bildete sie als eine der schönsten Illustrationen seiner ›Plantae asiaticae rariores‹ 1831 ab.*

25 In der zweiten Hälfte des 19. Jahrhunderts verlagerte sich das Hauptinteresse der deutschen Forscher von Brasilien nach Afrika, wo Georg Schweinfurth einer der erfolgreichsten Pflanzenjäger wurde. Fachgenossen bezeichneten ihn sogar als den bedeutendsten Afrikaforscher aller Zeiten, und eine Unzahl von Pflanzen und Tieren wurde nach ihm benannt. In vielen Expeditionen zwischen 1864 und 1894 bereiste er Ägypten, Libyen und Abessinien, den Jemen und Sudan, daneben auch Arabien und

den Libanon. Auf seiner großen Afrikareise 1868-1871 gelangte er zum oberen Nil und ins Stromgebiet des Gazellenflusses, in die Buschwälder der Dinka und Bongo, wo er die hier wiedergegebene Skizze entwarf, und entdeckte dabei – nicht nur botanisierend, sondern auf vielen anderen Forschungsgebieten tätig – die Pygmäen wieder, von denen schon Homer, Herodot und Aristoteles berichtet hatten, die aber bis ins 19. Jahrhundert nur als Fabelwesen betrachtet worden waren.

26 *Wie ein Pascha reiste Wilhelm Junker zuweilen bei seinen Expeditionen in Afrika, etwa hier 1886 beim Übersetzen über den Kafu südlich des Albertsees. In zwei großen Reisen erforschte er 1875-1879 und 1879-1887 weite Gebiete des schwarzen Erdteils. Botanik war zwar nur ein Zweig seiner vielseitigen geographischen, zoologischen und ethnographischen Bemühungen, dennoch konnte er es nicht unterlassen, bei längeren Aufenthalten in den Seriben sogleich zu roden und Gärten anzulegen, unterwegs gesammelte Samen anzusäen und somit die Theorie sofort in die Praxis umzusetzen.*

Kulis, welche die Papierbögen trugen, hinterdreinhinkten oder auf geheimnisvolle Weise verschwunden waren, wenn sie am dringendsten gebraucht wurden. Auch die lokale Politik, die seine Arbeit und sogar seine Freiheit bedrohte, ging ihm auf die Nerven. Theoretisch war der Radscha von Sikkim Autokrat, in Wirklichkeit aber unter zwei Fuchteln, nämlich der des Finanzministers, eines Tibeters, der für sein Leben gern intrigierte, und der des Generalgouverneurs Lord Dalhousie, der ebenso gern annektierte. Dalhousies politischer Agent in Dardschiling holte Hooker in Bhomsong ab und brachte es unter einigen Schwierigkeiten fertig, ihn dem Radscha vorzustellen. Danach mußte Hooker wohl oder übel, obgleich ihn die Angelegenheit überhaupt nichts anging, gegen den Finanzminister Stellung beziehen. Die Sache spitzte sich derartig zu, daß er und der politische Agent ohne ersichtlichen Grund verhaftet und ins Gefängnis geworfen wurden. Der Agent, ein freundlicher Arzt namens Campbell, wurde gefoltert, und beider Schicksal blieb einen Monat lang in der Schwebe. Dann schoß der Finanzminister bei seinen Intrigen zum Glück übers Ziel hinaus und fiel in Ungnade, so daß Dalhousie zu seiner Freude Sikkim zum Schutz des Landes annektieren konnte.

Hookers Bericht über dieses Stückchen Geschichte war kurz und zurückhaltend. Nach seiner Freilassung botanisierte er weiter, als ob nichts geschehen wäre. Er verfügte über die britische Kaltblütigkeit, die andere schier zum Wahnsinn trieb, ihn selbst aber befähigte, aufgebrachten Sepoys entgegenzutreten, nur mit einem langen Barometer bewaffnet, weil ihn ihre feindselige Haltung weniger abschreckte, als daß sie ihn beleidigte. Außerdem hatte ihn die vierjährige antarktische Expedition gefestigt. Klaglos ertrug er die extremen Schwankungen des asiatischen Klimas, die sechzig Stunden dauernden Regengüsse, die ungeheure Hitze, Trockenheit und Feuchtigkeit wie auch die fürchterlichen Plagen durch Flöhe, Fliegen, Zecken, Mücken und Blutegel. Mit der gleichen zurückhaltenden Kürze erwähnte er wie nebenbei, daß er mit der Ersteigung eines fast siebentausend Meter hohen Berges eine damals unerhörte Leistung vollbrachte. Viel mehr Freude bereitete es ihm, zu verzeichnen, daß er das Glück hatte, das sogenannte Brockengespenst zu sehen: sein eigenes Schattenbild auf einer Nebelwand mit einem Regenbogen-Heiligenschein. Er war der erste Engländer, der die Eiseskälte auf dem Ewigen Schnee des Kangchenzönga erlebte, den unaufhörlichen, durchdringenden Wind, der die Hänge umbrauste, das Donnern der Eisgletscher. Aber er beschrieb das alles ebenso sachlich und bescheiden wie die große, gelb blühende Begonie, die von den Bewohnern Sikkims als Saucenwürze benutzt wurde.

Hookers ›Himalayan Journals‹ zeigen deutlich, daß er ein systematischer Wissenschaftler und von Forschergeist beseelt war. Aber es geht daraus nicht genügend hervor, daß er in Indien auf Grund persönlicher Erfahrungen seine bedeutenden Theorien über die Verteilung der Arten bestätigt fand. Der Himalaja war so riesig, daß man die Variationen des Pflanzenlebens in verschiedener Höhe von den Berghängen leicht ablesen konnte. Hooker teilte alle derartigen Beobachtungen seinem Freunde Charles Darwin mit, der sie in seinem Werk ›Die Entstehung der Arten‹ verwendete und in seiner Antwort richtig voraussagte:

Ich weiß, ich werde es noch erleben, daß Du die erste Autorität in Europa auf diesem großartigen Gebiet sein wirst, das sozusagen den Grundstein der Schöpfungsgesetze und der geographischen Verteilung bildet.

Nicht nur deshalb sind Hookers Indienreisen von besonderem Interesse. Seine Sammlungen in Sikkim und im Grenzgebiet von Tibet, wo er sich zwischen April 1848 und November 1849 aufhielt – er selbst sagte, er habe sich »über die Grenze nach Tibet gelehnt« – umfaßten allein achtundzwanzig ganz neue Rhododendronarten. Er hielt ungeheure Ernte. In den drei Herbstmonaten von 1848 betrug seine Pflanzenlieferung achtzig Ladungen. In Assam, wo er auf dem Heimweg von Sikkim verweilte, sammelte er über zweitausend blühende Gewächse, darunter Orchideen, Balsamine, Farne und Moose sowie über dreihundert Nutzhölzer für das Fachmuseum seines Vaters in Kew. Infolge seiner Einführungen veränderten sich die Gärten im Abendland erheblich, besonders in den feuchten Torfgebieten, die den Khasibergen in Assam am meisten ähneln. Während seines siebenmonatigen Aufenthaltes maß Hooker dort eine Niederschlagsmenge von über zwanzig Meter. Derartige Sintfluten kennt man in Nordkarolina und im schottischen Hochland, wo Hookers Rhododendren wachsen, zwar nicht, aber der Boden ist dort doch genügend feucht und torfig.

Drei von Hookers vielen Rhododendronarten sind für den Fachmann besonders interessant: Die Blüten des ›Rhododendron thomsonii‹ sind kolossal und von unvergeßlichem Rot, aber auch das Blätterwerk ist sehr schön. Die jungen Blätter sind froschgrün, wenn sie die alten ersetzen, und nehmen dann Türkisschattierung an. Wenn der Strauch das mittlere Alter erreicht hat, schält sich die Rinde und enthüllt eine Mischung weicher Farben von Violett bis zu Gelblichbraun. ›Rhododendron nivale‹ ist weniger spektakulär: ein arktischer Strauch, der den Namen ›Alpenrose des Schnees‹ zu Recht trägt. Hooker fand ihn wie Heidekraut in sechstausend Meter Höhe, und er war der erste von vielen, die an den thymianfarbenen, wunderbar duftenden Blütchen ihre Freude haben. Die dritte Art nimmt bei den Farbenliebhabern einen besonderen Rang ein. Das Blätterwerk glänzt salatgrün, die Knospen sind dunkler, etwa chromgrün, und die Blütenkelche vom blassesten Gelb, durchschossen von einem deutlich zu unterscheidenden dritten Grün. Im vollständigen Alpenrosenregister der Fachleute gehört der Strauch jetzt der Kategorie ›maddenii‹ und der Unterkategorie ›megacalyx‹ an, aber im allgemeinen kennt man ihn unter dem Namen, den Hooker ihm zu Ehren des Generalgouverneurs von Britisch-Indien gegeben hat: ›Rhododendron dalhousiae‹.

Hooker war einer der wenigen hervorragenden Botaniker, die unmittelbar nach Wards Erfindung in Afrika sammelten. Vorher hatten sich dort Männer wie Commerson, Masson, Bowie und Burke ausgezeichnet. Doch im neunzehnten Jahrhundert war Afrika in botanischer Hinsicht lange Zeit wirklich ein dunkler Erdteil, denn damals wurden dort keinerlei Entdeckungen gemacht, die sich mit denen in Mittel- und Südamerika, im Nahen und im Fernen Osten auch nur im geringsten hätten vergleichen können. Afrika zog Hooker gerade deshalb an, weil es so romantisch ›dunkel‹ war. Dort gab es sowohl riesige, noch unbetretene Gebiete als auch schöne Gärten, von denen manche älter waren als alle europäischen. Sie lagen in den unwahrscheinlichsten Gegenden. Zum Beispiel schmorte die Oase Nefta entweder in der Hitze oder sie erschauerte vor Kälte. Es war nicht ungewöhnlich, hier mittags im Schatten 46 Grad Celsius zu messen, und Norman Douglas schrieb in der gleichen Zeit, die Gärten von Nefta könnten nur dadurch erhalten bleiben, daß sie Tag und Nacht unablässig im Schichtwechsel gehegt und gepflegt würden. Zweifellos wurde die romantische Anziehung, die Afrika auf Hooker ausübte, noch dadurch verstärkt, daß der Klagenfurter Botaniker *Friedrich Welwitsch* in Südafrika die Wüstenpflanze entdeckte, die seinen Namen trägt: ›Welwitschia mirabilis‹.

Je nach dem Gesichtspunkt des Betrachters war dieses Gewächs wissenschaftlich faszinierend oder ein pflanzliches Ungeheuer. Hooker nahm natürlich den erstgenannten Standpunkt ein. Es war von einzigartiger Häßlichkeit und konnte jahrhundertealt werden; darum verdiente das einzige bekannte auch den Namen ›mirabilis‹. Es ist nicht verwunderlich, daß es Hooker eine Zeitlang in Bann schlug. Ähren mit Blütenstand wurden ihm nach Kew geschickt, und der Maler Thomas Baines sandte ihm Zeichnungen. Dem kegelförmigen, quer gefurchten Stamm entsprangen zwei lange, auf dem Boden liegende, dickledrige Blätter und zapfenförmige Ähren. Als Hooker dieses gespenstische Geschenk aus Afrika erhielt, war er verheiratet und Vater, wohlbestallter Vizedirektor von Kew und wie stets mit vielfachen Plänen beschäftigt; aber die mißgestaltete Pflanze beanspruchte monatelang sein Interesse und seine spärlich bemessene Freizeit. Ihre Absonderlichkeiten nahmen ihn gefangen. Er untersuchte alle Teile mit gewissenhafter Genauigkeit, blieb mitunter fünf Stunden hintereinander in langer Nachtwache am Mikroskop sitzen, einmal sogar ganze drei Tage und drei Nächte. Er hielt darüber Vorträge, schrieb darüber und träumte vermutlich davon. Afrika, die Heimat dieses Gewächses, lockte ihn, zumal er ja eigentlich kein Botaniker am Mikroskop war. Er konnte nicht stillsitzen und bekannte dem amerikanischen Botaniker Asa Gray, er sehne sich danach, »die Freuden des wilden Urzustandes wieder zu kosten, in Urwald einzudringen und im Zelt zu hausen«.

1871 ging er nach Marokko, wo es zwar keinen Urwald gab, aber noch viele unerforschte Gebiete. Hooker nahm zwei Gefährten mit und einen Gärtner von Kew, der Crump hieß. Obwohl sie durch alle möglichen

Schwierigkeiten behindert und aufgehalten wurden und sich zu ihrem Ärger genötigt sahen, Beamte zu bestechen, konnten sie ihre Pläne, den Atlas zu durchstreifen, ausführen. Sie brachten eine schöne Sammlung von Pflanzen nach Hause.

Nach der Rückkehr nahm Hooker eine ähnliche Stellung ein wie Banks: Er wurde als Nachfolger seines Vaters Direktor von Kew, Berater für die Besetzung botanischer Lehrstühle und Vorsitzender der Königlich Britischen Akademie der Naturwissenschaften. 1877 unternahm er nochmals eine anregende Expedition, diesmal in die Rocky Mountains mit Asa Gray. Universitäten, wissenschaftliche Institute, Staatsoberhäupter und regierende Fürsten überhäuften ihn mit Ehrungen.

Das Ertragen der Unbilden an Bord der ›Erebus‹ und in Sikkim, der Kälte der Sierra Blanca und der sengenden Hitze von Marokko war ihm offenbar gut bekommen, denn er wurde vierundneunzig Jahre alt. Im hohen Alter war er der wohlwollende Patriarch aller Botaniker, und selbst als er sein verantwortungsvolles Amt als Leiter von Kew aufgab, arbeitete er mit voller Kraft weiter. Die letzte Aufgabe, die er sich selbst auferlegte, war wohl die mühsamste seiner ganzen Laufbahn. Mit einem Mikroskop und Herbariumsblättern, die man ihm aus Christiania, Sankt Petersburg, Berlin, Paris und Kew zugestellt hatte, machte er sich an die Fleißarbeit, die Gattung ›Impatiens‹ der Pflanzenfamilie Balsamgewächse zu klassifizieren. Er bewältigte sie, wobei er dreihundertdrei Arten benannte, schickte die Herbariumsblätter zurück, stellte sein Mikroskop weg und legte die Feder nieder. Vier Tage später, am 10. Dezember 1911, entschlief er.

Bei dem reichen Schiffsbestand Britanniens im neunzehnten Jahrhundert konnten die Pflanzenjäger auf der Reise nach Osten heimatlichen Komfort genießen. Die rot und schwarz gestrichenen Handelsschiffe, teils mit Segeln bestückt, teils mit Dampf angetrieben und einige mit beidem versehen, waren in jeder Hinsicht zuverlässig. Es gab keine fremdländische Kost, die Polstermöbel trugen den gleichen Plüsch und die Salons waren mit den gleichen Topfpalmen geschmückt wie zu Hause. Da fast alle Kohlegruben und Kabelstationen den Briten gehörten, traf man an den unwahrscheinlichsten Orten englische Versicherungsmakler, Händler für Schiffsbedarf, Marine-Ingenieure und Proviantlieferanten. Die Königliche Marine beherrschte und schützte die Seerouten, in den großen Wasserstraßen und Häfen lagen britische Kriegsschiffe; sie glänzten weiß und schwarz im tropischen Meer, die Schornsteine orangefarben. Und die Offiziere auf der weißen Brücke waren ebenso untadelig wie die Takellage, die polierten Geländer, die Trossen und das blitzblanke Messingwerk.

In Penang oder Singapur, in Manila oder Hongkong stieg der Pflanzenjäger in einen Frachter oder in ein Küstenfahrzeug, das heißt, er kam aus blitzender Blankheit in Kohlenstaub und ölige Verschmiertheit, die schwellenden Polstermöbel und Topfpalmen wurden von Rohrstühlen abgelöst. Die Kost war hier immer noch eher der Nordsee angepaßt als dem Südchinesischen Meer, weil ein großer Teil der kleinen Handelsschiffe unter britischer Handelsflagge segelte und die englische Lebensweise beibehielt. Dann aber, wenn der Pflanzenjäger in Surabaja oder in der Geelvink-Bai, in Fakfak, Potianak oder Yak an Land ging, verlor er sofort die Berührung mit dem Abendland.

Vitalität und Zähigkeit, die Überzeugung, daß eine reiche Flora ihn erwarte, ließ ihn unverzagt ins Innere des Malaiischen Archipels vordringen. Er war bereit, es mit allen Gefahren Ostindiens aufzunehmen, mit dem Klima und dem Gelände, mit den Giftpfeilen der Kopfjäger, den Raubtieren und den Reptilien. Zum Beispiel waren die beiden großen Orchideengebiete auf Java und auf den Philippinen voller Hindernisse: im dichten Urwald mußte man sich einen Weg freihacken, und überall lauerten Blutegel, Insekten und Fledermäuse. Aber ebenso üppig wuchsen hier wunderschöne Orchideen vielerlei Arten: Ärides, Arachnanthe, Coelogyne, Cypripedium, Dendobium, Phalaenopsis, Platyclinis, Sarcohilus, Spathaglottis und Vanda sowie die allergrößte Epiphyte: Grammatophyllum.

So gewinnbringend war die Suche nach Orchideen, daß man Fachleute aussandte, die nichts anderes zu tun hatten, als neue Arten zu suchen. Wenn möglich, sollten sie den Standort anderer Pflanzen bestimmen, aber ihr eigentlicher Auftrag bestand darin, Orchideen zu sammeln, die sich in bares Gold umsetzen ließen. Einige englische Handelsgärtner wurden international berühmt für ihre Spezialisierung auf fernöstliche Gewächse: Loddiges in Hackney bei London, der bekannt dafür war, daß er Missionare für sich zu gewinnen wußte; Hugh Low in Clapham, der den Vorteil genoß, der Vater des Radschas Sir Hugh Low von Sarawak zu sein; Standish und Noble in Bagshot und dann natürlich Veitch. Sie wetteiferten miteinander, was Gehälter und Prämien betraf, und da es dabei oft um hohe Summen ging, zog die Orchideenjagd sowohl Abenteurer als auch ehrbare Leute vom Fach an. Es scheint übrigens, daß die Abenteurer bei der Verfolgung ihrer Beute ebenso unbarmherzig und rücksichtslos vorgingen wie die Perlenhändler, die sich auf Kosten anderer bereicherten

IV

Eine der bedeutendsten Unternehmungen zur Natur- und Entdeckungsgeschichte der Erde war die Reise Alexander von Humboldts (links) und seines Botanikerfreundes Aimé Bonpland (rechts) nach Mittel- und Südamerika 1799 bis 1804. Der Berliner Akademiedirektor Friedrich Georg Weitsch stellt hier die beiden Forscher in ihrem Biwak auf der Hochebene von Tapi in Ekuador vor, dem Ausgangspunkt der berühmten Besteigung des Chimborasso im Jahre 1802 und das Korallenmeer zwischen Thursday Island und den Salomoninseln für zahllose Taucher zu einer Hölle machten.

William *Lobbs* Bruder *Thomas* war Veitchs führender Sammler in Ostindien und zweifellos der größte Orchideenjäger von allen. Er schickte auch andere Exoten nach Hause, darunter eine Sammlung zierlicher Rhododendren, aber seine Neigung galt der Orchideensuche. Im Gegensatz zu William, der Geselligkeit liebte und pflegte, soweit es die Verhältnisse in Mittel- und Südamerika und in der Sierra Nevada erlaubten, war Thomas verschlossen, und wenn man ihm ein Wort entlocken konnte, so sprach er fast immer nur von Orchideen. Er bezahlte seine Leidenschaft mit dem Verlust eines Beines, überstand aber alle Fährnisse, so daß er seinen Lebensabend im heimatlichen Cornwall verbringen konnte. Hier genoß er in Devoran einige Jahre des Ruhestandes, sprach fast nichts und dachte an nichts anderes als an Orchideen. In der Kirche erinnert eine Gedenktafel an die beiden Brüder:

Zwei Pflanzensammler in fernem Lande, die der britischen Gartenbaukultur hervorragende Dienste geleistet haben.

Die Erinnerung an sie grünt buchstäblich auf dem Friedhof, wo jeden Sommer im milden Golfstromklima vier der von ihnen eingeführten Pflanzen blühen: eine rosa Eskallonie, eine hochrote Trikuspidarie, ein gelbes Johanniskraut und eine orangefarbene Berberitze.

Ein anderer Orchideenjäger Veitchs war *Charles Curtis*, der seinen Namen dem Frauenschuh ›Cypripedium curtisii‹ gab. Die Geschichte dieser Orchidee ist fast ebenso geheimnisvoll wie die der verlorengegangenen Cattleya, die auf einem Ball in Paris als Ansteckblume einer Dame wieder auftauchte. Ihre Entdeckung war an sich nicht romantisch, denn Curtis sah sie einfach im Botanischen Garten von Penang wachsen und schickte sie nach England. Sie wurde sehr bewundert wegen ihrer pantoffelförmigen violetten Lippe und der leopardengefleckten Blütenblätter, aber: entweder sagte es ihr nicht zu, gefeiert zu werden, oder sie sehnte sich nach dem Penanger Klima. Wie dem auch sein mochte, sie ging mit der Zeit ein. Die Orchideenzüchter wußten, daß sie einzigartig gewesen war. Von ihrer Urwaldheimat wußte man nichts. Die Leiter des Botanischen Gartens von Penang bekannten, daß sie vom Ursprung der Orchidee keine Ahnung hätten. In der Annahme, daß sie wahrscheinlich dem malaiischen Hochland entstammte, hielten die Pflanzenjäger in diesen Gebieten fortwährend nach ihr Ausschau, und mehrere begaben sich eigens in den Osten, um sie zu suchen. Aber keiner hatte Erfolg. Die Orchidee versteckte sich vor den Menschen. Doch Curtis hatte ihre zierliche Eleganz anscheinend niemals vergessen. Zu Beginn dieses Jahrhunderts sammelte der schwedische Pflanzenjäger Ericson im Hochland von Sumatra, einem der von Curtis bevorzugten Jagdgründe. Als er vor einem Unwetter in einer Hütte Schutz suchen mußte, fand er an der Wand ein Bild der Orchidee ›Cypripedium curtisii‹. Darunter stand geschrieben: »Ein Beitrag von C. C. zur Ausschmückung des Hauses.«

Es war nicht viel mehr als eine Spielerei, ein Zeitvertreib, doch sehr sauber gemalt von Curtis vor vielen, vielen Jahren, vielleicht weil er wie Ericson durch den Monsun festgehalten und zur Langeweile verurteilt worden war. Das Bild verriet jedoch, wie genau er sich der Orchidee erinnerte, die seinen Namen trägt.

Für die Erbauer von Gewächshäusern fügte sich um die Mitte des neunzehnten Jahrhunderts in England alles aufs günstigste zusammen. Die Aufhebung der Glassteuer 1845 fiel mit dem Aufblühen der Industrie zusammen, die gutes Material zu geringen Kosten erzeugte. Überdies kostete die Kohle, die man zur Erwärmung der Glashäuser brauchte, sehr wenig, und auch die Arbeitskräfte waren billig. Es wurden Tropenhäuser geschaffen, deren Größe und Umfang von einem Nebengebäude zur Kultur von Pantoffelblumen bis zu Decimus Burtons Palmenhaus in Kew reichten mit einer Glasfläche von über viertausend Quadratmetern. In den Vereinigten Staaten, die damals noch zu sehr mit ihren innenpolitischen Problemen beschäftigt waren, um besonders erfindungsreich sein zu können, begnügte man sich, die besten europäischen Gewächshäuser nachzuahmen. Kaldarien, Tepidarien und Frigidarien entstanden zunächst im industrialisierten Osten, um dann mit aller anderen Kultur der Eisenbahn westwärts zu folgen.

Um alle diese Glashäuser zu füllen, bedurfte es der Exoten in unvorhergesehener Zahl, und das kleine Rinnsal von Pflanzen, die in der vorwardianischen Zeit aus den fernöstlichen Tropen geschickt worden waren, schwoll zu einem Strom von beträchtlicher Größe an. Die Jäger durchstöberten die malaiische Halbinsel, Java, Borneo, die Molukken, Celebes, Guinea und die Philippinen. Die allgegenwärtige Orchidee war die einträglichste Beute, aber die Sümpfe und Wälder bargen noch viele andere Schätze. Gewächse der Gattung ›Dracaena‹ wurden sehr beliebt, und man benannte sie nach verdienstvollen britischen Militärs wie Sir Garnet Wolseley und Lord Roberts. Ferner kam die Gattung ›Cissus‹ auf, die dem kalifornischen Patio seinen immergrünen Kletterstrauch ›Cissus capensis‹ und dem Viktorianischen Gewächshaus ›Cissus discolor‹, eine Kletterpflanze mit hellgrünen Blättern und Blüten von unbestimmbarer Opalfärbung, schenkte. Außerdem gab es Grevillea, Anoetochilus, scharlachrote Losbäume – laubwechselnde und immergrüne –, Ixora, Fürst der Warmhauspflanzen genannt, und Codiaeum mit überaus mannigfach geformten, gezeichneten und gefärbten Blättern.

Diese Schönheiten und noch viele andere herrschten in den europäischen und amerikanischen Kristallpalästen, bis die wachsenden Kosten für den Unterhalt, Heizung und Arbeitskräfte es nur noch den sehr reichen Privatleuten und den staatlichen Institutionen gestatteten, Gewächse in Glashäusern zu kultivieren.

Mit den schönen wetteiferten die bizarren Pflanzen, denn die Viktorianer liebten Kuriositäten. Ostindien war ein Zentrum derartiger Gewächse: Sumpfpalmen, Mangroven, massive Bambusarten und Lilien. Dann gab es da die Liane, die zu ungeheurer Größe heranwuchs und die Bäume erstickte, um die sie sich schlang, oder sich – und das war herrlich absurd – gar selbst erwürgte, indem sich ihre Sprossen und Ranken wie Finger gleichsam um die eigene Kehle legten. Noch grotesker war der Riesenaron aus Sumatra, ›Amorphophallus titanum‹. Wenn dieses Ungeheuer blühte, erregte es Sensation. Nicht ohne Grund. Der keulenförmige Kolben ist gewaltig, das Hüllblatt glockenförmig, am Rande zerfranst und innen hellviolett. Das ganze Ding stinkt. Von der Blume, die 1937 im New Yorker Botanischen Garten blühte, hieß es, sie stinke wie die Ausdünstung der Kanalisation und alle Verderbnis. Eine andere blühte 1954 im Botanischen Garten von Leyden, und zu Hunderten gingen die Holländer hin, um den »Gestank nach verfaultem Fisch und verbranntem Zucker« zu genießen.

Aber noch faszinierender waren insektenfressende Kannenstauden aus den östlichen Tropen; sie bildeten den Stolz aller Kuriositätensammler. Mit seiner Treffsicherheit hatte Linné die Pflanze ›Nepenthes‹ getauft nach dem Zaubertrank in Homers Odyssee, »Kummer zu tilgen und Groll und jeglicher Leiden Gedächtnis«.

Auf den Botaniker, erklärte Linné, wirke die Entdeckung einer Kannenstaude genauso.

Der bizarrste Zug dieser bizarren Pflanze besteht darin, daß die sogenannte Kanne keine Blüte ist, sondern von der verlängerten Mittelrippe der Blätter gebildet wird. Sie beginnt als hellgrüne Scheibe von der Größe eines Hemdknopfes, schwillt an, wird immer länger und entwickelt sich zu einem krugförmigen Gefäß mit seitlichem Deckel und Lippe. Mit ihren leuchtenden, schillernden Farben soll sie offenbar verwirren. Der dicke Ring der Krugmündung sowie die Unterseite des Deckels sind mit zahlreichen Honigdrüsen besetzt und verheißen süße Nahrung. In Wirklichkeit aber ist die Kanne eine geradezu teuflisch ersonnene Falle. Das Tor zum vermuteten Bankett läßt die Insekten nicht mehr zurück, der scheinbare Honigkrug wird ihnen zum Grab.

Der Krugdeckel ist eingerollt, im Innern gleiten die angelockten Kerbtiere an einer glatten Fläche hinab und geraten unten in eine Flüssigkeit. Wenn sie die Kraft haben, wieder emporzukrabbeln, begegnen sie abwärts gerichteten Haaren, in denen sie sich mit Beinen und Flügeln verfangen. Sobald sie vom Kampf erschöpft sind, fallen sie abermals hinunter und ertrinken in den übelriechenden Verdauungssäften.

Dieser geschickt ersonnene Fangapparat ist keine Laune der Natur. Er hat eine wichtige Funktion im Rahmen der Schöpfungsordnung; denn da die Kannenstaude weder eine Epiphyte ist noch Wurzeln hat, muß sie sich auf andere Weise Nitrate zuführen. Grillen, Fliegen, Käfer, Spinnen, Ameisen und Schmetterlinge liefern ihr den benötigten Stickstoff. Im übrigen herrscht sie nicht über alle Kerbtiere. Zwei Schmarotzer benutzen sie. Der eine ist eine Fliegenlarve, die sich in das Leichenhaus einbohrt und sich an verwesenden Insektenstückchen mästet, der andere ein Falter, der seine

Eier in den Krug ablegt; die ausgeschlüpften Larven weben dann ein Seidennetz von Strickleitern und Brücken quer durch die Kanne, so daß sie nicht in den Todesteich fallen, und fressen sich durch die Pflanzenwände ringsum, bis ihr Wirt vollständig vernichtet ist.

Radscha *Sir Hugh Low* entdeckte die Kannenstaude 1851 als erster, aber zum Leidwesen seines Vaters, des Handelsgärtners, gelang es ihm nicht, sie ins Abendland einzuführen. Hingegen glückte es dem wortkargen, orchideenbesessenen *Thomas Lobb*. Die erste Kannenstaude, die in Europa wuchs, ging leider ein, entweder aus Schwäche oder infolge falscher Behandlung. Veitch verschwendete keine Zeit mit Händeringen. Als immergrüne Warmhausgewächse hatten die Kannenstauden eine Zukunft. Wie bei den Orchideen bestand ihr Vorzug darin, daß sie selten und in der Erhaltung kostspielig waren. Seines Erachtens mußten sie in der Viktorianischen Gesellschaft ein begehrtes Statussymbol werden, und da man in der Viktorianischen Gesellschaft, dieser Epoche des Wohlstands, Zeit im Überfluß hatte und sich langweilte, begrüßte man alles Neue. Außerdem hatte die Kannenstaude etwas an sich, das mit dem zeitgenössischen Kult der Dekadenz und der Esoterik übereinstimmte. Die vornehme Gespreiztheit war nur eine dicke Tünche, hinter der sich einige überraschende Wahrheiten verbargen: Zum Beispiel rauchte die Königin und trank mit ihrem Begleiter Brown nicht etwa Tee, sondern Whisky, und wie so viele hochstehende Leute in der Alten und in der Neuen Welt interessierte sie sich glühend für Spiritismus, Hokuspokus und okkulte Dinge. Veitch beurteilte die Lage richtig: Die Kannenstaude wurde die kostbarste aller insektenfressenden Pflanzen und von Joris Karl Huysmans, einem Apostel der Dekadenz in der französischen Literatur, als ein grauenhaftes Gebilde geehrt:

An der Spitze eines jeden dunklen langen Blattes hängt ein grüner Faden – eine Nabelschnur –, der eine grünliche Urne hält, deren Inneres mit Haaren bedeckt ist.

Die Beschreibung, eher sensationell als richtig, spiegelte den Reiz der Pflanze, den Veitch entschlossen war, zu seinem Vorteil zu nutzen.

F. W. Burbidge, ein Pflanzenjäger mit außergewöhnlicher Ausdauer und Hartnäckigkeit, wurde in den Fernen Osten entsandt, Kannenstauden zu sammeln. Sonst nichts. Das war 1877. In Delhi wurde Königin Viktoria zur Kaiserin von Indien proklamiert. Zar Alexander II. unternahm es, »die verräterischen Türken zu bestrafen«, und zog gen Konstantinopel. Veitchs tapferer Jäger landete in Borneo.

Die erste Kannenstaude war in Sarawak an der Nordwestküste entdeckt worden. Burbidge vermutete – durchaus richtig, wie sich herausstellte –, daß Borneo das Herz des Nepentheslandes sei und daß er das Gesuchte irgendwo in den schattigen, feuchten Wäldern zwischen Bandjermasin und Balakbar finden werde. Er fand es. Wie Licht, das an einem Winterabend aus dem Fenster einer Hütte fällt, schimmerten im düsteren Urwald mit riesigen bunten Krügen Nepenthes: eine dunkelviolette Art mit klaffendem orangefarbenem Maul, eine andere grün und rot gefleckte, eine dritte, die braun war und grüne Flecken hatte, eine besonders große Art – später ›Nepenthes sanguinea‹ genannt – von einer Farbe wie rohes Rindfleisch, und schließlich ›Nepenthes albomarginata‹ mit einer gespenstischen Verbindung von Grün und Weiß.

Burbidges Lieferung wurde als Sensation empfunden. Veitch wandte alle seine Hilfsmittel und seine ganze Geschicklichkeit auf, daß die Pflanzen wie bräutliche Prinzessinnen in den gewohnten Verhältnissen gehegt wurden. Binnen sieben Jahren gab es in europäischen und amerikanischen Warmhäusern siebenundvierzig Arten. Es erwies sich, daß der Name, den Linné ihnen gegeben hatte, wirklich paßte. Nicht nur erlebten diejenigen, die Jagd auf die Kannenstaude machten, das beseligende Vergessen des Homerschen Zaubertranks, sondern auch den Gärtnern wurde täglicher Trost zuteil, wenn sie heizten und begossen, um im Warmhaus die gleichen Bedingungen wie in Ostindien zu schaffen. Und wenn sie ihre kostbaren Kannenstauden glücklich durch den Winter gebracht hatten, war »jeglicher Leiden Gedächtnis« ebenso getilgt wie bei irgendeinem Helden der Odyssee.

Im Land der aufgehenden Sonne

Japan blieb noch lange nach Dr. Wards geglücktem Versuch im Jahr 1834 allen Forschern verschlossen. Vergebens warteten die Botaniker, die durch die Berichte von Engelbert Kaempfer, Karl Thunberg und Philipp Franz von Siebold auf die japanische Flora neugierig geworden waren, auf die Öffnung der Grenzen. Japan war und blieb ein Geheimnis.

Im Abendland wußte man, daß Japan zwar theoretisch der Herrschaft eines Mikados unterstand, in Wirklichkeit aber seit 1603 von Schogunen, Hausmeiern des Mikados, regiert wurde. Sie wußten jede Berührung mit andern Ländern und Kulturen zu verhindern. Dies hatte sich für das Land günstig ausgewirkt: Obwohl es gelegentlich religiösen Aufruhr, Bauernaufstände und Scharmützel zwischen gelangweilten Kriegsherren gab, genoß Japan zweihundertsechsundfünfzig Jahre lang Frieden und Fortschritt. Die Kenntnisse im Abendland über Japan waren natürlich beschränkt, und wie es so häufig geschieht, tat die Fama ein übriges dazu, das wenige auszuschmücken. Im Laufe der Zeit hatte man die vier Hauptinseln und ihre Archipele mit Romantik und Glanz umgeben, schon deshalb, weil das verbotene Japan vom Meer aus so ganz anders aussah als andere Länder.

Die Abendländer sollten später feststellen, daß Japan trotz seiner uralten Geschichte geologisch noch in den Kinderschuhen stak. Die Spuren der Eruptionen, durch die es entstanden ist, sind von der Zeit nicht abgeschliffen worden. Die Faltungen und Längsbrüche haben steile Berge und tiefe Abgründe entstehen lassen. Die Erde selbst kam nie zur Ruhe: Nirgends in der Welt wurde ein Land so sehr durch Erdbeben und Springfluten bedroht. Nirgends war die Erdkruste dünner. Vulkane brachen aus. Heiße Quellen ergossen sich von den Berghängen. Schlamm gurgelte in Teichen, die himmelwärts spien. Feuersbrünste waren so alltäglich, daß es, wie die wenigen holländischen Kaufleute auf Desima, die sich der gewaltigen Aufgabe unterzogen, Japanisch zu lernen, herausfanden, sozusagen eine besondere Feuersprache gab, mit der die vielen Möglichkeiten vom kleinen, schnell löschbaren Zimmerbrand bis zu einer städteverzehrenden Feuersbrunst beschrieben wurden. Die Berichte über die Feuer, die sie mit eigenen Augen gesehen hatten, wurden kaum geglaubt. Das Abendland war fasziniert.

Unterschiedliche geschichtliche Entwicklungen führten endlich im Jahre 1859 zur Abschaffung des Schogunats und beendeten die Abschließung des Landes. In Jedo – später Tokio genannt – herrschte der Schogun. In der alten Hauptstadt Kioto trugen kaiserliche Höflinge ihre zeremoniellen Seidenkleider, lasen die gefühlvollen Romane von Kioden und Bakin, schrieben Gedichte, die nur aus einunddreißig Silben bestehen durften, zum Lobe des Weines oder der Naturschönheiten, scharten sich zusammen, um einen blühenden Kirschbaum oder einen Ahornbaum im Herbstschmuck zu betrachten, organisierten ›Mondscheinpartien‹ und tranken Unmengen von Tee. Die Vitalität und Willenskraft des japanischen Volkes vertraten sie ebensowenig wie die Operettengestalten Gilberts. Aber weil ihre verwickelten Liebesgeschichten mit vielerlei Intrigen gewürzt waren, verfielen sie schließlich dem faszinierenden Reiz des Ränkeschmiedens an sich. Und die Regierung in Jedo nutzte sich allmählich ab. Sie litt an Altersbeschwerden: Kurzsichtigkeit, Reizbarkeit, Unüberlegtheit, Selbstüberschätzung, Mißtrauen gegen Veränderungen, und zweifellos gab es nach einer so langen Zeit des Friedens und Gedeihens genug Gründe der Unzufriedenheit.

Hinzu kam der Drang der Abendländer, die Menschheit zu ›verbessern‹. Die Anmaßung, mit der sich die Alte und die Neue Welt in die Angelegenheiten eines so zivilisierten Volkes wie der Japaner einmischten, war geradezu atemberaubend; aber im Jahr 1853 kam es einem Präsidenten der Vereinigten Staaten anscheinend ganz natürlich vor, dem Skogun die Anknüpfung von Handelsbeziehungen vorzuschlagen und diesen Brief durch vier schwarze Kriegsschiffe unter dem Kommando von Kommodore Perry übermitteln zu lassen. Der Schogun war noch ein Kind. Der stellvertretende Regent suchte Zeit zu gewinnen, weil er hoffte, Nippons Isolationspolitik beibehalten zu können. Dann aber schickten die Russen ein Kriegsschiff mit ähnlichem Begehren zur Bucht von Jedo, und Kommodore Perry erschien abermals, diesmal mit doppelt so vielen einschüchternden Kriegsschiffen und noch dringenderen Vorschlägen des amerikanischen Präsidenten.

Mit großem Widerstreben wurden Verträge abgeschlossen, die ausländischen Schiffen gestatteten, einige japanische Häfen anzulaufen. Ansässigen Ausländern wurde Exterritorialität zugestanden, das Recht, unter den Gesetzen ihrer eigenen Nation zu leben und nur von ihren Landsleuten vor Gericht gestellt werden zu können. Um das Gesicht zu wahren, äußerte der Regent öffentlich seine Meinung über die »roten Barbaren« und »fremden Teufel«, die Japan ihre Kanonenbootpolitik aufgezwungen hatten. Aber die nationale Demütigung bedeutete seinen Fall. Das Schogunat war nicht mehr zu halten, der Regent wurde ermordet. Zu ihrem Mißvergnügen mußten die ränkeschmiedenden Höflinge des Mikados ihr sybaritisches Dasein in Kioto aufgeben und die Regierung in Jedo übernehmen. Aber jetzt konnte nichts mehr das Abendland aufhalten. Stückchen um Stückchen erschloß sich das Land den Fremden.

Zu den ersten, die aus den neuen Konzessionen Nutzen zogen, gehörte *Philipp Franz von Siebold*, der Naturforscher, der wegen seiner ärztlichen Fähigkeiten bei den Japanern hoch in Gunst gestanden hatte, bis er des Landes verwiesen wurde.

Seit Siebold 1830 mit vierhundertachtundfünfzig japanischen Pflanzen nach Holland zurückgekehrt war, hatte er sich mehr mit Polemik als mit Heilkunde oder Botanik befaßt. Wenn Porträts jemals der Wahrheit nahekommen, dann könnte Siebolds Bildnis – »ein feuriges, scharfsinniges Gesicht, das eine herausfordernde uniformierte Gestalt überragt« – dafür sprechen. Er hatte alle Ursache gehabt, erzürnt zu sein. In Antwerpen bot er seine Pflanzen den Behörden an, aber aus irgendwelchen Gründen zögerte man, sie anzunehmen. Sogleich beförderte er die Sammlung nach Gent, wo sie vom Botanischen Garten übernommen wurde. Zu dieser Zeit brach der Aufstand der Wallonen gegen die Holländer aus. Es kam zu einem harten Kampf zwischen Katholiken und Protestanten, zwischen Liberalismus und Autokratie. Entschieden wurde er aus der Ferne durch Frankreich und England, die gemeinsam den unabhängigen Staat Belgien errichteten und dem protestantischen Prinzen Leopold von Sachsen-Koburg, einem Onkel von Königin Viktoria, die Krone antrugen. Als Bayer nahm Siebold an der Sache wenig Anteil, doch war er auf Desima holländischer Angestellter gewesen, und so mußte er Gent verlassen. Seine Pflanzen wurden beschlagnahmt und ohne jede Befugnis an die Handelsgärtner der Stadt verteilt.

Neunzehn Jahre lang stritt er sich mit den Behörden, Beamten der Holländisch-Ostindischen Handelskompanie und Arztkollegen herum. In ruhigen Stunden erfreute er sich an Botanik, Gartenbaukultur und den Erinnerungen an seine ungewöhnlichen Erlebnisse in Japan. Seine Tatkraft dokumentiert sich in dicken illustrierten Bänden: ›Flora japonica‹, ›Fauna japonica‹, ›Catalogus librorum japonicorum‹. Nachdem sich die Wardsche Kiste als Beförderungsmittel für Exoten bewährt hatte, errichtete er in Leiden eine Baumschule, wo er aus dem Orient importierte Bäume und Sträucher hegte. Als dann die Händler der Holländisch-Ostindischen Kompanie im Jahr 1859 fanden, sie könnten die Spannungen zwischen Schogun und Mikado zu ihrem eigenen Vorteil ausnützen, forderten sie ihn auf, wieder nach Desima zu gehen. Sie entsannen sich seines Einflusses auf die Japaner, der ihrer Kompanie dienlich sein würde.

Überglücklich kehrte Philipp von Siebold ins Land der brodelnden Fumarolen und vulkanischen Ausbrüche zurück, ins Land des Tee- und Badezeremoniells, der Kormoranfischerei und bestechlicher kaiserlicher Bibliothekare. Es gereichte ihm zu großem Vorteil, daß sich die Japaner seiner erinnerten und, weil sie ihn als Augenarzt so sehr schätzten, die Verbannung gern vergaßen. Sie stellten ihm ein Haus auf der Hauptinsel zur Verfügung. Infolgedessen war er angenehm unabhängig von der holländischen Kompanie, und wegen der Exterritorialität der ansässigen Ausländer ebenso von den Japanern. Seinen rein formalen Verpflichtungen beiden gegenüber kam er pünktlich nach. Wie sich sein Haus zu einem Palast erweiterte, vergrößerte sich sein Einfluß. Mit beträchtlichem Aufwand unternahm er lange und höchst genußreiche Exkursionen in die Urwälder, wo er vielerlei neue Bäume fand. Da gab es die Sicheltanne ›Cryptomeria japonica‹ und japanische Arten von Hornbaum, Haselnuß, Kastanie, Tanne, Zypresse, Ahorn, Kiefer, Erle, Trompetenbaum, Birke und Buche (eine Art heißt jetzt Sieboldsbuche). Es gab sogar eine japanische Blumenesche, eine üppige Varietät von ›Fraxinus ornus‹ mit Herbstlaub von metallisch-violetter Färbung. Die Sträucher, die unter den Bäumen oder auf Lichtungen wuchsen, waren ebenso vielfältig. Allein der Bambus wies an die fünfzig Arten auf, die wohlklingende Namen hatten wie etwa ›Nahiria-dake‹, ›Taimin-tschiku‹, ›Kan-tschiku‹, ›Kan-zan-tschiku‹, ›Metake‹. Der Bambus Metake wurde von Siebold in Europa eingeführt und blieb lange Zeit die einzige Art, die man hier kannte. Eine andere Einführung von ihm, der Strauch ›Helwingia‹, ist eine botanische Kuriosität, denn seine erbsengrünen Blütchen scheinen mitten aus den spitz zulaufenden Blättern zu entspringen. Außerdem fand er Seidelbast-, Geißblatt- und Araliengewächse (ein Araliengewächs der Gattung ›Fatsia‹ trägt den treffenden Namen ›Fatsia horrida‹), einen japanischen Sommerflieder, Bux und eine Lavendelheide, Sieboldsberberitze, Duftblüte, Stachelkraftwurz und ein Rautengewächs einer Xanthoxylum-Unterfamilie, Japanpfeffer genannt. Zu seiner Überraschung entdeckte er noch ein Rautengewächs, die ›Orixa‹, die für Heckenpflanzungen benutzt wurde. Die Japaner liebten sie, weil ihre Blätter aromatisch waren und Duft ausströmten, wenn sie von den losen Gewändern berührt wurden. Anscheinend machte es den Japanern nichts aus, daß die Pflanze ihren Samen meterweit verstreute und, da er angesaust kam wie von einem Luftgewehr abgeschossen, man sich der Hecke zur Zeit der Samenreife kaum nähern konnte.

Neben der wissenschaftlichen Erforschung der japanischen Pflanzenwelt interessierte sich Philipp Franz von Siebold auch für die Sitte des heute weit verbreiteten Ikebana

Monat auf Monat fand Siebold immer wieder neue Bäume, Sträucher und Blumen; die japanische Flora offenbarte einen ungeahnten Reichtum. Infolge der Absperrungspolitik waren sogar viele kultivierte Pflanzen für das Abendland ganz neu: Sawara- und Hinoki-Zypresse zum Beispiel, der orientalische Lebensbaum, den Veitchs Pflanzenjäger Maries später in den Bergen der Zentralinsel wild wachsend fand, und die Felsenbirne ›Amelanchier‹, die oft neben den lackierten Holztoren der Schreine und Tempel gezogen wurde.

Der bayrische Botaniker lebte fürstlich, verehrt von den Japanern, geachtet von den Behörden, als ›Sensei‹ oder Lehrer, weil er offensichtlich ein Mann der Bücher und der Kultur war, dem Naturschönheit am Herzen lag. Die Holländer aber nahmen gegenüber dem von ihnen ernannten Medizinalagenten, der ihren Erwartungen gar nicht entsprach, einen anderen Standpunkt ein. Die Europäer erbittert es meistens, wenn sich einer der ihren auf die Seite der Eingeborenen schlägt. Genau das schien Philipp Franz von Siebold getan zu haben, und weil er einen Rückruf von der Holländisch-Ostindischen Handelskompanie wahrscheinlich nicht beachten würde, beschloß man, ihn mit einer List aus Japan wegzulocken.

Vielleicht wurde Siebold im Vertrauen auf sein Glück, das ihm erlaubte, in einem so großen und blumenreichen Land ungehindert auf Pflanzenjagd zu gehen, unvorsichtig, und vielleicht schenkte er im Hochgefühl seines eigenen Wohlbefindens Menschen Vertrauen, die – wie er hätte wissen müssen – gerissene Unternehmer waren und der Botanik kein Interesse entgegenbrachten. Was die holländischen Kaufleute ihm auch versprochen haben mögen, es war nichts weiter als ein Köder, den Siebold ganz und gar schluckte: er verließ seinen sicheren japanischen Palast und kehrte nach Holland zurück. Als er hier feststellte, daß man ihn hinters Licht geführt hatte, wollte er mit den Holländern nichts mehr zu tun haben. Seine Sammlung orientalischer Bäume und Sträucher in

Leiden wurde von Simon-Louis nach Frankreich gebracht, und Siebold, dem die Kraft fehlte, in Japan nochmals von vorn anzufangen, ging in seine Heimat Bayern und starb 1866 in München als resignierter und verbitterter Siebzigjähriger.

Trotz der Verträge von 1859 konnte nur ein Mann, der solche Vorrechte genoß wie Siebold, auf Pflanzenjagd gehen, wo es ihm beliebte. *John Veitch*, der das Familiengeschäft von Exeter nach London verlegt hatte, begab sich 1860 selbst nach Japan; aber da man ihn dort nicht kannte, wurde ihm nur erlaubt, in ganz beschränktem Umkreis zu sammeln. Er mußte eine bestimmte Entfernung zu den Handelshäfen einhalten, und jeder seiner Schritte wurde beobachtet. Ein eitlerer Mann hätte diese Zumutungen unerträglich gefunden, ein unvorsichtiger die Regeln nicht beachtet. Veitch war beides nicht. Wie die ersten Holländer auf Desima, die sich um der Geschäfte willen gedemütigt und das Kruzifix bespuckt hatten, dachte er nur daran, welchen Wert es für seine Firma haben würde, wenn er sich den Launen der Japaner unterwarf, und so befolgte er brav die Vorschriften. Darum beschränkte sich seine Pflanzensuche auf ein kleines Gebiet, und seine Sammlungen entstammten größtenteils japanischen Gärten und Pflanzenschulen. Trotzdem war das Unternehmen in geschäftlicher Hinsicht sehr einträglich. Veitch führte mehrere Gewächse als erster ein: Tigerschwanzfichte (›Picea polita‹), japanische Weiß- und Schwarzfichte und eine wunderschöne bläuliche Silbertanne, die seinen Namen trägt und für Stadtgärtner großen Wert hat, weil sie, obzwar eine calcifuge Pflanze, in städtischer Umgebung prächtig gedeiht. In großen Mengen führte er auch die Schirmtanne ein, ›Sciadopitys verticillata‹. Sir William Thistleton-Dyer, der dritte Direktor von Kew und als Sir Joseph Hookers Schwiegersohn der botanischen

Hooker-Dynastie zugehörig, beschreibt sie als eine einzigartige Konifere, »wie durch Zauberei aus ferner geologischer Vergangenheit, die alle Spuren ihrer unmittelbaren Vorfahren ausgelöscht hat, auf uns überkommen«. Aber der größte Erfolg von John Veitchs kurzem, doch fruchtbarem Besuch war seine Entdeckung von ›Lilium auratum pictum‹, der japanischen Goldbandlilie.

Robert Fortune, ein namhafter Sammler im ›Reich des Himmels‹, fühlte sich ebenfalls unwiderstehlich zu Japan hingezogen. Wahrscheinlich war er neugierig, möglichst viel von einem Land zu sehen, das aus dem Dunkel auftauchte. Aber humorlose Menschen – und Fortune war ein humorloser Mensch – werden niemals zugeben, daß sie es praktisch und nützlich finden, ihre Nase in alles zu stecken. Deshalb legte er in seinem Buch ›Jedo und Peking‹ eine falsche Schnitzeljagdspur und behauptete, er sei nach Japan gegangen, um Kunstwerke zu suchen. Sie entpuppten sich als solche pflanzlicher Natur. Niemals hätte sich ein Botaniker vom Range Fortunes dem Zauber der neuen Arten und Gattungen entziehen können, die er in den japanischen Gärten erblickte. Er war zweimal dort; das erstemal hielt er sich eine Woche bei Nagasaki und ein paar Wochen in der Umgebung von Jedo und Yokohama auf, das zweitemal 1861 im selben Gebiet. Wie John Veitch wurden ihm von den Japanern Beschränkungen auferlegt, und wie Veitch befolgte er die Anordnungen. Beide gingen Wege, die Siebold vor ihnen betreten hatte, dennoch war vieles neu, von botanischem Interesse und von kommerziellem Wert.

Fortunes Einführungen waren für die europäischen Gärtner von großer Bedeutung, obwohl ihm Entdeckungen wie die der Japanprimel (›Primula japonica‹) keine Mühe bereitet haben. »Nie werde ich den Morgen vergessen«, schrieb er, »an dem ein Korb voll dieser reizenden Blumen zum erstenmal an meine Tür gebracht wurde.«

Da er alle Gewächse aus ein und demselben Garten bezog, konnte er die von ihm eingeführten Chrysanthemen ebenso leicht sammeln: »Einige außergewöhnliche Varietäten, sehr eigenartig in Form und Farbe, und ganz anders als alle bisher in Europa bekannten Arten.« Zwei Wiedereinführungen waren wichtig, da der ursprüngliche Bestand entweder eingegangen oder kränklich geworden war: die gefüllte Deutzie ›Deutzia scabra‹ und die im Herbst blühende Duftblüte, die, obzwar eine Hybride japanischen Ursprungs, nach ihm ›Osmanthus fortunei‹ genannt wurde.

Es mag merkwürdig erscheinen, daß Fortune im Verhältnis viel größere Ernte hielt als Siebold, der Doyen der Pflanzenjäger in Japan. Aber er war ja Berufsgärtner, der die Technik des Verpackens und Verschiffens von Gewächsen schon in vorwardianischer Zeit wie kein anderer beherrschte; Siebold hingegen war in erster Linie Naturforscher, der die Gewächse Japans liebte. Auch vertraten sie die beiden voneinander ganz verschiedenen Pflanzenjägertypen des neunzehnten Jahrhunderts, die ihrerseits zwei verschiedene Menschentypen repräsentierten: aktive Praktiker und passive Denker. Hätte Philipp von Siebold beispielsweise vor dem im Mondschein bläulich schimmernden Fudschijama gestanden, so hätte er wahrscheinlich wie die Japaner seine Schönheit bestaunt und über seine Formation nachgedacht; Robert Fortune hätte angesichts desselben erhebenden Anblicks das Verlangen gehabt, den Berg zu ersteigen.

Obwohl Veitchs und Fortunes Sammlungen hauptsächlich von Blumenhändlern und aus den Gärten der Gasthöfe, Tempel und Privathäuser stammten und beide ein bestimmtes Gebiet nicht überschreiten durften, war ihre persönliche Sicherheit keineswegs verbürgt. Während Veitch Fichten und Tannen suchte und Fortune begeisterte Notizen machte über Chrysanthemen »mit Blütenblättern gleich langen, dicken Haaren von roter Farbe, aber mit gelber Spitze«, wurde der wohlmeinende Regent des Schoguns nicht weit entfernt vor dem Schloß seines Herrn ermordet. Im Jahr 1861, als England um den Prinzgemahl trauerte und der Friede in Amerika vom blutigsten Bürgerkrieg der Geschichte abgelöst wurde, als Veitch und Fortune eifrig ihre Wardschen Kisten packten, waren die japanischen Samurais, die sich um Verträge nicht kümmerten, ebenso eifrig damit beschäftigt, mit ihrem zweischneidigen Schwert Ausländer in Stücke zu hacken. Ein Jahr später griff der Mikado scharf durch, aber erst nachdem ein Engländer namens Richardson auf der Tokaido-Straße zwischen der alten und der neuen Hauptstadt ermordet worden war. Nach dieser ungeheuerlichen Beleidigung der britischen Würde beschoß die englische Flotte den Hafen von Kagoschima, der fast ganz zerstört wurde. Zur gleichen Zeit waren die Besucher der Londoner Blumenausstellung, wo viele von Veitchs Schätzen gezeigt wurden, so hingerissen von der japanischen Goldbandlilie, daß die Damen den Atem anhielten und die Herren wie in der Kirche den Hut abnahmen.

Es dauerte noch lange, bis die radikale Revolution in Japan vollendet war und europäische Pflanzenjäger einigermaßen ungefährdet tätig sein konnten.

John Veitch rieb sich auf, bis es sich rechtfertigen ließ, einen Sammler zu entsenden. Dann wählte er seinen Obergärtner *Charles Maries* aus und schickte ihn 1875 nach Japan. Maries verstand sich auf Botanik. Er war bei Professor Henslow, dem Schwiegervater Joseph Hookers, in die Schule gegangen. Er war praktischer Gärtner, gesund, vierundzwanzig Jahre alt, gefühlsmäßig nicht an die Heimat gebunden, so daß er sich uneingeschränkt seiner Aufgabe widmen konnte. John

文政九戌年三月下旬来朝阿蘭陀人医師ヒイボルト之歴廿四歳
能医術ニ長ス傍本草ニ委シ ビルヘルハ石薬ヲ好ミ箱根ニテ磁石ヲ採得タリ
エリマキ 白木綿
ジユバン ハンエリ 白木綿
下着 モウル 銀糸織入模嶋 胸共丹ガケ
岩崎常正 写生

28 *Nach den frühen Forschungen Kaempfers und Thunbergs wurde der Würzburger Philipp Franz von Siebold der eigentliche wissenschaftliche Entdecker und Erschließer Japans. Unter dem Schutze der Holländisch-Ostindischen Handelskompanie auf Desima, einer Insel vor Nagasaki, konnte Siebold seine botanischen Exkursionen in dem von Fremdenabwehr erfüllten Lande immer weiter*

← 27 *Philipp Franz von Siebold, wie ihn die Japaner sahen: seine Kenntnisse als Augenarzt haben ihm viele Türen geöffnet.*

ausdehnen und 1826 sogar eine holländische Gesandtschaft nach Jedo, dem heutigen Tokio, begleiten, eine Begebenheit, die er später in seinem ›Nippon, Archiv zur Beschreibung von Japan‹ im Bilde vorführte. Dieses großartige, von 1832 bis 1851 erschienene Werk entwarf zum ersten Mal ein ausführliches, vorurteilsloses, wissenschaftlich genaues und künstlerisch gestaltetes Bild Japans.

29 *Seine botanischen Forschungen und Entdeckungen legte Siebold in der ›Flora japonica‹ 1835-1870 nieder: die Titelvignette zeigt das von ihm auf Desima errichtete Denkmal für Kaempfer und Thunberg.* →

FLORA JAPONICA
SIVE
PLANTAE,

QUAS IN IMPERIO JAPONICO COLLEGIT, DESCRIPSIT,
EX PARTE IN IPSIS LOCIS PINGENDAS CURAVIT

D^R^ PH. FR. DE SIEBOLD.

SECTIO PRIMA,

CONTINENS

PLANTAS ORNATUI VEL USUI INSERVIENTES.

DIGESSIT

DR J. G. ZUCCARINI.

MONIMENTUM IN MEMORIAM
ENGELBERTI KAEMPFERI ET CAROLI PETRI THUNBERGII
IN HORTO BOTANICO INSULAE
DEZIMA
CURA ET SUMTIBUS
PH. FR. DE SIEBOLD
POSITUM.
MDCCCXXVI.

Veitch fand jedoch, daß es Maries trotz diesen Eigenschaften an Durchschlagskraft fehlte und er sich als Entdecker weder mit Fortune noch mit ihm selbst messen konnte. Dennoch waren seine Einführungen gewinnbringend. Veitch wußte recht gut, daß ein Fund wie die Goldbandlilie zwar nicht zu übertreffen war, daß aber zu guter Letzt ebenso wichtig, wenn nicht noch wichtiger, die große Zahl neuer Einführungen sein würde. Deshalb trug er seinem Sammler auf, möglichst viele Samen möglichst vieler Koniferen zu senden. Drei Jahre lang hielt Maries sich im Fernen Osten auf, meistens in Japan. Auf seinen beiden Reisen nach China hatte er Pech. Auf der ersten fand er am Jangtsekiang die Varietät ›gloriosoides‹ von ›Lilium speciosum‹, aber dieser Triumph konnte den argen Sonnenstich nicht wettmachen, den er hier erlitt. Auf dem Weg zur Küste wurde er vor Kopfschmerzen beinahe wahnsinnig. Auf der zweiten Reise sammelte er Samen von ›Primula obconica‹, und wieder wurde ihm die Freude verdorben: Banditen schlugen ihn nieder und raubten ihn aus. Bei der Arbeit in Japan hatte er mehr Glück; als erster Pflanzenjäger besuchte er die Provinz Hokkaido im Norden. Obwohl hier ein strenger Winter mit bitterkaltem Wind vom Ochotskischen Meer her herrschte, gab es in dem gefrorenen Boden widerstandsfähige Koniferen. Die Landschaft sah ähnlich aus wie in Schottland; Erdbeben, vulkanische Ausbrüche, Stürme und Sturmfluten bestimmten den Charakter der Insel. Hier fand er tatsächlich die vielen Koniferen, die Veitch verlangt hatte, außerdem die chinesische Ballonglockenblume (›Platycodon mariesii‹) und ›Lilium splendens‹ (auch ›L. thunbergianum sanguineum‹ genannt), eine Lilie mit hellroten, lebhaft gefleckten Trichterblüten. Maries führte übrigens auch die Zaubernuß (›Hamamelis japonica‹) ein, und dieser Strauch sollte so allgemein beliebt werden, daß die Gärtner ihn zu einem der fünf bevorzugten Wintergartengewächse auserkoren, und zusammen mit immergrünem Seidelbast, Winterjasmin, Forsythie und Kamelie herrscht er noch heute. Im Gegensatz zu den meisten Veitchschen Pflanzenjägern, die im Ruhestand von ihren Auslandsreisen nur noch träumten, ließ sich Maries in Indien als Gartenbauberater eines indischen Fürsten nieder.

Die Gründung des Arnold-Arboretums der Harvard-Universität im Jahre 1872 und die Arbeit, die der Forstwissenschaftler Charles Sprague Sargent hier als Direktor leistete, übten starken Einfluß auf die Baumsuche aus. Sargent spezialisierte sich auf die Bäume Nordamerikas, aber er sammelte auch in Japan – nicht lange nach Maries –, wo er sich zur gleichen Zeit aufhielt wie der spektakulärste aller Pflanzenjäger in Nippon, nämlich Père *Urbain Faurie*.

Faurie war in erster Linie Botaniker; es interessierte ihn viel weniger, Gewächse zu verpflanzen, als sie zu identifizieren und zu konservieren. Er lebte sich so in Japan ein, daß sich Siebolds Herz für ihn erwärmt hätte, bemühte sich nach Kräften, Japanisch zu lernen und trug meistens die lose und bequeme Kleidung eines Kuli. Kein ausländischer Botaniker verfügte über solch genaue Kenntnis der Flora Japans, wohl keiner bewies mehr Tatkraft. Von Faurie heißt es, er hätte neunzig von hundert der japanischen Hügel und Berge abgesucht, und es vergnügte ihn, zwei- bis dreimal in der Nacht aufzustehen, um das Trocknungspapier in seinen botanischen Pressen zu wechseln. Im Verlauf von vierundzwanzig Jahren sammelte er 22 500 Pflanzen, alle sorgfältig getrocknet, konserviert, identifiziert, benannt, gekennzeichnet und eingetragen. Er übte einen großen Einfluß auf die einheimischen Blumenliebhaber aus.

Viel früher als China begann Japan, eigene Pflanzenjäger heranzubilden und Exemplare ihrer Funde an die Botanischen Gärten im Abendland zu schicken. Zum Beispiel entdeckte der Botaniker Schirasawa 1893 die japanische Douglastanne und sorgte für ihre Einführung in Europa und in die Vereinigten Staaten. Mit Hilfe der einheimischen Botaniker und des Engländers Ernest Henry Wilson, allgemein ›der chinesische Wilson‹ genannt, der während des Ersten Weltkriegs vom Arnold-Arboretum nach Japan entsandt wurde, ist die japanische Flora systematisch katalogisiert und analysiert worden. Ohne die Gewächse aus dem ›Lande der aufgehenden Sonne‹ würden die heutigen abendländischen Gärten unvollständig aussehen.

China in der nachwardianischen Zeit

Ein kommerzieller Krieg und die Erfindung der Wardschen Kiste hatten beim Pflanzenexport aus China eine vollständige Änderung zur Folge. Die Rolle, die Großbritannien im sogenannten Opiumkrieg spielte, läßt sich kaum rechtfertigen. Das Monopol der Ostindischen Kompanie endete 1834, aber die britische Regierung wollte den Handel in China im Auge behalten und entsandte einen Bevollmächtigten. Er war eher ein Agent der britischen Kanonenbootpolitik.

Der Mandschukaiser Taokuang war den Europäern und Amerikanern, die in Kanton und Macao Handel trieben, wohlwollend gesinnt. Seine Vorgänger auf dem Drachenthron, die dem abendländischen Erfindungsgeist gleichgültig gegenüberstanden, hatten Europa das Westmeer und die Europäer entweder ›Franken‹ oder ›Rothaarige‹ genannt; Taokuang hingegen war beeindruckt von der Kultur, den Kanonen und der Astronomie der Abendländer, die ihm in Peking einen Höflichkeitsbesuch machten. Doch so wohlgesinnt und so beeindruckt er auch war, ins Innere von China ließ er sie nicht hinein. Er zögerte auch nicht, ihr höchst verantwortungsloses Einführen von Opium als Handelsartikel zu verurteilen und ihnen den Opiumhandel zu verbieten. Das hatte katastrophale Folgen. Die gesundheitsschädliche und kostspielige Droge wurde vor allem von den Briten aus Bengalen und England eingeschmuggelt. China verlor im Tausch so gewinnbringende Produkte wie Silber, Tee, Seide und Porzellan. Der Kaiser beschwerte sich über diesen »kontrollierten Schmuggel« beim britischen Gesandten.

Damals war der Rauschgifthandel ein ebenso gutes Geschäft wie heute. Der Gesandte rührte keine Hand. Zu seiner Überraschung erschien in Kanton ein Sonderkommissar namens Lin, der Machtbefugnisse und genaue Anweisungen erhalten hatte, um dem Schmuggel radikal ein Ende zu machen.

Lin war zufällig ein lauterer Mann, einer der wenigen kaiserlichen Beamten, die sich am Opiumschmuggel nicht beteiligten. Er diente seinem Herrn ehrlich, bewies, daß er der britischen Überredungskunst nicht zugänglich war und räumte zu jedermanns Mißvergnügen mit dem Handel auf. Fremde Kaufleute und Angestellte sperrte er in ihren Faktoreien ein und stellte ihnen ein Ultimatum: Er werde seine Sanktionen fortsetzen, wenn nötig, für immer, falls die den Briten gehörenden Opiumvorräte in den Lagerräumen und Frachtschiffen ihm nicht übergeben würden. Der Gesandte versuchte ihn auf jede Art und Weise umzustimmen, aber Lin blieb unerbittlich. Die Briten mußten nachgeben, und nicht weniger als 20000 vollgepackte Opiumkisten wurden dem Kommissar ausgehändigt. Sie stellten ein Vermögen dar, und Lin vernichtete sie. Er säumte zudem, als es darum ging, alte Handelsrechte zu erneuern. Es gingen auch Gerüchte um von Greueltaten, die an den Gefangenen in den Handelsfaktoreien verübt worden wären. Mit der Begründung, Lin hätte den Handelsvertrag nicht eingehalten, erklärte Großbritannien China den Krieg.

Eine Flotte und ein Heer kamen 1840 an. Die Insel Chusan wurde besetzt, Kanton, Ningpo und Schanghai genommen. Krieger und Diplomaten des so verletzbaren Reiches des Himmels vermochten dem Druck der abendländischen Berufssoldaten nicht zu widerstehen, die in der Viktorianischen Zeit immer nach Krieg dürsteten. Der Friedensvertrag, der 1842 geschlossen wurde, war für Großbritannien und somit auch für die abendländischen Pflanzenjäger entsprechend günstig.

Danach standen die Häfen von Schanghai, Ningpo, Futschou und Amoy dem Welthandel ebenso offen wie Kanton und Macao. Die Insel Hongkong wurde für alle Zeit an England abgetreten. Die Chinesen hatten die strenge Aufsicht über die Tätigkeit der Ausländer in der unmittelbaren Umgebung der eröffneten Häfen zu lockern und Reisen bis zu fünfundsiebzig Kilometer Entfernung waren von ihnen zu gestatten. Diese Erlaubnis und die Öffnung von noch vier weiteren Häfen ermöglichten es den Sammlern, in einem ganz neuen und sehr weiten Gebiet auf Pflanzenjagd zu gehen.

Die ganz aus Granit und Basalt bestehende Insel Hongkong ist nur neunundsechzig Quadratkilometer groß, aber das unterschiedliche Gelände bewirkt Vielfalt, und das Klima ist dem Pflanzenwachstum günstig. Da man auf diesem britischen Territorium nach Herzenslust botanisieren konnte, machten sich mehrere Fachleute und Amateure an die Erforschung der Flora; ihre Sammlungen, Zeichnungen und Notizen wurden von *George Bentham* bei der Zusammenstellung seines Werkes ›Flora hongkongensis‹ (1861) benutzt. Sie stellte sich als erstaunlich reich heraus: fast tausend Arten von fünfhundertfünfzig Gattungen. Vier der Pflanzenfreunde gehörten dem britischen Militär an, nämlich ein Sanitätsoffizier des Schützenbataillons, zwei Schiffsärzte und *John George Champion*, Hauptmann des 95. Infanterieregiments. Dem Hauptmann Champion zollte Bentham besonderen Dank, weil er ein systematischer Botaniker war, nicht nur einfach ein Sammler. Mit gewissenhafter Genauigkeit machte er analytische Zeichnungen und Beschreibungen an Ort und Stelle, nicht erst später am Tage, wenn die Erinnerung von Müdigkeit und Erschöpfung getrübt sein konnte. Zu Benthams ›Flora‹ trugen auch noch andere Männer bei, so *Charles Wilford*, ein Kew-Sammler der neuen Generation, und *Charles Wright*, der als Landvermesser in Texas auf Rotwildjagd gegangen war und in Hongkong mit gleichem Eifer der Pflanzenjagd oblag, so daß er Bentham viele sorgsam getrocknete und gepreßte Gewächse vorlegen konnte. Nicht zuletzt beruhte Benthams ›Flora‹ auf den Forschungen von Robert Fortune und Hance, die in der Geschichte der Pflanzenjagd in China eine so bedeutende Rolle spielten, daß sie besondere Beachtung verdienen.

Fortune war Schotte von Geburt, hartnäckig, streng und so ernst von Charakter wie David Douglas; er verfügte über die Begabung, Pflanzen anschaulich zu beschreiben und Gartenpflanzen zu erkennen. Vermutlich war er leicht überspannt und naiv. Seine Bücher und zahlreichen Artikel sind ungeschminkt und fesselnd, aber merkwürdig unpersönlich. Sie enthalten wenig über Fortune selbst, und die Tagebücher und Briefe, die vielleicht seine Persönlichkeit widergespiegelt hätten, wurden nach seinem Tode von den Angehörigen vernichtet – entweder aus Vorsicht oder Mißbilligung –, auf keinen Fall ein lobenswertes Vorgehen.

Als die Einzelheiten des Friedensvertrags mit China nach dem Opiumkrieg bekannt wurden, dauerte es nicht lange, bis die Königlich Britische Gartenbaugesellschaft ein China-Komitee bestellte. Der eigentliche Gründer war John Reeves, der seinen Posten in Kanton aufgegeben hatte und jetzt in London lebte. Sein Wissen war unschätzbar, seine Begeisterung ansteckend. Er riet der Gesellschaft, so bald wie möglich einen Sammler zu entsenden, da er sich bezahlt machen würde. Fortune, der zu dieser Zeit die Warmhäuser der Gesellschaft in Chiswick betreute, begehrte den Auftrag glühend. Er war einunddreißig Jahre alt, ein fleißiger Arbeiter, ein geschickter Gärtner und ehrgeizig. Reeves hielt ihn für geeignet, und so wurde der Schotte mit Spaten, Pflanzenheber, Totschläger, Schrotflinte, Pistolen, chinesischem Wörterbuch und vielen Belehrungen ausgerüstet. Sein Jahresgehalt betrug hundert Pfund, die Unkosten sollten ihm bis zu fünfhundert Pfund vergütet werden. Er mußte ein Tagebuch führen, das Eigentum der Gesellschaft blieb, und dem Sekretär der Gesellschaft ausführliche Briefe schreiben: »Danach wird die Gesellschaft Ihre Fortschritte beurteilen können. Alle Briefe müssen für den Fall, daß der eine oder andere verlorengeht, im Duplikat von zwei verschiedenen Orten aus abgesandt werden.« Wenn er Pflanzen in Wardschen Kisten verschicke, solle er »dem Kapitän die unbedingte Notwendigkeit einprägen, die Glaskisten dem Licht auszusetzen und im Heck aufzustellen«. Alle Gewächse und Samen wären ausschließlich Eigentum der Gartenbaugesellschaft. Er müsse von allen Pflanzen, die er fände, getrocknete Exemplare liefern. Er solle bestimmte Fragen klären, warum die Chinesen zum Beispiel Pflanzensamen zusammen mit verbrannten Knochen aufbewahrten, und unter welchen Bedingungen in Hongkong Enkianthi kultiviert wurden. Er solle immer daran denken, daß »sich der Wert der Pflanzen vermindert, je mehr Wärme ihre Züchtung erfordert. Wasserpflanzen, Orchideen und Gewächse mit besonders schönen Blüten sind die einzige Ausnahme von dieser Regel«. Nicht nur solle er Bodenanalysen beschaffen, sondern noch zweiundzwanzig andere Dinge, darunter »Pflanzen, die Tee von verschiedener Qualität ergeben, Päonien mit blauen Blüten, deren Vorhandensein allerdings zweifelhaft ist, Kokons des Atlasspinners, die Pflanze, die Reispapier liefert«. Höchst aufschlußreich ist ein Zusatz dieses unglaublichen Schriftstücks: »Die Gesellschaft vermag nicht vorauszusehen, was Sie während Ihres Aufenthaltes in China werden leisten können. Deshalb soll der Vertrag vorläufig auf ein Jahr beschränkt werden.« Daraus erhellt sich, daß sogar der erfahrene Reeves vom damaligen China nicht sehr viel wußte. Es ergab sich dann, daß Fortune im ganzen neunzehn Jahre lang den Fernen Osten bereiste und dort sehr wesentliche Einführungen für sich buchen konnte.

Er fuhr mit einem Schiff, das ›Emu‹ hieß, und auf Anordnung der Gartenbaugesellschaft aß er am Tisch des Kapitäns. Der erste Anblick des Reichs des Himmels enttäuschte ihn. Wie John Gibson, der das Gangesdelta so häßlich fand, hatte er etwas ganz anderes erwartet. Er fühlte sich geradezu hinters Licht geführt:

Ich hatte zwar von den kahlen, unfruchtbaren Bergen dieses vielgepriesenen Landes gehört, aber so nackt hätte ich sie mir doch nicht vorgestellt. Überall sahen sie wie versehrt aus. Bäume gibt es nur wenige, sie sind verkrüppelt und ganz nutzlos außer für Brennholz.

Die Cinesen sagten ihm ebensowenig zu:

Vom höchsten Mandarin bis hinunter zum gemeinsten Bettler sind sie erfüllt von trügerischer Einbildung über ihre eigene Bedeutung.

Erfahrung und Zeit bewirkten, daß er seine Ansichten über China und die Chinesen änderte. Das Land wuchs ihm sogar ans Herz. Die Leute betrachtete er teils mit Zuneigung, teils mit Gereiztheit, weil sie sich natürlich um ihn drängten und sich über sein Aussehen belustigten, denn er trug eine dunkle Brille, einen Schlagschirm und eine Kopfbedeckung ähnlich einem türkischen Fes. Er bewies eine gewisse Taktlosigkeit, als ihm ein Mandarin ein wertvolles Bonsaibäumchen schenken wollte, das in Tiergestalt zurechtgestutzt war:

Da es für mich keinen Nutzen hatte und meine Sammlungen schon umfangreich waren, mußte ich das Geschenk ablehnen, das er offensichtlich sehr wertvoll fand, und zweifellos wunderte er sich über meinen Mangel an Geschmack.

Sicherlich wunderte sich der Mandarin auch über des Schotten Mangel an Liebenswürdigkeit und Höflichkeit.

Obwohl sich Fortune auf seiner Expedition nie weiter als fünfundvierzig Kilometer vom erlaubten Hafen entfernte, wurden seine Sammlungen den hoffnungsvollen Erwartungen des China-Komitees gerecht. Die praktische Arbeit wurde größtenteils von einem Chinesen erledigt, den Fortune für »einen kleinen Tageslohn« angestellt hatte; er selbst war gewissermaßen als ›Pflanzen-Clearingsinstitut‹ tätig. Einige Pflanzen fand er jedoch selbst. Eine besonders gepriesene Beute war die japanische Anemone, die gar keine Japanerin war und im November auf den chinesischen Friedhöfen blühte. Auf dieser und auf späteren Expeditionen führte er Weigelie, Winterjasmin, Flammendes Herz, Forsythie, Strauchpäonie und viele Arten von Pflaumen, Primeln, Rhododendren, Azaleen und Chrysanthemen ein.

Gegen körperliche Gefahren war er keineswegs gefeit. Als er nach einer kurzen Exkursion ins Innere nach Chusan zurückkehrte, lag er fiebergeschwächt auf dem

Deck einer Dschunke. Seine Leute waren ängstliche Gesellen, die nur vor Schreck schreien konnten, als Piraten in Sicht kamen und Kurs auf die Dschunke nahmen. Fortune vermochte kaum auf den Beinen zu stehen. Er wartete, bis die Piraten längsseits waren, erst dann bedachte er sie mit einer Salve aus der Doppelflinte, mit der ihn die Gartenbaugesellschaft versehen hatte. Sie legten ab, erwogen ihre Aussichten und griffen abermals an. Wieder feuerte Fortune drauflos und dann nochmals, bis sie endlich vertrieben waren.

Auf dem Ostindienfahrer ›John Cooper‹, der im Heck achtzehn Wardsche Kisten trug, fuhr Fortune 1845 nach England zurück. Für seinen Mut und seine Fertigkeit wurde er mit der Leitung des Gartens von Chelsea belohnt, aber er blieb auf diesem Posten nur zwei Jahre. Er hatte den Geschmack von China auf der Zunge, und als die Ostindische Kompanie ihm anbot, für die Teepflanzungen im Himalaja die besten chinesischen Teesorten zu beschaffen, griff er zu. Es war kein leichter Auftrag. Die Chinesen hüteten ihre Tee-Industrie so eifersüchtig, daß man sich in Gefahr begab, wenn man Samen zu sammeln trachtete. Seine ›Tarnung‹ als Botaniker war recht gut und besonders überzeugend, weil im Teegebiet von Anhwei und Bohea viele Wildpflanzen vorkamen. Da er zudem so kühn war, sich als Eingeborener aus einer fernen Provinz auszugeben, gelang ihm das Vorhaben. In drei aufeinanderfolgenden Jahren schickte er Teesamen nach Kalkutta; besonders erfolgreich waren die zweite und die dritte Lieferung, da sie auch Sämlinge in Wardschen Kisten umfaßten.

In Biographien wird Fortune oft als der Mann bezeichnet, der 1848 den Teestrauch in Indien einführte. Forschungen der Botaniker, Pflanzenzüchter, Pflanzenjäger haben ergeben, daß in China die Teezeremonie zwar seit dreitausend Jahren gepflegt wird, und lange hielt man es für die Heimat der Kamelienart, deren Blattspitzen Tee ergeben; aber es scheint, die ersten Teetrinker lebten in den dschungelbedeckten Bergen zwischen Assam und Nordburma, vor allem nahe dem einsamen Berge Dapha Bum. Demnach wurde der Teestrauch nicht von Osten nach Westen verpflanzt, sondern umgekehrt. Die Direktoren der Ostindischen Kompanie interessierten sich jedoch nicht für die Pflanzenökologie. Ihnen ging es hauptsächlich darum, daß sie Fortune zu seiner vortrefflichen Arbeit beglückwünschen konnten, denn es bestand alle Aussicht, daß er sie zu Teenabobs machen würde.

Abgesehen von dieser Leistung fand Fortune den Berberitzenstrauch ›Berberis bealei‹, der »alle bekannten Arten an Schönheit weit übertraf«. Leider herrschte bei den Chinesen der Aberglaube, die Pflanze hätte Zauberkräfte, so daß es schwer war, ihre abergläubische Furcht zu überwinden, damit sie sich wenigstens von einem Exemplar trennten. Die drei kleinen Pflanzen, die er ihnen schließlich entlockte, waren die Vorfahren aller heute in Europa und in den Vereinigten Staaten vorkommenden Exemplare. Ein weiteres Nebenprodukt seiner Tee-Expedition war die Gewinnung des Samens der Trauerzypresse (›Cupressus funebris‹). Die Botaniker, die zu Lord Amhersts Gesandtschaft gehörten, hatten sie entdeckt und bereits beschrieben, aber nicht nach Europa eingeführt. Fortune fand großen Gefallen an dem Baum. Als Calvinist und ausgesprochener Vertreter seiner schwermütigen Heimat und seiner düsteren Zeit fühlte er sich vom Schicksalhaften und vom Tod angezogen, und sogleich entschied er, daß diese Konifere auf den abendländischen Friedhöfen eine schöne Zierde abgeben würde. John Lindley, damals Botanikprofessor an der Londoner Universität, stimmte ihm aus vollem Herzen zu und erklärte, die Zypresse eigne sich »vorzüglich als Friedhofsdekoration«. Es erwies sich jedoch, daß die Zypressen, die aus Fortunes Samen gezogen wurden, dem nordeuroäischen Klima nicht gewachsen waren und nur in Gegenden gediehen, die vom Golfstrom erwärmt werden.

Durch seinen Erfolg als Teeschmuggler erwarb sich Fortune die Ehre, von der Ostindischen Kompanie nochmals zur Beschaffung weiterer Teepflanzen und -samen ausgesandt zu werden. In China wütete gerade der T'ai-p'ing-Aufstand, ein Konflikt zwischen den Mandschus und Mandarinen und einer revolutionären Bewegung unter Führung eines ehemaligen Dorfschullehrers namens Hung Siu-Ts'üan, der Visionen hatte, mit dem amerikanischen Methodismus liebäugelte, sich als jüngerer Bruder Christi proklamierte und danach mit dreißig Ehefrauen und hundert Konkubinen in Glanz und Herrlichkeit lebte. Der mörderische Kampf sollte zwölf Jahre währen; Grenzgebiete gingen im Norden an Rußland verloren, in Jünnan und Turkestan an die Moslems, und mehrmals geriet der Drachenthron in ernste Gefahr, gestürzt zu werden. Völlig unberührt von all dem machte sich Fortune den Mangel an Überwachung zunutze, betrieb in verbotenen Gebieten Pflanzenjagd und nahm sich aus den Teegärten, was ihm beliebte. Sein Mut, den er ja bei dem Scharmützel mit den Piraten bewiesen hatte, wurde nie bezweifelt, ebensowenig seine Überspanntheit, die sich darin kundtat, daß er meistens nur mit einem Schlagschirm bewaffnet war.

Seine vierte Reise unternahm Fortune im Auftrag des Patentamtes der Vereinigten Staaten. Das war 1858. Der T'ai-p'ing-Aufstand tobte immer noch und zerriß das chinesische Volk, aber Fortune schien es kaum zu merken. Er sollte für die amerikanische Regierung Pflanzen sammeln und sich mit dem chinesischen Gartenbau befassen, und das tat er denn auch, nichts anderes. Es war sein letzter Auftrag, der seinen Ruf als Sammler bestätigte.

Fortune hatte natürlich Glück, gleich nach dem Opiumkrieg als erster Botaniker von Rang auf dem Schauplatz zu erscheinen. Außerdem machte er sich als Erster die Wardsche Kiste zunutze. Aber sein großer Erfolg und sein Ruhm beruhten größtenteils auf der Tatsache, daß er nicht nur ein leidenschaftlicher Botaniker und Forscher war, sondern auch ein beruflich geschulter und erfahrener Gärtner.

Henry Hance, Konsularbeamter in Kanton und später Vizekonsul in Whampoa, wurde aus anderen Gründen berühmt. Wenn er auch im Konsulardienst einen geringen Rang einnahm, so übte er auf dem Gebiet der botanischen Forschung im Süden Chinas doch starken Einfluß aus. Vielleicht hing beides zusammen. Hance hatte für einen Engländer ein ungewöhnliches Sprachtalent. Er beherrschte Französisch und Deutsch ebenso gut wie das Englische, und wenn die klassischen Sprachen nicht tot und nur den Gelehrten und Kirchenmännern vorbehalten gewesen wären, hätte er wahrscheinlich auch Lateinisch und Griechisch gelernt. Doch obwohl er dreiundvierzig Jahre lang in China lebte und das Land mehr liebte als irgendein Engländer seiner Zeit, gelang es ihm nicht, die sogenannte Beamtensprache oder irgendeine Mundart der Chinesen zu erlernen. Da dies seiner diplomatischen Laufbahn Abbruch tat, hielten ihn einige seiner Zeitgenossen einfach für dickköpfig. Sie übersahen, daß man Chinesisch nicht auf gleiche Weise wie eine andere Sprache erlernen kann, daß die Wortschrift zum schwierigsten Studium der Welt gehört, daß allein die Beamtensprache in fünf Variationen gebraucht wird und daß Hance die Aufgabe vielleicht zu zeitraubend fand. Möglich auch, daß er Beförderung und Verantwortung scheute, und der einfachste Weg, um einer Karriere zu entgehen, bestand darin, kein Chinesisch zu können. Jedenfalls ließ ihm seine unbedeutende Stellung genug Muße und sorglose Freiheit, sich dem zu widmen, was seinem Herzen am nächsten stand, nämlich dem Studium der Pflanzen. So stellte er sein ausgeprägtes Organisationstalent, das dem Konsulardienst verlorenging, ganz in den Dienst jahrelanger Pflanzensuche. Was Reeves in Kanton und Wallich in Kalkutta gewesen waren, das wurde Hance als bescheidener Vizekonsul in Whampoa. Wenn Sammler Rat und Hilfe brauchten oder auch bloß fachsimpeln wollten, dann kamen sie zu ihm. Zum Entgelt verlangte er nichts anderes als Duplikate der gefundenen Pflanzen, nur gelegentlich ging er selbst auf die Jagd. Im Verlauf seiner dreiundvierzigjährigen Tätigkeit als Konsularbeamter begegnete und half er so vielen Sammlern, daß sich sein Herbarium immer mehr vergrößerte. Jetzt befindet es sich in der Naturhistorischen Abteilung des Britischen Museums in London – ein Zeugnis seines botanischen Wissens und seines Organisationstalentes.

Das Land war groß, es erstreckte sich von Moha im Norden bis zum Südchinesischen Meer auf rund viertausend Kilometer, was einer Entfernung von New York bis Bogotá oder von London bis Timbuktu entspricht. Hances Einfluß wirkte sich hauptsächlich in Südchina aus, und sein Herbarium vertritt die Flora dieser Gegend.

Der einflußreichste Botaniker im Norden war zweifellos der Russe *Karl Johann Maximowitsch*, der den Vorteil genossen hatte, seine Botanik zu Füßen des großen Bunge zu erlernen und im Alter von vierundzwanzig Jahren zum Konservator des Sankt Petersburger Herbariums ernannt zu werden. Er wurde 1853 auf seine erste Expedition in den Fernen Osten entsandt, fuhr mit einer Fregatte der russischen Flotte nach China und kehrte auf dem Landweg zurück. In den nächsten dreizehn Jahren unternahm er noch viele Forschungsreisen, sowohl nach Japan als auch in die Mandschurei und die nördlichen Provinzen Chinas. Mit kühnem Unternehmungsgeist ging er an den abgelegensten Orten auf Pflanzenjagd. Seine bedeutendste Leistung bestand allerdings in der Sammlung aller Informationen über die Gewächse Nordchinas. Im Gegensatz zu Hance, der sein Herbarium südlicher Pflanzen in Whampoa zusammentrug, erarbeitete Maximowitsch die gesamten zentralasiatischen Sammlungen zu Hause in Sankt Petersburg. Jahrelang schickten ihm die russischen Pflanzenjäger aus den von ihnen bearbeiteten Gebieten Duplikate der gefundenen Gewächse. Sie wußten, daß er keineswegs ein Rivale war, denn die kommerzielle Seite der Einführung von Pflanzen interessierte ihn nicht. Beide, Hance und Maximowitsch, nahmen eine bedeutende Stellung ein, als China nach der zweiten Phase des Krieges mit den Westmächten 1860 seine Tore zum Innern den Vertragsmächten – Großbritannien, Rußland, Frankreich, Vereinigte Staaten – öffnen mußte und die Pflanzenjäger endlich flußaufwärts ins westliche Hochland eindringen konnten.

Für China war es eine unselige Zeit. Immer noch wütete in vielen Provinzen der T'ai-p'ing-Aufstand. Die Mandschus und ihre Mandarine, die erkannten, daß das Reich zerfiel, und sich ihrer eigenen Dummheit sowie der Kanonenbootmanieren der Abendländer schämten, mußten sich demütigen und zur Unterdrückung des T'ai-p'ing-Aufstandes die Eroberer um Hilfe bitten. Der »stets siegreichen Armee«, die ihren Namen zu Unrecht trug, in diesem Fall aber von dem Engländer Charles George Gordon glänzend angeführt wurde, gelang es, den Aufstand niederzuschlagen; aber China hatte bereits etwas verloren, das es nie wiedergewinnen sollte.

So schlecht die Zeit für chinesische Staatsmänner und

Revolutionäre auch war, für botanische Forscher war es eine Zeit ohnegleichen. Joseph Hookers Expedition nach Sikkim hatte die großen Verheißungen des Himalajagebiets gezeigt. Pflanzenjäger in Burma, Indochina und Siam waren überzeugt gewesen, daß in den verbotenen nördlichen Bergketten ungeheure Mengen von winterharten Blumen und Bäumen zu finden sein würden. Die Botaniker, die an der chinesischen Küste und – mit oder ohne Erlaubnis – in der Zentralebene gesammelt hatten, waren ebenso darauf versessen, nach Westen zu gehen.

Jetzt konnten sie es.

VIERTER TEIL

Am Rande der Welt

Das Paradies der Pflanzenjäger

Das große Gebiet, das über ein Jahrhundert lang die ergiebigste Quelle der Pflanzensammler werden sollte, lag im Herzen Asiens. Ein Teil gehörte zu Indien, ein Teil zu Burma, ein größerer Teil zu Tibet, der größte aber zu den drei chinesischen Provinzen Kansu, Szetschuan und Jünnan. Das Gebiet wurde von den fünf großen Strömen Jangtsekiang, Huangho, Irawadi, Salwen und Mekong mit ihren Nebenflüssen bewässert. Die Mächtigkeit ihrer Oberläufe, Wasserfälle, Schnellen, Strömungen und Strudel sowie die Erhabenheit des umliegenden Berglandes setzten den Maßstab für das ganze Gebiet. Die Abendländer, die als erste hierher kamen, fühlten sich angesichts der ungeheuren Formationen wie Liliputaner. Sie wurden eingeschüchtert von den Riesenflüssen, dem extremen Klimawechsel, dem Ewigen Schnee, den hohen Wasserscheiden, den flachen, trockenen Hochebenen, in die vierhundert Meter tiefe Schluchten kreuz und quer eingegraben waren, den Geröllhalden, über denen immerzu der Wind heulte.

Die Chinesen der Tiefebene hatten sich um die Gebirgswelt im Westen nie gekümmert, und mit der Überheblichkeit von Großstädtern fanden sie sich weit erhaben über ihre Landsleute in der Provinz. Ja, der Westen war für sie ein Schreckgespenst, und die Drohung, in die Drei Provinzen verbannt zu werden, benutzten sie als Erziehungsmittel, ähnlich wie die Abendländer unartigen Kindern mit der Polizei oder dem Schwarzen Mann drohen. Aber die Verbannung war unselige Wirklichkeit. Zu einer Zeit, wo der Kaiser von China nicht nur Selbstherrscher war, sondern auch der Hohepriester und Mittler des Volkes, der bei jeder Sonnenwende im Tempel des Himmels Seide, gebratenes Fleisch und Wein opferte, war es üblich, unliebsame Höflinge und Beamte »südlich der Wolke«, das heißt nach Jünnan, zu versetzen, oder ins »Land der vier Flüsse«, das heißt nach Szetschuan. Bei den Ernennungen zur Zeit der Sonnenwende konnten sie sogar nach Kansu gesandt werden, wo die Lebensverhältnisse so primitiv waren, daß es kein anderes Beförderungsmittel als den Schubkarren gab. Diese Verbannungen fürchtete man sehr. Ein Verbannter, der Dichter Po Tschü-i, der als Gouverneur in eine abgelegene Stadt in Szetschuan versetzt wurde, tröstete sich allerdings mit Gartenbau:

Ich nahm Geld und kaufte blühende Bäume
Und pflanzte sie an der Böschung beim Turm,
Ich kaufte alles, was die meisten Blüten hatte,
Ganz gleich, ob Pfirsich, Aprikose oder Pflaume.
Hundert Früchte, alle zusammen gemischt,
Tausend Zweige, die nacheinander blühten.
Jeder hat seine Jahreszeit früher oder später,
Doch allen ist die fruchtbare Erde freundlich gesinnt.

Po Tschü-i kultivierte Obstbäume aus Freude an ihren Blüten; aber die fruchtbare Erde von Szetschuan war den Wildpflanzen ebenso freundlich gesinnt, und so wurde nach dem Friedensvertrag von 1860 diese chinesische Provinz ein Mekka der Botaniker.

Als die ersten Berichte und getrockneten Pflanzen von

den Missionaren und Beamten, die als Pioniere in den Westen vordrangen, bekanntgeworden waren, wußten Hance und Maximowitsch, daß die Gerüchte nicht übertrieben hatten. Das neue Territorium enthielt eine unvergleichliche Flora. Außerdem mußten die endemischen Gewächse winterhart sein, wenn sie das strenge Klima in den Bergen vertrugen, und genau das forderten die abendländischen Gärtner.

Aus diesem Grunde sind die Funde der tüchtigsten Pflanzenjäger, die zu dieser Zeit in andern Erdteilen perennierende Gewächse suchten, an Qualität und Quantität nicht zu vergleichen mit den Funden in dem Gebiet, das von einem Sammler als ›Rand der Welt‹ bezeichnet wurde. Deshalb soll diesen Pflanzenjägern auch ein besonderer Abschnitt gewidmet werden. Ihre Zahl ist Legion, und so verschieden waren sie, was Nationalität, Persönlichkeit, Charakter, Einstellung, Sammelmethode und Erfolg betrifft, daß die Aufzählung hier notgedrungen begrenzt werden muß und keinen Anspruch auf Vollständigkeit erheben kann.

Umwälzung im Gartenbau des Abendlandes

Die Mitglieder des China-Komitees waren ihrer Zeit entschieden voraus, als sie Fortune beauftragten, winterfeste und halbwegs ausdauernde Gewächse zu beschaffen; doch da sie nicht nur Gärtner, sondern auch Botaniker waren, lag ihnen natürlich daran, aller Pflanzen habhaft zu werden, nicht bloß der kommerziell wertvollen tropischen Gewächse, denen das Hauptinteresse der Handelsgärtner galt; denn immer größere und farbenprächtigere exotische Blumen und ausländische Kuriositäten wurden von den reichen Leuten verlangt. Die Königlich Britische Gartenbaugesellschaft ahnte die neuen Gartenliebhaber voraus, die in der spätviktorianischen Zeit aufkommen sollten, die sich aus finanziellen Gründen nur winterfeste Gewächse leisten konnten. Ihr Pionier war der streitlustige Ire *William Robinson*, der mit Hilfe von Gertrude Jekyll den Stil der abendländischen Gärten wandeln sollte.

Robinson konnte Glas nicht ausstehen – höchstwahrscheinlich, weil er als störrischer Gärtnerjunge keinen Tadel ertrug, hatte er sich an einem strengen Vorgesetzten dadurch gerächt, daß er eine Sammlung schöner Warmhauspflanzen durch Frost umkommen ließ. Das hatte seine Verbannung aus Irland und seinen Haß auf jedwede künstliche Pflanzenzucht zur Folge. Die kuriosen Gewächse und Greuel, die seine Zeitgenossen in solche Ekstase versetzten, die schwül duftenden, schillernden Tropenpflanzen und das ganze Regiment der herrlichen Orchideen, die sie bewunderten, reizten ihn bis aufs Blut. Desgleichen die dichten, schattigen Sträucher der damaligen Zeit, Spielereien, abgezirkelte Beete und die gewundenen Wege. Obwohl er eine Leidenschaft für Blumen hegte, verabscheute er merkwürdigerweise die Botanik, und er machte daraus kein Hehl:

Die Herrschaft der Botanik über den Garten hat die schlimmsten Auswüchse gärtnerischer Unnatürlichkeit gezeitigt.

Als Apostel des natürlichen Gartens und der Blumenrabatte – »ein Kind der Sonne und des bunten Impressionismus« – tyrannisierte er die Gärtner zweier Erdteile und machte jene winterfesten Bäume und Sträucher sowie die ausdauernden Pflanzen populär, die in Hülle und Fülle und großer Vielfalt in den »furchigen Falten unter den weißen Häuptern der mächtigen Berge Westchinas« gefunden wurden. Infolgedessen gab es in dem Gebiet so etwas wie einen Goldrausch, einen Pflanzenrausch, der den Amateursammlern große Befriedigung brachte, den Berufsjägern und ihren Auftraggebern ebenso großen Gewinn, und der dazu führte, daß Tausende von neuen Arten und Gattungen in den Gärten des Abendlandes erschienen.

Reisende, Konsularbeamte und Pflanzenjäger in Uniform

Die ersten Pflanzenjäger im westlichen China waren Amateure, das heißt, sie wurden für ihre Tätigkeit nicht bezahlt.

Einige davon waren Weltreisende. Zu den Höchstgestellten gehörte *Prinz Heinrich von Orléans*, ein Enkel Ludwig Philipps, der ein großes unbekanntes Gebiet in Zentralasien erforschte und beschrieb. Er entdeckte viele beliebte Gartenpflanzen: den Keulenmohn ›Meconopsis chelidonifolia‹, das ›Rhododendron yanthimum‹, die Rautengloxinie ›Incarvillea grandiflora‹ und ›Primula vittata‹. Ein anderer Reisender war der reiche Amateurbotaniker *Antwerp Pratt*, ein Engländer mit großem Lebensstil, geduldigem Wesen und einer Vorliebe für methodische Langsamkeit. Eigentlich war er Naturwissenschaftler, sein Hauptinteresse galt der Zoologie und Entomologie, aber eine unbekannte Pflanze entzückte ihn ebensosehr wie ein unbekannter Falter oder eine früchtefressende Fledermaus. Seine erste größere Expedition vollzog sich in einem großartigen Rahmen, ohne die strenge Schlichtheit mancher Pflanzenjäger, die Unbequemlichkeit als wesentliche Begleiterscheinung ihres Berufs anzusehen schienen. Pratt nahm Frau und Kinder nach China mit, außerdem Möbel, englische Luxusgegenstände und alle erdenklichen Utensilien, die in Kisten, messingbeschlagenen Kabinenkoffern und riesigen Behältern mitgeführt wurden. Sein letztes Ziel bildeten die Provinzen Jünnan und Szetschuan. Wie der Leichnam des alten Troja unberührt geblieben war, bis der Altertumsforscher Heinrich Schliemann die Eingebung hatte, ihn auszugraben, war diese Schatzgrube vielfältigster Blumen fast unberührt geblieben, bis Pratt auf die Vermutung kam, eine Reise dorthin könne sich lohnen. Er kaufte ein Hausboot auf dem Jangtsekiang, stellte einen Deutschen namens Kricheldorf als Gehilfen an und fuhr stromaufwärts. Als geselliger Mensch genoß er auf dem Wege zum Bergland Westchinas die Gesellschaft anderer europäischer Naturkundler und Forscher. Deshalb waren sein Tempo gemäßigt und seine Sammlungen nicht sehr umfangreich. Aber alles, was Pratt einführte, erwies sich als geeignet für die Zucht. Er zeigte die ungeheuren Möglichkeiten von Szetschuan auf und regte damit andere Pflanzenjäger dazu an, seinen Spuren zu folgen.

Es gab auch Konsularbeamte, die gern botanisierten. Ein solcher Mann war *Augustus Margary*, ein glänzender Linguist, ein wenig überspannt, vor einer vielversprechenden Laufbahn. Pflanzenjagd betrieb er sozusagen nebenberuflich. Als erster Engländer reiste er vom Jangtsekiang zum Irawadi. Das geschah in geheimer Mission und war eine außerordentliche Tat, denn er durchquerte dabei über tausendfünfhundert Kilometer vollständig unbekanntes Gebiet. Für Margary war die Reise eine Hölle. Obwohl er erst sechsundzwanzig Jahre zählte, litt er die ganze Zeit an Zahnschmerzen, Rheumatismus, Brustfellentzündung und Dysenterie. Als er seinen Auftrag ausgeführt hatte und in Bhamo der Expedition unter Oberst Browne voranzog, um den Weg zu bahnen, wurde er jählings ermordet. Eine Kommission wurde entsandt, seinen Tod zu untersuchen, aber eine befriedigende Erklärung wurde nie gefunden. Später lautete eine Version, Margary hätte einem Hund erlaubt, in seiner Sänfte getragen zu werden. Eine derartige Beleidigung, die fast einem Sakrileg gleichkam, hätte die Sänftenträger leicht dazu bringen können, ihn zu ermorden. Ein Mensch, der das Unglück so tollkühn herausforderte, konnte ja nicht ganz normal sein. Margary war allerdings ungewöhnlich. Wenn er sich einsam fühlte und Heimweh hatte, stellte er sich vor sein Zelt, sang aus vollem Hals volkstümliche Schlager und beendete das Konzert zum Erstaunen seiner Träger mit einem donnernden ›God Save the Queen!‹

Obwohl Tschungking am Jangtsekiang meilenweit vom Meer entfernt, ungefähr in der Mitte von Szetschuan, lag, war es ein Handelshafen, und die Briten hatten hier ein Konsulat. Zufällig waren drei aufeinanderfolgende Konsuln Botaniker: *E. H. Parker*, *Alexander Hosie* und *F. S. A. Bourne*. Der Letztgenannte müßte von Feinschmeckern wegen seiner ausführlichen Arbeit über chinesische Gemüse in Ehren gehalten werden; Hosie ist durch seine Beobachtungen auf dem Gebiet der Pflanzenwachs-Industrie bekannt geworden. Als leidenschaftlicher Fachmann für Nutzpflanzen beschäftigte er sich mit dem Herstellungsprozeß und stellte fest, daß dieser einer phantastischen Märchenwelt anzugehören schien. Im südwestlichen Winkel von Szetschuan züchtete man auf Ligustern zu Millionen die Schildlaus ›Coccus pela‹, verpackte sie in Pfundpakete und ließ sie von mehr als zehntausend Kulis (sechzig Pakete lebender Halbinsekten je Kuli) über dreihundert Kilometer weit durch schwierigstes Gelände zur Ebene schaffen, wo es Pflanzungen mit gestutzten chinesischen Eschen (›Fraxinus chinensis‹) gab. Hier wurden die Schildläuse auf die Bäume losgelassen, und binnen zehn Tagen lag überall auf dem Eschenlaub eine halbzentimeterdicke Wachsschicht. Die Zweige wurden dann gekappt und das Wachs abgeschmolzen.

Auch die sogenannten Bevollmächtigten des Kaiserlich-Chinesischen Zolldienstes, dessen Beamte sich hauptsächlich aus Europäern zusammensetzten, betrieben mit großer Entschlossenheit im Westen Pflanzenjagd. Der berühmteste von ihnen war wohl *Augustine Henry*, der eher zufällig Botaniker wurde. Drei Jahre lang war er schon in Itschang bei den wilden Schluchten am Jangtsekiang stationiert, bevor er Pflanzen zu sammeln begann, und zuerst tat er es nur sporadisch, um die Zeit totzuschlagen:

Oh, niemand kann sich vorstellen, wie langweilig das Leben hier ist. Ich bin ein großer Pflanzensammler geworden, und, nachdem ich die Umgegend abgegrast habe, denke ich daran, in die Berge zu gehen.

Die Langeweile, die manchen Bevollmächtigten dem Trunk verfallen ließ, hatte Henry zur Botanik getrieben. Sie wurde kaum weniger leicht zur Gewohnheit, und sehr bald konnte er nicht mehr von ihr lassen. Da ihn seine Pflichten hinderten, selbst in die Berge zu gehen, stellte er junge Chinesen an und bildete sie aus, so daß sie für ihn sammeln konnten. Da er zur Küste versetzt wurde und von dort glücklicherweise nach Jünnan, trug er ein riesiges Herbarium von mehr als fünftausend Arten zusammen. Als er pensioniert wurde, war der Pflanzenjäger wider Willen eine führende Autorität auf dem Gebiet der chinesischen Bergflora geworden, ein Fachmann, der dreizehn Jahre lang in Dublin als Professor für Forstwirtschaft unterrichtete und mit Elwes zusammen ein Buch über die Bäume Großbritanniens und Irlands verfaßte.

Neben den Reisenden und Forschern, den Konsularbeamten und Bevollmächtigten gab es zahlreiche Militärs, die sich als Pflanzenjäger hervortaten. Es waren ausnahmslos Russen.

Rußland gehörte zu den Vertragsmächten von 1860, und es machte sich die von den Chinesen gewährten Vorrechte zunutze, um Forschungsreisende nach Zentral-

← 30 *Penang, eine für ihre üppige Vegetation und zauberhaften Landschaften berühmte Insel vor Malakka: in ihrem Botanischen Garten fand Charles Curtis jene seltene, vielbewunderte und langgesuchte Orchidee ›Frauenschuh‹.*

31 *Das Tal des Irawadi in Burma: im Herzen Asiens gelegen war es mit Jünnan und Szetschuan jenes botanische Paradies, das die Pflanzenjäger mehr als hundert Jahre unwiderstehlich in seinen Bann zog.*

32 Mit der ungeheueren Ausbeute von 6000 neuen Pflanzenarten kehrte Joseph Hooker von seiner Himalaya- und Tibetreise 1847-1851 zurück. Nebenbei wagte er sich als erster Engländer an den Kangchenzönga: hier sein Biwak zu Füßen des Bergriesen nach einer eigenhändigen Zeichnung.

asien und in die Mongolei zu entsenden. Es waren keine rein wissenschaftlichen Expeditionen. Rußland machte sich Sorgen wegen der britischen Herrschaft in Indien und wünschte Informationen über das Land nördlich Indiens. Seine halbmilitärischen Exkursionen längs der Grenze wurden von den Briten als Versuch aufgefaßt, sich die Territorien anzueignen, die erst kürzlich von Lord Dalhousie, dem ›Annektierer‹, gestohlen worden waren. Königin Viktoria bekundete Beunruhigung und Entrüstung über die Unverfrorenheit des Zaren. Der unglückliche Alexander II., der einer todgeweihten Dynastie angehörte und vom Schicksal dazu bestimmt war, von einer Verschwörergruppe, ›Wille des Volkes‹ genannt, in blutige Fetzen gerissen zu werden, war zufällig einer der wenigen intelligenten Romanows; die scheinbar moralische Empörung der Witwe von Windsor ließ ihn ungerührt. Die Expeditionen wurden fortgesetzt. Dem Personal gehörte oft ein Naturwissenschaftler an, der Offizier der kaiserlichen Armee war. Manchmal führten diese Naturwissenschaftler mit Unterstützung der zaristischen Regierungen eigene Expeditionen durch. Wenn sie sich genügend ausgewiesen hatten, wurden ihnen hohe Unkostenvergütungen zugestanden, und wissenschaftliche Erfolge belohnte man mit militärischer Beförderung; es kam aber auch vor, daß sich der Naturwissenschaftler mit der Beförderung begnügen und für die Unkosten selbst aufkommen mußte. Das war zum Beispiel der Fall bei *Nikolai Michailowitsch von Prschewalskij*, der es durch seine Leistungen vom gemeinen Soldaten zum General brachte, aber seine Expeditionen oft abbrechen und umkehren mußte, weil ihm die finanziellen Mittel ausgingen. Er war in der Zeit nach 1860 der Doyen der russischen botanisierenden Militärs wie Potanin, Beresowski, Kaschkarow und Roborowsi, die dem fleißigen Maximowitsch in Sankt Petersburg Duplikate ihrer Funde schickten. Wie die andern war Prschewalskij in erster Linie Naturkundler, kein Spezialist für Botanik. Sein Hauptinteresse galt der Zoologie. Wenn man das bedenkt und auch nicht vergißt, daß er schnell und vorzugsweise im Winter reiste und meistens durch Gegenden kam, die nicht so reich an Pflanzen waren wie der Süden, ist es erstaunlich, wie groß sein Herbarium wurde. Sein Traumziel war Lhasa, aber als er 1888 von Karakol aus seine fünfte Reise nach Zentralasien antreten wollte, ereilte ihn der Tod. Im ganzen hatte er über 15000 Pflanzen gesammelt, die 1700 Arten umfaßten.

Mit Missionskreuz und Botanisiertrommel

In der Geschichte Chinas genossen römisch-katholische Missionare zu verschiedenen Zeiten besondere Vorrechte, aber erst nach 1860 konnten sie in den gebirgigen Provinzen des Westens ihrem Bekehrungswerk nachgehen. Bei dem traditionsgebundenen chinesischen Bergvolk standen sie vor einer ungeheuerlichen Aufgabe. Ihr priesterlicher Eifer soll gewiß nicht als gering angesehen werden, wenn festzustellen ist, daß sie beim Pflanzensammeln weitaus mehr Erfolg hatten als beim Seelensammeln. Der erste von ihnen, der französische Pater *Jean Pierre Armand David*, war ein Naturwissenschaftler ersten Ranges, ein tatkräftiger, bescheidener, stets liebenswürdiger Mensch, ein treuer Diener der Kirche und ein weltoffener Realist. Er schätzte das chinesische Bergvolk bald richtig ein und lernte es aufrichtig lieben, aber er war den Schwierigkeiten gegenüber nicht blind. Nach jahrelanger Erfahrung schrieb er seinem Paten:

Glaube vor allem nicht, daß China katholisch werden wird. Beim jetzigen Tempo wird es vierzig- bis fünfzigtausend Jahre dauern, bis das ganze Reich katholisch ist.

Die Erkenntnis dieser unliebsamen Tatsache hinderte David keineswegs, seine Bekehrungsversuche fortzusetzen. Sowohl seine Lauterkeit und Schlichtheit als auch seine Stellung als Archetyp der botanisierenden Missionare würden es rechtfertigen, ihm ein ganzes Buch zu widmen.

Armand David wurde 1826 in Espelette geboren, einem Städtchen in den Pyrenäen. Er hatte zwei Brüder und wuchs in angenehmen Verhältnissen auf. Sein Vater, auf den schönen Vornamen Fructueux getauft, war Arzt und Bürgermeister. Er infizierte die Söhne mit seinen eigenen drei Leidenschaften, den einen mit der Liebe zur praktischen Medizin, den zweiten mit seiner Passion für gutes Essen und Armand mit dem dauernden Interesse an Naturgeschichte. In den Ferien unternahm der Knabe elf- bis zwölfstündige Wanderungen durch die Natur. Herangewachsen teilte er seinen erfreuten Eltern mit, daß er sich zum Priester berufen fühle. Zum Glück brauchte er nicht zwischen Naturgeschichte und Theologie zu wählen. Ganz normal, ohne die Hemmung, eine seiner Berufungen zu verraten, trat er 1848 in den Orden der Lazaristen ein. Der Orden machte sich seine Fähigkeiten zunutze und ließ ihn Naturwissenschaft unterrichten.

Im allgemeinen wurden die Lazaristen als Missionare nach Südamerika, Äthiopien, in die Levante, nach Persien oder China geschickt. Davids Herz hatte sich schon für China erwärmt, aber seine Vorgesetzten beschlossen, ihn zur italienischen Riviera als Lehrer am Gymnasium von Savona zu versetzen. Das sollte keine vorübergehende Ernennung sein. Zehn Jahre lang blieb er dort. »Die ganze Zeit träume ich von chinesischen Missionen«, schrieb er; aber er nahm den aufgezwungenen Aufenthalt in Savona nicht übel. Er gab ihm Gelegenheit, Kollegen aus ganz Europa kennenzulernen und seine pädagogischen Fähigkeiten zu vervollkommnen. Er war gründlich im naturwissenschaftlichen Unterricht, ermutigte die Begabten, erweckte die Aufmerksamkeit widerwilliger Schüler, indem er Tatsachen auf anschauliche und fesselnde Weise darstellte, war geduldig mit den Langsamen und gütig und verständnisvoll mit denen, die bekannten, Naturgeschichte sei ihr wunder Punkt. Als seine Vorgesetzten es an der Zeit fanden, ihn nach China zu entsenden, war er fünfunddreißig Jahre alt und in Italien und Frankreich schon so bekannt, daß fünf illustre Gelehrte vom Naturhistorischen Museum in Paris auf die Kunde hin, daß er in den Fernen Osten gehen würde, den Orden baten, ihn für sie sammeln zu lassen. David war hauptsächlich Ornithologe und hätte allein für seine Arbeit über Vögel Ruhm verdient, doch der damaligen Wissenschaft war mit seiner Vielseitigkeit mehr gedient. Der Ordensgeneral gab die Erlaubnis, und in seiner Bescheidenheit schätzte sich David außerordentlich glücklich, diese Aufgabe übertragen zu erhalten. Es kam ihm gar nicht in den Sinn, daß die fünf illustren Gelehrten von Glück sagen konnten, weil sie einen Sammler gefunden hatten, der gleichzeit ein ausgezeichneter Geologe, Mineraloge, Geograph, Hydrograph, Ethnograph, Zoologe und Botaniker war.

Das war 1861. Die Trümmer des Krieges waren kaum weggeräumt worden, als die Franzosen in Peking schon eine Schule erbauten. Rektor war ein Monsieur Morly, das Lehrerkollegium bestand aus drei Lazaristen: David unterrichtete Naturwissenschaften, der eine Kollege Mathematik, der andere Musik. Sie fuhren zusammen von Paris nach Peking und wurden treue Freunde, weil jeder von ihnen wissensdurstig war und über die Fähigkeit verfügte, Begeisterung für sein eigenes Gebiet zu entfachen. Morly liebte die Anthropologie, David hatte seine Naturwissenschaften, der Mathematiker interessierte sich für Physik und der Musiker für die Herstellung von Uhren. Hätte David mit dem Botanisieren außerhalb der Schule nicht solchen Erfolg gehabt, so wäre er vielleicht sein Leben lang bei diesem glücklichen Lehrerkollegium geblieben; aber die fünf Gelehrten im Museum waren so verdutzt über die Größe und Güte der Pflanzensammlungen, die er nach Hause schickte, daß sie fanden, man müßte ihn zu Ehren der Wissenschaft und zum Ruhme Frankreichs wirksamer einsetzen.

Der Unterrichtsminister suchte den General der Lazaristen persönlich auf und bat ihn, Pater Armand David vom Dienst am Gymnasium in Peking zu befreien, damit ihm die Leitung einer Expedition ins Innere der Mongolei anvertraut werden könne. Wieder wurde die Erlaubnis gegeben, und der überraschte und erfreute David trat die erste seiner drei berühmten Reisen ins Innere an.

Er traf vernünftige Vorbereitungen. In seinem Tagebuch beschrieb er am 3. März 1866 sein Gepäck:

In der Mongolei wird es noch zwei Monate kalt sein, deshalb sind dicke Winterkleider ebenso unerläßlich wie Sommersachen für die warme Jahreszeit, die dort sehr heiß ist. Außerdem muß man unbedingt Bettzeug mitnehmen ... Dazu kommt alles, was für die Suche und sichere Aufbewahrung naturwissenschaftlicher Objekte notwendig ist, alles, was man zum Präparieren von Tieren und Pflanzen braucht, Kisten aller Größen, leere Flaschen usw. Selbstverständlich habe ich meine Ausrüstung als Priester nicht vergessen.

Die Expedition in die Mongolei war in botanischer Hinsicht weniger bedeutsam als seine späteren Reisen nach Tibet und in die Provinz Schensi. Während er sich auf der zweiten Reise in dem kleinen, fast unabhängigen Staat Mupim an der tibetischen Grenze aufhielt, wo die Flora reichhaltiger war, als er hatte voraussehen können, beschloß er, in einem bestimmten Gebiet systematisch zu sammeln. Für die peinlich gründlichen Sammler späterer Jahre dürfte das auf der Hand gelegen haben, aber Armand David war der erste Pflanzensammler im Fernen Osten, der so methodisch und exakt vorging. Wahrscheinlich waren die kleinlichen Einschränkungen der Mandarine daran schuld gewesen, daß sich seine Vorläufer angewöhnt hatten, aufs Geratewohl zu sammeln, wo und wann sie nur konnten, und das setzten sie fort, als sie am Rande der Welt vor der überwältigenden Flora Westchinas standen. Wie Wildschweine in einem Gebiet voller Trüffel rannten sie dahin und dorthin und trugen die Gewächse unsystematisch zusammen. David muß stark versucht gewesen sein, ebenso zu handeln, und da sich ihm an der tibetischen Grenze ungeheure Möglichkeiten boten, spricht es sehr für seine Vorstellungen von wissenschaftlicher Disziplin, so systematisch zu sammeln.

Diese wissenschaftliche Einstellung machte ihn eher zu einem Entdecker, als daß er neue Gewächse in Europa einführte; ihn interessierte das Herbarium des Gelehrten mehr als der Ziergarten. Seine Ernte war beträchtlich: Exemplare von über zweitausend Arten. Sie ist nicht zu vergleichen mit den Sammlungen anderer botanisierender Missionare, die nach ihm im tibetischen Sumpfgebiet arbeiteten – Jean Marie Delavay soll zum Beispiel mehr als zweihunderttausend Exemplare eigenhändig gesammelt, getrocknet und gepreßt haben; die Sammlungen von Farges, Soulié, Bourdonnec, Monbeig, Dubernard, Geraldi und Boudiner waren gleichfalls erheblich –, aber David sandte das zu seiner Zeit größte Herbarium nach Europa, und er betonte ausdrücklich, daß seine Sammlung nur darauf hinwies, wieviel es in der asiatischen Flora noch zu entdecken gäbe. Überdies trug er gleichzeitig sechs weitere Sammlungen von Insekten, Weichtieren, Fischen, Reptilien, Vögeln und Säugetieren zusammen.

In der Zoologie ist er berühmt, weil er den Davidshirsch (›Elaphurus davidianus‹) nach Europa gebracht hat, ein merkwürdiges Tier, das wie ein Esel schreit, den Gang eines Maultieres hat und Spreizfüße, als ob seine natürliche Umgebung Sumpfboden wäre. Die Chinesen nannten es denn auch Sze-pu-hsiang, das heißt ›keines von allen‹, weder Rentier noch Ziege noch Hirsch oder Esel. In der freien Wildbahn war es seit einem Jahrhundert oder noch länger ausgerottet, und zu Davids Zeit kam es nur noch im Pekinger Kaiserpark vor. Wie er den Parkwächtern einige lebende Exemplare abgehandelt hat, ist nicht genau bekannt, doch leicht kann es nicht gewesen sein. Die Hirsche, die er nach Europa schickte, wurden die Stammeltern aller Zoo-Exemplare und des großen Rudels, das der Herzog von Bedfort im Park von Woburn Abbey hält.

David feierte in Mupim seinen fünfundvierzigsten Geburtstag, dennoch sammelte er wie als Kind elf bis zwölf Stunden hintereinander. Oft legte er dabei bis zu fünfzig Kilometer über gebirgiges Gelände zurück. Das setzte mit der Zeit seiner Gesundheit zu, er begann die Überanstrengung zu fühlen. Außerdem stand das ganze Leben, das er führte, unter ständiger Bedrohung. Er pflegte lachend zu sagen, nicht nur die Musketen, vor allem die Bärte der Franzosen hätten die nahezu kahlen chinesischen Banditen abgehalten. Einer mit weniger Vertrauen zur Wesensgüte des Menschen hätte es nicht fertiggebracht, den Leuten, die man seit Generationen gelehrt hatte, den ›Rothaarigen‹ und den ›Franken‹ zu mißtrauen und sie gar zu hassen, so oft den Rücken zu zeigen. Die Peking aufgezwungene politische Wandlung, die den Chinesen zum erstenmal die Bekanntschaft mit Abendländern erlaubte, hatte sich zu plötzlich vollzogen, um besonders von den Provinzlern in den Bergen ohne weiteres erfaßt und verstanden werden zu können. Aber entweder hatte David Glück, oder – und das ist einleuchtender – seine Heiterkeit und sein unerschütterliches Vertrauen wurden richtig eingeschätzt, denn ihn und sein Eigentum achtete man auf eine Art und Weise, die sogar die Chinesen selbst wunderte. Kennzeichnend war seine Einstellung zur Ernährung, und zweifellos gewann er dadurch Freunde unter dem Bergvolk. In sein Tagebuch schrieb er:

Was die Ernährung betrifft, so verlasse ich mich auf die Chinesen, denn ich glaube, daß man mit ein bißchen gutem Willen überall leben kann, wo andere es können. Darum belaste ich mich nicht mit Proviant, abgesehen von einer Flasche Kognak für den Notfall.

Nichtsdestoweniger bedeutete es eine Anspannung, unter Menschen zu leben, deren Gewohnheiten und Sprache einem so gut wie unbekannt waren. Auch das Gelände war in all seiner dramatischen Schönheit gefährlich. David mußte Flüsse bezwingen, Lawinen gewärtigen, spinnwebdünne Seilbrücken überqueren, wo der Abgrund so tief war, daß man den brausenden Sturzbach unten nur wie ein murmelndes Bächlein hören konnte. Wie Douglas in Amerika, wäre David einmal beinahe umgekommen, als sein Boot in einem reißenden Bergfluß zerschellte; dabei verlor er einen großen Teil seines Sammelgutes.

Er war nach einer Krankheit noch nicht genesen, als er ins Tiefland zurückkehrte, dort eine Zeitlang ausruhte und seine dritte Reise durch die Zentralprovinzen nach Schensi antrat. Aber er war den Strapazen gesundheitlich doch nicht mehr gewachsen; gerade noch mit letzter Kraft konnte er nach Schanghai zurückgelangen. Damit fand Armand Davids Sammeltätigkeit in China ein Ende; 1874 kam er heim ins Mutterhaus seines Ordens, wo er unterrichtete, seine Schriften ausarbeitete und mit gewinnender Bescheidenheit seine Erlebnisse schilderte.

Nach seinem Tode im Jahr 1900 gedachten die Schüler seiner als »eines schönen Mannes mit flottem Schritt, langem weißem Haar, tiefliegenden scharfen Augen unter einer breiten, hohen Stirn«, die Gärtner als des Entdeckers von unzähligen Gewächsen, die französischen Naturwissenschaftler als eines hervorragenden Kollegen, sein Orden als des berühmtesten aller Lazaristen. In seinem Geburtsort Espelette, wo er »der Sohn des alten Fructueux« geblieben war, erinnerte man sich seiner besonders lebhaft, weil er bei seinem letzten Besuch allen Leuten eine Spinne gezeigt hatte, »so groß wie eine Faust und abgerichtet, auf seinen Ruf hin hervorzukommen«.

Vom Amateur zum Profi

In den auf Armand Davids Abreise aus China folgenden fünfundzwanzig Jahren änderte sich die Pflanzenjagd am Rande der Welt in mancher Hinsicht. Neue Ideen hatten eine gründliche Änderung des Antlitzes der Erde bewirkt. Der Union wurden neun weitere Staaten hinzugefügt, und die Vereinigten Staaten begannen eine wirkliche Macht zu werden. Sie gewannen einen Krieg gegen Spanien und besetzten die Hawaii-Inseln sowie die Philippinen. Die Wachstumsschmerzen im Verhältnis der Staaten zueinander und im sozialen Leben wurden geringer. Freilich, die Ermordung James Garfields durch einen abgewiesenen Stellenjäger war das zweite Attentat auf einen amtierenden Präsidenten; die romantisierten Kuhhirten im Westen und die Schiffer, die ihre Transportkähne auf dem Mississipi flußabwärts nach New Orleans steuerten, waren unsagbar wilde Gesellen; dennoch bildete sich eine amerikanische Kultur heraus.

Während sich die Vereinigten Staaten mauserten, drohte die Alte Welt einzustürzen. Die versteinerten Monarchien Europas rangen nach Luft. Ebenso verhielt es sich mit den Mandschus auf dem Drachenthrone Chinas, wenn sie es vielleicht auch nicht erkannten. Der T'ai-p'ing-Aufstand war nur mit Hilfe eines früheren Feindes, des Generals Charles Gordon, niedergeschlagen worden. Er war Schotte, mürrisch von Natur und zweifellos ein bißchen verrückt – ließ er doch durch Anschläge verkünden, daß es verboten wäre, unerwünschte Kinder in seinem Wasserbehälter zu ertränken –; aber weil er ein glänzender soldatischer Führer war, mußte man ihn mit der gelbseidenen Reitjacke, der höchsten Auszeichnung chinesischer Würdenträger, und der Pfauenfeder ehren und ihm das Kommando der »stets siegreichen Armee« übergeben. Danach hatten die Mandschus einen Krieg gegen Japan verloren und die weitere Demütigung erlitten, den Japanern, Russen, Deutschen, Franzosen und Engländern neue Vorrechte und Territorien einräumen zu müssen. Die alte Kaiserinwitwe, deren lasterhaftes Privatleben die Geschichte Chinas schon vor Armand Davids Tod insofern beeinflußt hatte, als ihre Leidenschaft für Teiche und Päonien sie dazu brachte, Flottengelder für die Vergrößerung ihrer Gärten zu mißbrauchen, wurde von den verbündeten Westmächten aus ihrer Hauptstadt vertrieben und über ein Jahr ausgeschaltet.

Im Vergleich zu derartig dramatischen Ereignissen wurden die Veränderungen auf dem Gebiet der botanischen Forschung kaum bemerkt. Immerhin fanden sie statt.

Der Amateur, von ein paar Ausnahmen abgesehen, führte nicht mehr das Feld. Ebenso selten wurde der akademische Botaniker. Ja, von den Pflanzenjägern, die am Rande der Welt gesammelt haben, können nur der

Autodidakt Augustine Henry und der schwedische Gelehrte Dr. Harry Smith, die Österreicher Schneider und Handel-Mazzetti sowie der amerikanische Professor Liberty Hyde Bailey aus Ithaca dieser seltenen Kategorie zugezählt werden. Die meisten waren gelernte Gärtner; sie sammelten Herbariumsmaterial für das botanische Studium, aber das war weniger wichtig als das Sammeln von Samen und Pflanzen, um sie zu Hause zu kultivieren. Auch die Methoden der Pflanzenjagd änderten sich. Es ging nicht mehr an, aufs Geratewohl den Rahm von der Milch abzuschöpfen. Zu guter Letzt war es entschieden praktischer und gewinnbringender, systematisch vorzugehen und entweder ein bestimmtes Gebiet nach unbekannten Gewächsen vollständig abzusuchen, wie Armand David es getan hatte, oder auf Grund von Informationen in einem ungefähr bekannten Umkreis ein bestimmtes Objekt zu suchen.

Die Pflanzenjäger der Jahrhundertwende waren wissenschaftlich besser geschult als irgendeiner ihrer Vorgänger, und sie wurden für ihre Mühe reicher belohnt. Ihre Erlebnisse sind zwar durch Tagebücher und veröffentlichte Schriften bekannt geworden, aber ihre Person ist größtenteils verborgen geblieben. Die Introvertierten unter ihnen zeigten der Welt die unwirkliche Erscheinung eines starken, wortkargen, mageren, bronzefarbenen, beherrschten Fanatikers der Pflanzenjagd; die wenigen Extrovertierten hingegen gaben sich den ebenso unwirklichen Anschein eines funkelnden, exzentrischen Romantikers. Ihr wahrer Charakter wurde nicht enthüllt, absichtlich oder unabsichtlich, weil man zu ihren Lebzeiten die gute Form wahrte und nach ihrem Tode das ›de mortuis nil nisi bene‹ galt. Doch wenn man sorgfältig alles Unwesentliche abstreift und die Subjektivität der Berichterstatter berücksichtigt, ist es doch möglich, das wahre Gesicht der Männer zu erkennen, die nach Armand David an der großen Pflanzenjagd in Zentralasien teilgenommen haben. Es waren ihrer viele, und alle trugen dazu bei, daß im Abendland Anlagen, die eine Wildnis vortäuschen, Blumenrabatten und alpine Gärten errichtet oder bereichert wurden.

Der Doyen der modernen Sammler

Der Doyen der modernen Sammler am Rande der Welt erreichte China an einem Junitag im Jahr 1899. Er war von England mit dem Sonderauftrag entsandt worden, Davids Taubenbaum (›Davidia involucrata‹) aufzuspüren. Bei dieser Expedition und bei vielen späteren sollte er sich als so tüchtig erweisen, daß man seinen Namen wie den des Generals Gordon bald mit dem Lande verknüpfte, in dem er so erfolgreich tätig war, und ihn allgemein den ›chinesischen‹ Wilson nannte.

Ernest Henry Wilson war in der alten Stadt Chipping Campden in Gloucestershire geboren und interessierte sich schon in früher Jugend für die Pflanzenzucht. Seine Lehre machte er in einer Handelsgärtnerei in Stratford, von dort kam er zum Botanischen Garten in Birmingham. Er zeichnete sich genügend aus, um nach Kew aufzurücken, aber hier waren seine Aussichten so gering, daß er den Gedanken erwog, Botaniklehrer zu werden. An sich behagte ihm diese Vorstellung nicht, denn das Schulzimmer lag ihm weniger als das Laboratorium und das Laboratorium weniger als der praktische Einsatz im Gelände. Er war bereits der damalige Freiluftmensch mit gestutztem Schnurrbart und Pfeife im Mund. Ohne den glücklichen Zufall, der vielen großen Pflanzenjägern auf den Weg geholfen hat, wäre er also Lehrer geworden. Sir William Thistleton-Dyer, der Direktor von Kew, wurde ersucht, der Firma Veitch einen Pflanzenjäger zu empfehlen; sein Auge fiel auf den dreiundzwanzigjährigen Wilson. Von diesem Tage an stand die Zukunft des jungen Mannes fest.

Veitch bildete ihn ein halbes Jahr lang praktisch aus, das heißt, er lehrte ihn die Grundsätze, wie man Gewächse erkennt, wie man Herbariumsmaterial, Samen und Stecklinge verpackt und versendet, wie man Sammlerausrüstung und Kamera benutzt. Die Kamera war schon ein wichtiges Utensil des Pflanzenjägers geworden! Wilson sollte sich als vortrefflicher Photograph erweisen, aber er hatte die sonderbare Schrulle, immer eine Porträtkamera mitzuschleppen. Es kann gewiß nicht leicht gewesen sein, ein so unhandliches Ding in die wildesten Gegenden von Asien mitzunehmen, das Photographieren damit ebensowenig. Die heutigen Benützer der zündholzschachtelgroßen Wunderapparate, die ebensogute Ergebnisse liefern, haben es da leichter.

Als Wilson den Kurs beendet hatte, wurde er von Veitch auf seine erste Expedition nach China geschickt. Er erhielt drei Anweisungen. Erstens sollte er nicht die Ostroute nehmen, sondern über Amerika fahren, damit er das Arnold Arboretum in Boston kennenlernte. Der Direktor, Professor Charles Sprague Sargent, hatte viele japanische Bäume und Sträucher in die Vereinigten Staaten eingeführt, so daß er imstande sein würde, Wilson gute Tips über das Sammeln im Fernen Osten zu geben. Vielleicht hat Veitch diese Anweisung später bereut, denn Sargent und Wilson verstanden sich so gut, daß aus der Bekanntschaft eine dauernde Freundschaft wurde und Wilson zu guter Letzt für das Arnold-Arboretum sammelte. Immerhin stand er Veitch für zwei Expeditionen zur Verfügung. Zweitens sollte sich Wilson nach der Ankunft in China zum südwestlichen Jünnan begeben, wo Dr. Augustine Henry lebte, und sich bei ihm Rat für das Sammeln in Zentralasien holen. Auf diese Weise würde ihm die Ausführung der dritten Anweisung erleichtert werden, nämlich die Suche nach der ›Davidia involucrata‹.

Wilson genoß seinen Besuch bei Dr. Henry in Jünnan. Er hielt sich hier zwei Monate auf, botanisierte mit seinem Gastgeber und lernte viel von ihm über die örtlichen Verhältnisse. Dann begab er sich auf Henrys Vorschlag zu den Schluchten bei Itschang am Jangtsekiang, um den kostbaren Taubenbaum zu suchen.

Daß die erste Beute des ersten modernen Sammlers die Davidia oder der Taubenbaum war, zeigt, wie systematisch die Pflanzenjagd geworden war. Armand David hatte den Baum oben in Mupim entdeckt und ihn begeistert beschrieben, nicht nur wegen seiner Schönheit, sondern weil er auch richtig vermutete, daß dieser Baum als einziger Vertreter einer Familie eine botanische Kuriosität darstellte (sein nächster Verwandter ist das Tupelobaumgewächs ›Nyssa‹). David hatte Herbariumsmaterial einiger Teile hergestellt, und da ihm das als wissenschaftlichem Sammler genügt hatte, nicht einmal den Versuch unternommen, den Baum nach Frankreich einzuführen. Paul Farges, ein anderer Missionar, der nach David in China botanisierte, fand den Baum ebenfalls und schickte 1897 ein Paket mit siebenunddreißig Samenkernen an Maurice L. de Vilmorin, der in Les Barres in seinem Garten eine große Sammlung chinesischer Bäume und Sträucher besaß. Ob die Leiter der Firma Veitch und Wilson das wußten, ist ungewiß. Jedenfalls konnten sie nicht wissen, daß von Pater Farges' siebenunddreißig Samen nur ein einziger keimte, und zwar gerade an dem Tage, an dem Wilson in Hongkong landete.

Die Davidia war ein Baum, für den sich die Suche lohnte. Man hat ihm verschiedene Namen gegeben – Taubenbaum, Taschentuchbaum, Geisterbaum –, alle wegen der zwei weißen, haubenförmigen, verschieden großen Hochblätter, die sich im Mai in ganzer Vollkommenheit von dem aromatischen, lebhaft grünen Laub abheben. Man könnte sagen, sie glichen Tauben, die sich auf dem Baum niedergelassen haben, oder zur Not auch Taschentüchern an einer Wäscheleine, und wenn sie von den Zweigen abfallen, haben die schwebenden Hochblätter etwas Geisterhaftes.

Wilson durchstreifte die Umgebung von Itschang, zog langsam gen Westen ins ›Land der vier Flüsse‹, das sein besonderer Jagdgrund werden sollte, und fand schließlich seine Beute. Wilsons Glück war sprichwörtlich. Bei dieser Gelegenheit fand er nicht nur eine Kolonie von Taubenbäumen, sondern daneben auch einige Tetracentronbäume, eine Gattung, die von Augustine Henry entdeckt und beschrieben, aber noch nicht ins Abendland eingeführt worden war. ›Tetracentron sinensis‹ wurde der Expeditionsbeute hinzugefügt.

Bei Veitch war er zur Gründlichkeit und Genauigkeit erzogen worden. In diesem aufregenden Augenblick war es am wichtigsten, sich möglichst zu vergewissern, daß die kleine Kolonie vor ihm wirklich aus Taubenbäumen bestand. Sie stimmten mit Armand Davids Beschreibung bis auf zwei Punkte überein: Armand David hatte gesagt, die Unterseite der Blätter sei weißlich und pelzig; die Blätter der Bäume, die Wilson vor sich sah, waren an der Unterseite hingegen hellgrün und glatt. Dennoch waren es Taubenbäume, welcher Art auch immer.

Am 31. Mai 1900 schrieb Wilson in sein Tagebuch: *Nachdem wir mühsam einen steilen Hang erklettert hatten, langten wir bei den Davidiabäumen an. Über zwanzig wachsen auf den abschüssigen Felsen, sind verschieden groß, von sieben bis zwanzig Meter hoch, und der größte hat einen Umfang von zwei Metern. Da sie in dichtem Walde stehen, sind ihre Äste bis zur halben*

Höhe kahl, aber man entdeckt sie leicht an den zahlreichen weißen Hochblättern, die abgefallen sind und verstreut auf dem Boden liegen.

Später kehrte er zurück, um den Samen zu holen, einen harten, geflügelten Kern in birnenförmigem, pflaumenfarbenem Fruchtfleisch. Zuerst aber wollte er die Entdeckung im Bilde festhalten, denn er schleppte ja sein Ungetüm von Kamera in der Wildnis mit sich herum. An einem steilen Hang in dichtem Walde und mit einer Kamera, die so ungelenk war wie eine Apfelsinenkiste auf Beinen, war das eine gewaltige Aufgabe. Aber Wilson war ein praktischer Mann und um Einfälle nie verlegen. Er sah, daß einer der Tetracentronbäume am Rande einer Felswand über die Taubenbäume emporragte. Zwei seiner Leute erkletterten mit ihm diesen Baum, und gemeinsam hackten sie einige Äste ab, um freie Aussicht auf die nächste Davidia zu schaffen. Es war schwierig genug, die unhandliche Kamera an Seilen heraufzuziehen. Noch viel anstrengender war es, mit dem Kopf unter dem schwarzen Tuch hinter der Kamera zu hocken und eine Davidia schräg von oben ins Blickfeld zu rücken. Am unangenehmsten war Wilson die Feststellung, daß das Holz des Tetracentronbaumes außerordentlich spröde und brüchig war; er schrieb in sein Tagebuch:

Das trägt nicht gerade zum Seelenfrieden bei, wenn man rittlings auf einem ungefähr zehn Zentimeter dicken Ast sitzt und unter sich einen siebzig Meter tiefen Abgrund hat.

Es beunruhigte ihn auch, daß er nicht sicher sein konnte, ob er wirklich Davids Baum gefunden hatte; Jahre sollten vergehen, bevor er es erfuhr. Tatsächlich wurde aus Vilmorins einzigem Sämling in Les Barres ein Baum, der 1906 zum erstenmal blühte, und dieser Baum unterschied sich insofern von den andern, als die

Unterseite der Blätter haarlos, aber wie mit weißlichem Schmelz überzogen war. Er wurde als ›Davidia vilmoriana‹ eingetragen. Aus den Kernen, die Wilson in großer Zahl von seiner ersten Expedition nach Hause sandte, das heißt aus dem Samen der Bäume mit frischgrüner, haarloser Blattunterseite, erwuchs die sogenannte ›Davidia laeta‹, und auf einer späteren Reise nach China sammelte er Samen von Armand Davids ursprünglicher Entdeckung, der ›Davidia involucrata‹.

Bezeichnenderweise hatte Wilson für nichts Augen und Interesse außer für seine Beute. Während er von einem hohen, unsicheren Sitz aus in Szetschuan photographierte, brach in Schantung und anderen nördlichen Provinzen der Boxeraufstand los, eine fremdenfeindliche Bewegung, deren fanatische Anhänger mordeten und plünderten. Die Vertragsmächte hatten ihre Forderungen übertrieben, ihre Verachtung alles Chinesischen allzu offenkundig gezeigt. So war vor dem Park von Schanghai, der mit britischen Geldern unterhalten wurde, ein Schild angebracht, auf dem stand: »Zutritt für Hunde und Chinesen verboten.« Das mußte bei den Chinesen, dic unter den fortgesetzten Demütigungen der Fremden bis aufs Blut litten, unweigerlich zu einer Reaktion führen. Zuerst stellten sich die Kaiserinwitwe und die Mandarine den Boxern, um der Form zu genügen, entgegen, dann aber unterstützten sie sie unverhohlen. Die Chinesen brannten mehrere Gesandtschaften nieder, der deutsche Gesandte in Peking wurde erstochen. Über zweihundert Ausländer suchten Zuflucht in der britischen Gesandtschaft, wo sie der Belagerung widerstanden, bis eine Expedition der Vertragsmächte sie befreite.

Damals war es überall in China gefährlich, ein ›Rothaariger‹ oder ›Franke‹ zu sein; aber Ernest Wilson, besessen von seiner Sammelleidenschaft, stand den drohenden Gefahren gleichgültig gegenüber und ärgerte sich nur, daß die politische Lage ihn zwang, sich innerhalb einer bestimmten Entfernung von Itschang zu halten.

Nachdem er seine Davidia gefunden hatte, benützte er die Wartezeit, bis er den Samen holen konnte, zur Suche nach anderen Gewächsen. Auf dem Jangtsekiang erlitt er hierbei einmal Schiffbruch, sein Sampan stieß gegen einen Felsen und kenterte. Viele seiner Besitztümer, darunter die Kamera und Hunderte von entwickelten und unentwickelten Platten, versanken im Wasser. Wilson fluchte, ging an Land, beschaffte sich eine neue Kamera, sobald er konnte, und betrachtete das Unglück, wie es einem Puritaner geziemt, das heißt als eine Art göttlicher Strafe zum Ausgleich für sein unbezweifelbares Glück als Pflanzenjäger. Obwohl Engländer, hatte er viele Eigenschaften der schottischen Sammler, denn genau wie sie war er dem Vergnügen abhold; ein harter Arbeiter, der es mit den geistigen Tugenden hielt.

Die Methodik, mit der er die Pflanzenjagd betrieb, brachte ihm fast immer Erfolg, und da er seine Gründlichkeit auf ein Gebiet anwendete, wo vielfältige Pflanzen in Hülle und Fülle vorkamen, mußte er erstaunliche Ergebnisse erzielen. Das Ergebnis seiner ersten Expedition, bei der er zudem durch den Boxeraufstand gehemmt wurde, war nicht nur die Davidia, sondern auch Samen von dreihundertfünf Arten, fünfunddreißig Wardsche Kisten voller Knollen, Zwiebeln, Ableger, Stecklinge und Wurzelstöcke sowie das getrocknete und gepreßte Herbariumsmaterial von neunhundertsechs Arten.

So wurde er denn auch, kaum daß er sich ein halbes Jahr in England aufgehalten hatte, von der Firma Veitch abermals ausgesandt, diesmal mit dem Auftrag, den chinesischen gelben Keulenmohn oder Lampenschirmmohn (›Meconopsis integrifolia‹) zu beschaffen, ein meterhohes Mohngewächs mit fein abgetönten, kelchförmigen, handgroßen Blüten. Antwerp Pratt hatte es entdeckt und für eine der auffallendsten Blumen im chinesisch-tibetischen Grenzland erklärt. Für diese Suche schlug Wilson sein Hauptquartier in Kaiting-fu auf, das um ein gutes Stück weiter westlich als Itschang im Herzen von Szetschuan liegt. In der Nähe erhebt sich der Omei, einer der drei heiligsten buddhistischen Berge in China, besät mit Schreinen und Tempeln. Die Kalksteinlandschaft ist schroff und zerklüftet und wird von den Chinesen Laolin, Wildnis, genannt. Die bizarren Felsen und tief eingeschnittenen Wasserläufe liegen den größten Teil des Jahres unter heftigen Regengüssen. Wilson stellte fest, daß dieses Gebiet eine Schatzkammer für einen Pflanzenjäger war. Hier fand er nicht nur Antwerp Pratts Lampenschirmmohn sowie ein zweites Mohngewächs, ›Meconopsis punicea‹, mit kleinerer und scharlachroter Blüte, nicht weniger schön, sondern auch den berühmten Rhabarber ›Rheum alexandrae‹, mehrere unbekannte Primeln und Rhododendren – obwohl sie in Kalkstein wurzelten –, zwei beliebte Rosenarten, ›R. moyesii‹ und ›R. wilmottiae‹, ferner eine Pappel, ›Populus lasiocarpa‹, die heute nicht oft zu sehen ist, obwohl sie zu den Pappeln mit dem schönsten Laubwerk gehört. Allein um dieser Pappel willen hätten sich Wilsons Bemühungen gelohnt.

Nach zwei Expeditionen für die Firma Veitch verpflichtete sich Wilson dem Arnold Arboretum unter Professor Sargent. Das war ein vernünftiges Vorgehen. Mit der Firma Veitch ging es bergab. Es fehlte an finanziellen Mitteln, und die Direktoren gelangten auf Grund einer Vogel-Strauß-Politik zu dem Schluß, in China wäre schon fast alles, was sich lohnte, gesammelt worden. Infolgedessen hatten sie Wilson zu genaue Anweisungen gegeben, und seine Tätigkeit wurde durch pekuniäre Einschränkungen gehemmt. Die Arbeit für eine amerikanische Universität eröffnete ihm ein weiteres Feld und ließ ihm viel mehr Freiheit, als er bisher gekannt hatte. Natürlich erwartete man von ihm Holzgewächse, aber er konnte sie suchen, wo es ihm beliebte, das heißt, er durfte sich von seinen Kenntnissen und seinem Instinkt leiten lassen.

Die großen Erfolge, die er mit Mühsal ›bezahlte‹, blieben ihm treu. Außer auf seiner letzten, gemächlicheren Reise in den Fernen Osten, von der er die ›Taiwania‹ aus Formosa heimbrachte und auf der er in Japan zum erstenmal die Kurume-Azalee sah, konnte sich Wilson über Mangel an Abenteuern nicht beklagen. Von dem gefährlichen Erlebnis, bei dem er sich sein ›Liliengehumpel‹ zuzog, war schon in der Einführung die Rede. Es gab weitere, die einen weniger robusten Mann zugrunde gerichtet hätten. In seinen Schriften tritt er als Persönlichkeit nicht weiter hervor – seine Schilderungen sind entweder rein fachlich oder zu geschwätzig –, doch es scheint, daß er die Schwierigkeiten und Gefahren, mit denen er zu tun bekam, als berufsbedingt hinnahm und mit einem Schulterzucken abtat. In einem dreibändigem Werk mit dem Titel ›Plantae Wilsonianae‹ setzte ihm Professor Sargent ein Denkmal, denn darin sind alle die Holzgewächse aufgeführt, die das Arnold Arboretum der Sammeltätigkeit Wilsons verdankt. Wilson wurde zum Vizedirektor dieses Institutes ernannt, später zum Direktor als Nachfolger seines Freundes Sargent. Als ob auch die Freude an solch einem Posten ›bezahlt‹ werden müßte, kamen Wilson und seine Frau bei einem Autounfall in der Nähe von Worcester im Staat Massachusetts 1930 ums Leben.

V

Carl Friedrich Philipp von Martius und die Palmenkunde sind ein zusammengehöriger Begriff. Sein großes Palmenbuch ›Historia naturalis palmarum‹, dem unsere Farbtafel entnommen ist, zeichnet sich durch eine für die damalige Wissenschaft typische undogmatische Illustrationsmanier aus: neben herrlich kolorierten Details und Schnitten von Blättern, Stengeln, Blüten und Früchten erscheinen die Palmen in der Pflanzengemeinschaft mit ihrer Umwelt, deren bildhafte Wirkung durch Einbeziehung des Menschen, der landschaftlichen Charakteristika sowie der Tages- und Nachtstimmungen höchst kunstvoll gesteigert ist.

Instituierte Sammler nannte E. H. Cox diejenigen Pflanzenjäger, die für einen Botanischen Garten oder eine Regierung tätig waren. Selbstverständlich mußten sie sich hauptsächlich nach dem Sonderinteresse der Institution richten, die sie verpflichtet hatte; doch wie Wilson feststellte, als er von einer Handelsgärtnerei zum Arnold Arboretum wechselte, genossen sie eine gewisse Freiheit. Ja, man erwartete von ihnen Unternehmungsgeist. Wilsons Zeitgenosse, der Amerikaner *Frank Meyer*, der für das Landwirtschaftsministerium der Vereinigten Staaten arbeitete, gehörte zu den unternehmungslustigsten und originellsten ›instituierten Sammlern‹ seiner Zeit.

Meyer, ein gebürtiger Holländer, war Assistent von Hugo de Vries gewesen. Er war jedoch kein Laboratoriumsbotaniker, sondern im Grunde ein Tippelbruder. Er reiste leidenschaftlich gern, am liebsten zu Fuß; sogar in einer Zeit, wo das Wandern ein Vergnügen und eine gesunde Körperbewegung bedeutete, so daß viele Amerikaner zu Fuß durch die Lande zogen, wurde der Botaniker Meyer für seine Wanderlust bekannt. Er durchstreifte gerade die Südstaaten und Mexiko, als das Ministerium ihn beauftragte, in Asien Nutzpflanzen zu suchen.

Das war ein ganz neuer Posten, eigens geschaffen, um den Wunsch nach größerer Vielfalt von Getreide, Obst und Gemüse zu erfüllen. Berichte aus dem Innern Chinas legten die Vermutung nahe, daß die dort angebauten Pflanzen zwar einfach, aber gesund waren. Außerdem konnte es im russischen und chinesischen Turkestan mancherlei winterfeste Pflanzen geben, die sich für die kälteren Landstriche in den Vereinigten Staaten eigneten. Dem Sammler des Ministeriums war die Initiative überlassen; er sollte, wie es ausgedrückt wurde, seinen Kopf gebrauchen.

Keine Ernennung hätte Meyer mehr freuen können. Wie Joseph Hooker genoß er die romantische Seite der Wissenschaft ebensosehr wie ihre praktische, und da er so gern auf Einzelheiten einging – er untersuchte stundenlang den Standort einer einzigen Pflanze – konnte ihn die Erkenntnis ihrer Eigenschaften leicht dazu bewegen, sie mit einer Ode zu preisen.

Meyer unternahm vier Expeditionen für die Regierung, gelangte bis Russisch-Turkestan, durchquerte die Große Ebene Chinas, die Mandschurei und Korea bis nach Lantschou in der Provinz Kansu und zur Großen Mauer. Im Gegensatz zu Cäsar schlug er kein Winterquartier auf, sondern verbrachte die Zeit mit der Untersuchung von Getreide und beschaffte sich Ableger der Obstbäume, während ihr Saftstrom ruhte. Er fand neue Varietäten von Reis, Bohnen, Futterpflanzen wie auch von Früchten und Gemüsen, und seine Gesamtarbeit für die Regierung brachte der Landwirtschaft in den Vereinigten Staaten ungeheuren Nutzen. Die Landwirte und Bauern von Kap Flattery bis Florida, von der Fundybai bis San Diego müßten Meyer zu Ehren eigentlich jedes Jahr ein Dankesfest feiern. Gärtner hingegen dürften kaum von ihm gehört haben. Er diente dem Küchengarten, kaum dem Ziergarten, womit nicht etwa gesagt sein soll, ökonomische Pflanzen hätten keinen ästhetischen Reiz. Im Gegenteil. Einige von Meyers Bohnen und vor allem seine Obstbäume hatten unbedingt ihre eigene Schönheit. Und während Meyer von Ort zu Ort wanderte, von einem Hinweis zum andern, um einer besonderen Sorte bis zum Mittelpunkt ihres Verbreitungsgebietes nachzuspüren, hielt er zwar anderthalb Augen für andere Nutzpflanzen offen, nur ein halbes Auge aber für rein dekorative Gewächse.

Er fand oder entdeckte erneut die rein gelbe Rose ›R. xanthina‹ – eine Entdeckung Armand Davids dreißig Jahre zuvor –, ›Actinidia kolomikta‹, einen wohlriechenden, weiß blühenden Kletterer, und Spielarten von wilden Pflaumen-, Pfirsich- und Mandelbäumen, von Schneeball, Wacholder und Flieder. Drei der Sträucher, die er einführte, das Pfaffenhütchen ›Euonymus bungeanus‹, der Flieder ›Syringa villosa‹ und die Kolkwitzie (›Kolkwitzia amabilis‹), gediehen in den Vereinigten Staaten nur in Gebieten mit genau begrenzten Jahreszeiten. In England wurden sie durch plötzlich eintretenden verspäteten Frost gehemmt, so daß sie nie ihre volle Höhe und ganze Schönheit erreichen konnten. Diese Liste ist keinesfalls vollständig, aber für einen Pflanzenjäger, der nur ein halbes Auge für Zierpflanzen ersparen konnte, und der oft im Winter sammelte, wo es schwierig war, ruhende Bäume und Sträucher zu identifizieren, vollbrachte Meyer eine respektable Leistung. Zweifellos wäre sie noch eindrucksvoller, wenn seine Laufbahn als Sammler nicht plötzlich ein Ende gefunden hätte.

Seine letzte Expedition führte ihn über die Grenzen von Wilsons Gebiet hinaus. Nachdem er den Winter in der Nähe von Peking verbracht und ausgedehnte Exkursionen in die Umgebung der Stadt unternommen hatte, überquerte er die Große Ebene in südlicher Richtung auf den alten Handelshafen Hankau am Jangtsekiang zu. Das war ein wichtiges Handelszentrum und ein ideales Standquartier für einen Pflanzenjäger, weil zu den hauptsächlichen Exportartikeln Tee, Seide, Nesseltuch aus der Faserpflanze Chinagras (›Boehmeria nivea‹), Sesamsamen, Bohnen, Tabak, Holz, Pflanzenöle und chinesische Kräuterheilmittel gehörten. Auf dem Gemüsemarkt gab es zahlreiche Sorten, die ganz andere Eigenschaften hatten als die Gemüse, die in den Vereinigten Staaten angebaut wurden. Chinesischen Pfeffer zum

Beispiel – das heißt die zermahlenen Früchte von ›Xantholxylum bungei‹ – gab es in jedermanns Kohlgarten, aber für den Export wurde er nur im Min-Tal, weit entfernt stromaufwärts von Hankau, kultiviert. Aus demselben Gebiet, vor allem aus der Tschengtu-Ebene, kamen Paprikasorten und eingesalzene Sprossen des Bambusses ›Sinarundinaria nitida‹. Aus dem warmen Süden stammte der getrocknete Bambus. Von Übersee wurden zur Verteilung auf andere Märkte in den Provinzen ganze Wagenladungen von einem ungewöhnlichen Gemüse herbeigeschafft, die Rotalge ›Porphyra vulgaris‹. Es gab hier Berge von Wurzeln und Blütenköpfchen, von Stielgemüsen, Samenkörnern und Blättern, getrocknete, frische und eingesalzene, die Meyer größtenteils nicht kannte, die seinem abendländischen Gaumen aber mundeten.

Hatte er erst einmal eine Pflanze gewittert, die den Vereinigten Staaten von ökonomischen Nutzen sein könnte, so hätten ihn keine zehn Pferde davon abbringen können, der Spur zu folgen. Diesmal führte ihn seine Nase von Hankau stromaufwärts nach Itschang. Er errichtete hier sein Standquartier und suchte die Umgebung von Hupeh über ein Jahr lang gründlich ab. Nie ist aufgeklärt worden, wie er zu Tode gekommen ist. Anfang Juni 1918 wurde sein aufgequollener Leichnam unterhalb des Hafens von An-king im Jangtsekiang gefunden.

Der Jangtsekiang war manchmal des Pflanzenjägers Freund. Er hatte Berufsbotaniker, botanisierende Missionare, Konsularbeamte und Zollbevollmächtigte hoch hinauf in die westlichen Provinzen getragen. Auf ihm war Antwerp Pratt in großem Stile mit seinem deutschen Assistenten Kricheldorf gefahren. Aber nicht immer war er freundlich, hatte er doch Wilsons Ausrüstung und beinahe auch Wilson selbst gefordert. Jetzt hatte er sich Frank Meyer geholt.

Wien, wo es eine Landwirtschaftsgesellschaft und seit 1837 eine Gartenbaugesellschaft gab, war der Geburtsort von *Joseph J. Rock*, der zu den hervorragendsten instituierten Sammlern Amerikas zu zählen ist. Er war so etwas wie ein Wunderknabe, denn in dem Alter, wo sich die meisten Jungen immer noch für ihre Spiele interessieren, war er schon ein halber Gelehrter und gewandt in vielen Sprachen. Er eignete sich in jeder Weise für den seltenen Lehrstuhl der chinesischen Sprache und der Botanik, auf den er 1907 von der Universität Hawaii berufen wurde. Im Jahr 1913 wurde er amerikanischer Staatsbürger und 1920 ökonomischer Pflanzensammler für das Landwirtschaftsministerium.

Als erstes erhielt Rock den Auftrag, ›Taraktogenos kurzii‹ aufzuspüren, einen Baum, den die Eingeborenen Kalau nannten; er hatte für die Medizin große Bedeutung. Dem Unternehmen haftete von Anfang an etwas Phantastisches an.

Im östlichen Sagengut tauchten oft märchenhafte Heilungen der Lepra auf, und verständlicherweise forderte es den Spott der Administratoren von Britisch-Indien heraus, daß einem Baum hoch oben im feuchten Waldgebiet von Zentralasien Wunderwirkung zugeschrieben wurde. Die Erzählung begann wie ein Märchen: »Es war einmal ein König von Benares, der Rana hieß, und Rana war aussätzig...« Durch seine eigenen Gesetze gebunden, verbannte sich Rana tapfer selbst, und weil er nicht gesehen werden wollte, versteckte er sich im feuchten Waldgebiet. Hier hauste er in einem hohlen Kalau und ernährte sich von den Früchten des Baumes. Bald stellte er fest, daß die verhaßten Flecken auf seiner Haut verschwanden. Binnen einem Monat war er vollständig geheilt. Die phantastische und romantische

Geschichte geht weiter: in der Nähe lebte in einer Höhle eine schöne Prinzessin, die ebenfalls an Lepra litt. Rana heilte sie mit Kalaufrüchten, heiratete sie, und sie schenkte ihm sechzehn Zwillingssöhne. Und keiner von den zweiunddreißig Prinzen war aussätzig. Und wenn sie nicht gestorben sind, so leben sie noch heute.

Es schien gegen alle Vernunft zu sein, anzunehmen, daß diese Geschichte auf irgendwelchen Tatsachen beruhen könnte. Aber auf den indischen Märkten wurde ein übelriechendes, dunkles Öl, das sogenannte Chaulmoograöl, zu schwindelerregenden Preisen verkauft, weil es angeblich ein Heilmittel für Lepra war. Dieses Öl stammte nach Auskunft der Händler aus dem hochgelegenen Waldgebiet in Zentralasien, wo es aus den Kalaufrüchten gepreßt wurde. So unglaublich es auch scheinen mochte, die Mediziner durften nichts versäumen, sie stellten Untersuchungen an. Zu ihrer Verwunderung fanden sie in dem Öl einen Stoff, der zwar nicht gerade Wunder wirkte, aber die Krankheit immerhin zum Stillstand brachte und sich bei der Behandlung als besonders nützlich erwies. Die Administratoren und die Mediziner waren beeindruckt. Die Entdeckung ließ es dringend geboten erscheinen, ohne Verzug Kalaupflanzungen anzulegen.

Die größte Schwierigkeit bei der Verwirklichung des Planes bildete die Tatsache, daß niemand in der Ebene wußte, wie ein Kalau aussah. Basarhändler boten Samen an, der nach ihrer Behauptung vom Kalau herrührte, aber als man zehn Jahre später von den ausgewachsenen Bäumen das erste Öl gewann, stellte sich heraus, daß es kein Chaulmoograöl war. Möglicherweise handelte es sich um eine Kalau-Varietät. Der echte Kalau blieb unentdeckt, bis 1890 ein Botaniker dem Leiter eines botanischen Prüfungsinstituts in Indien Samen schickte, die Chaulmoograöl enthielten. Aber die absurden Hemmnisse setzten sich fort. Die Samen waren aus Tschittagong gesandt worden, doch niemand hatte daran gedacht, ihren eigentlichen Herkunftsort zu ermitteln.

Auf Grund dieses einzigen Hinweises unternahm man verschiedene Versuche, den Kalau aufzuspüren; alle verliefen erfolglos. Dennoch fand das kostspielige Chaulmoograöl weiterhin den Weg durch die Urwälder zu den Basaren von Kalkutta.

Im Jahr 1920 schätzte man im Landwirtschaftsministerium der Vereinigten Staaten abermals die Aussicht ab, den Baum vielleicht doch aufzuspüren. In diesem Jahr trat Rock von seiner Professor zurück und stellte seine außerordentlichen Gaben in den Dienst der Regierung. Er erhielt den Auftrag, den Kalau zu suchen.

Er fuhr zuerst nach Siam, von wo er nach Norden vordringen wollte, soweit die Fährte reichte. Sein einziger Anhalt war die wohl unbezweifelbare Tatsache, daß es den Baum wirklich gab. In Bangkok erhielt er auf seine Fragen immer die gleiche Antwort. Ja, jeder wußte von dem Kalau. Jedermann. Aber niemand wußte, wo er wuchs. Kein Mensch. Ein Hinweis – nichts weiter als die Kindheitserinnerung der Frau eines Vizekönigs – führte ihn nach Korat. Hier wurde ihm gesagt, seine Beute sei irgendwo tief im Urwald zu finden. Früchtetragende Bäume könnten nur weit entfernt von Pfaden und Dörfern vorkommen, weil die jungen Bäume gutes Feuerholz ergäben, so daß ein Kalau, der in der Nähe eines Dorfes wuchs, nie zur Reife gelange. Weitere Hinweise bestimmten Rock, einen fünfhundert Kilometer langen Weg durch Siam nach der Bergstadt Tschiengmai zurückzulegen. Das war eine falsche Spur, aber die nächste, auf einem Hausboot flußabwärts nach Raheng, versprach bessere Ergebnisse. Als sich auch dies als Enttäuschung herausstellte, wäre Rock beinahe umgekehrt. Ein weniger hartnäckiger Mensch hätte es sicher getan, doch eine kurze Rast und ein recht interessantes Basargeschwätz brachten ihn wieder auf die Beine. Er folgte der Spur über die Berge zwischen Siam und Burma, wobei er sich der Leoparden, Tiger und einer besonders giftigen Schlange erwehren mußte. Zur Entschädigung aber fand er endlich eine Kalauspezies. Ein paar Bäume. Aber keiner der Bäume trug Früchte. Rock zog weiter nach Moulmein am Golf von Martaban und dann nordwärts in die Berge. Er stieß auf einen einzigen früchtetragenden Baum. Aber es war nicht der ›Taraktogenos kurzii‹, den er beschaffen sollte, sondern eine nah verwandte Art. Obwohl er in argen Wettkampf mit Affen geriet, die die Früchte fraßen und die Kerne wegwarfen, und mit Stachelschweinen, die sich unten so besessen auf die Kerne stürzten, wie ein Hund auf Anissamen, gelang es Rock, hundertsiebzig Samen zu ergattern. Er zog nordwärts weiter, folgte Hinweisen, Gerüchten und Überlegungen, bis er in der Nähe eines schmutzigen Dorfes am oberen Tschindwin eine Kolonie von echten Kalaus fand. Sie ließ einiges zu wünschen übrig. Viele Bäume waren zur Gewinnung von Feuerholz gekappt, an anderen hatten die Dorfbewohner die Rinde ringförmig ausgeschnitten, um daraus einen Aufguß zu bereiten. Er konnte nur einige wenige Samen sicherstellen. Doch offensichtlich war er dem Baum auf der Spur. Beim nächsten Dorf fand er noch mehr Exemplare, und zu guter Letzt war seine kleine Gruppe »mit Samen beladen und konnte nicht noch mehr tragen«. Rock und seine Leute bestanden noch die nächtlichen Angriffe eines menschenfressenden Tigers und die Bedrohung durch einen bösartigen Einzelgängerelefanten, bis sie ihre wertvolle Fracht glücklich aus dem Urwald herausgebracht hatten. Die vielen Samen ermöglichten die Ansiedlung des Kalau in Amerika ohne weitere Hemmnisse, die Gewinnung reinen Chaulmoograöls war gesichert. So endete auf dramatische Weise die Suche nach diesem sagenhaften Baum, der nur dem Märchenreich anzugehören schien.

Rocks Sammlungen wurden umfassender und vielfältiger als die aller übrigen modernen Pflanzenjäger. Hauptsächlich galt seine Suche immer noch den Gewächsen, aber daneben machte er auch Jagd auf Tiere. Er arbeitete sowohl für das Landwirtschaftsministerium der Vereinigten Staaten als auch für das Arnold Arboretum und für das Harvard-Museum der vergleichenden Zoologie. Zwei Expeditionen unternahm er im Auftrag der Nationalen Geographischen Gesellschaft in Washington. Saatgut und Pflanzen, die er auf den letzten Expeditionen sammelte, wurden sowohl amerikanischen als auch englischen Privat- und Handelsgärtnern zur Verfügung gestellt.

Er reiste weit herum: in Jünnan, wo sich seine Wege mit denen der Sammler George Forrest und Frank Kingdon-Ward kreuzten; in dem kleinen, teilweise unabhängigen Staat Muli, wo er nur wenige Gewächse fand, sich aber mit dem König befreundete; im Lande der Ngolok, eines kriegerischen Tibeterstammes im Gebiet des Amnematschin. Diese Bergkette, die vom Min Schan durch den Huangho, den reißendsten und unzähmbarsten aller Flüsse, getrennt wird, erhebt sich auf dem Dach der Welt, und da der Winter hier neun Monate herrscht, hatte die Gegend für Rock, was Pflanzen betraf, wenig Wert, aber er nannte sie »einen einzigen riesigen Zoologischen Garten, wo Tiere friedlich grasen«. Am besten gefiel es ihm im Lande der Tepo südlich vom Min Schan.

Von Wien und bis zu dem Lande der Ngolok bekam Rock mehr von der Welt zu sehen als die meisten Menschen. Aber das Land der Tepo riß ihn hin:

Nie in meinem Leben sah ich eine so prachtvolle Land-

schaft. Hätte der Verfasser der Genesis Tepoland gekannt so hätte er es zum Geburtsort von Adam und Eva gemacht.

Zum Schluß unternahm Rock eine Expedition, die in mancher Hinsicht ebenso phantastisch war wie seine Kalau-Suche. Er zog in ein wildes Gebiet westlich von Muli in Szetschuan, das einst dem Tibeter Regenten Litang unterstanden hatte. Seit den chinesisch-tibetischen Grenzstreitigkeiten war das Gebiet immer mehr verwildert, und als Rock 1928 dort sammeln wollte, war es ganz gesetzlos und in den Händen eines Schurken namens Draschetsongpeng, der das heilige Leben eines Lamas aufgegeben hatte, um sich dem spannenden Dasein eines kühnen Räuberhauptmanns zu widmen. Zum Glück für Rock stand dieser überlebensgroße Bandit auf gutem Fuße mit Rocks altem Freund, dem König von Muli, so daß der Amerikaner die Sonderbewilligung erhielt, überall im Lande zu botanisieren. Er genoß den Aufenthalt und wollte nochmals hingehen, um sich Samen zu holen. Doch infolge schlechten Wetters waren Getreide- und Mohnernte verdorben, und die Bauern suchten einen Sündenbock. Ein weißer Fremder, der in den Bergen herumwanderte, Blumen pflückte und die Götter reizte, genügte ihnen. Eine höfliche Botschaft gelangte vom Bollwerk des Räuberhauptmanns an den Königshof in Muli: In Anbetracht der Umstände wäre es unklug, käme Herr Rock wieder. Und Herr Rock verstand.

Der Fürst der Steingärten

Reginald Farrer und *Henry John Elwes* waren unter der großen Zahl von Berufsjägern Amateure. Beide waren ausgeprägte Persönlichkeiten, und, wie Banks im siebzehnten Jahrhundert, konnten beide sich nicht entschließen, die Vorrechte ihrer Geburt als edwardianische Landedelleute in beschaulicher Ruhe zu genießen. Elwes kam aus Gloucestershire, Farrer aus Yorkshire. Ihre Freude am Sammeln entsprang ganz verschiedenen Gründen.

Elwes trat im Alter von vierundzwanzig Jahren aus einem Garderegiment aus, weil er das Soldatenleben in Friedenszeit für einen Mann von Geist viel zu behaglich und langweilig fand. Um seinen Abenteuerdurst zu stillen, unternahm er zoologische, ornithologische und botanische Feldstudien. Da er vermögend war, konnte er nach Herzenslust reisen; er brach buchstäblich von einem Augenblick zum andern auf, wenn er hörte, daß irgendwo eine seltene Pflanze zu finden oder ein seltenes Tier zu erlegen und auszustopfen war. Auf diese Weise gelangte er nach China und Japan, Rußland und Sibirien, in die Türkei, nach Tibet, Indien, Nord- und Südamerika. Er war aber kein simpler Schlächter und Raritätenraffer. Er erwarb sich umfassende Kenntnisse in den Wissenschaften, besonders in der Botanik. Seine Zusammenarbeit mit Augustine Henry an dem siebenbändigen Werk über die Bäume Großbritanniens und Irlands sowie seine illustrierte Monographie über die Gattung ›Lilium‹ legen Zeugnis von seiner Gelehrsamkeit ab.

Reginald Farrer war auf seinem Gebiet ebenso beschlagen und ein recht bedeutender Pflanzenjäger. Abenteuer reizten ihn nicht sonderlich; da er klein und dick war, empfand er kein Bedürfnis, sich körperlichen Anstrengungen auszusetzen. Sein Interesse an der Botanik rührte nicht zuletzt daher, daß er als Kind von zarter Gesundheit gewesen war. Er mußte von einem Hauslehrer unterrichtet werden, und mit ihm ging er in der Umgebung des Elternhauses botanisieren. Seine Phantasie kreiste darum, ein Gewächs zu finden, das noch nicht im Pflanzenregister eingetragen war. Das war in den neunziger Jahren ein hohes Ziel. Aber er hatte Glück und entdeckte für Großbritannien eine neue Spielart des Sandkrauts, die ›Arenaria gothica‹.

Zuerst war er nach einer Lehrzeit praktischer Gärtner. Nachdem er schon als Vierzehnjähriger einen eigenen Steingarten besaß, stellte er fest, daß sich eine Mischung von Schotter und Lauberde oder Lehm für Alpenpflanzen am besten eignete, so daß sie bei ihm viel besser gediehen als bei den Gärtnern, die Kompost und chemischen Dünger anwendeten. Bei seinen Anlagen sorgte er auch dafür, daß die Pflanzen genügend Licht, Luft, Nahrung und Wasser erhielten.

Nachdem er als Sammler die Welt bereist hatte – namentlich Japan, wo er wie so viele vor und nach ihm sein Herz an die Japaner und ihre Lebensweise verlor, und die Alpen, wo er auf seiner Suche nach Pflanzen sozusagen das unterste zuoberst kehrte –, wurde er ein bekannter Schriftsteller. Selbst wenn er keine Pflanzen eingeführt hätte, wäre er für die Botaniker ein Begriff geworden, denn seine Ansichten über die Anlage von Steingärten wurden sehr bald anerkannt. Er wetterte gegen die Steingärten seiner Zeitgenossen und machte sich über die Schaustücke lustig, die von einer Firma in Henley hergestellt wurden, vor allem über einen scheußlichen Kitschberg, eine Nachbildung des Matterhorns aus Schiefer und Beton, auf dem nicht einmal Zinngemsen fehlten. Farrers Einfluß war beträchtlich; der Stil der Steingärten wandelte sich, und sein klassisches Buch über den englischen Steingarten wird immer noch viel gelesen.

Bei seinen Vorstudien für dieses Buch stieß er auf Prschewalskijs Sammeltätigkeit im Norden und auf die Potanins im Süden von Kansu. Weil diese Provinz typisch alpin zu sein schien, zog sie ihn an. Er reiste nach China und traf dort 1914 ein.

Farrer unternahm seine Expedition nach Kansu zusammen mit William Purdom, einem Berufssammler, der für Veitch und für das Arnold Arboretum gearbeitet hatte. Farrer genoß das Unternehmen sehr; als Alpinist fand er die Flora überwältigend; als Schriftsteller entzückte ihn die Feststellung, daß er sein Lager einmal zufällig im Wirkungsbereich eines tollen Banditen aufgeschlagen hatte, der sich Weißer Wolf nannte; als Pflanzenjäger interessierte er sich für die Vielfalt an Feldfrüchten, die sich aus den verschiedenen klimatischen Verhältnissen in Kansu ergab. Er sah, daß Weizen, Datteln, Bohnen, Tabak, Trauben, Zwiebeln und Rhabarber kultiviert wurden. Außerdem entzückte ihn als aufnahmefähigen Menschen die Schönheit der Landschaft. An der Nordgrenze zog sich ein großer Teil der Chinesischen Mauer hin, und wie Gallien war die Provinz dreigeteilt: in das südliche Flußtal, das östliche Tafelland, wo der Löß kreuz und quer von Schluchten gespalten wird, und in den nordwestlichen Teil zwischen Bergen und Wüste. Die trennenden Bergketten wirkten ehrfurchtgebietend. Farrer schrieb: »Die Berge erstrecken sich quer über die Welt von Osten nach Westen in einer ungebrochenen Reihe unbezwinglicher, sechstausend Meter hoher Grate, Zinnen, Nadeln und Burgen aus Dolomitgestein.«

Der Ausbruch des Ersten Weltkriegs im August setzte der Expedition ein frühzeitiges Ende. Obwohl Farrer wußte, daß er für den aktiven Dienst untauglich erklärt werden würde, wollte er heimkehren und sich freiwillig melden. Die Rückreise wurde in aller Eile angetreten. Dabei gingen unterwegs viele Pflanzen verloren, und die wenigen, die durchkamen, mußten die Vernachlässigung erleiden, der alles Gärtnerische in Kriegszeiten nun einmal ausgesetzt ist. Nur einige überstanden, darunter das niedliche Röschen ›R. farreri‹, das wohlriechende Edelweiß ›Leontopodium haplophylloides‹, die Silbergeranie ›G. farreri‹ sowie der Sommerflieder ›Buddleja alternifolia‹, von dem Farrer sagte, in seiner Heimat hinge er »in langen strömenden Kaskaden an allen Lößfelsen wie eine anmutige, kleinblättrige Trauerweide, wenn er nicht blüht, und wie ein hellvioletter Wasserfall, wenn er blüht«.

Während des Krieges verbrachte Farrer den Tag im Informationsministerium, den Abend an seinem Schreibtisch. Er bearbeitete das Buch über den englischen Felsengarten und verfaßte zwei Bücher über Kansu. Gleich nach Friedensschluß brach er wieder in den Fernen Osten auf, um seine Sammeltätigkeit fortzusetzen. Diesmal war sein Gefährte E. H. M. Cox, der sein Können als Botaniker achtete und sich seinen Launen fügte.

Das Ziel ergab sich auf Grund von folgenden Überlegungen: Nach Kansu wollte Farrer nicht zurückkehren. Er wäre gerne nach Nepal gegangen, aber die politische Lage erlaubte es nicht. Szetschuan und Westhupeh waren ausschließlich Wilsons Gebiete, und Wilson war ›Wilderern‹ gegenüber nicht großzügig gesinnt. Jünnan wurde von dem Schotten George Forrest ebenso methodisch abgegrast. Das einzige Gebiet, das in den Jahren 1918–19 uneingeschränkten Ertrag versprach, war Oberburma, und dorthin ging Farrer mit Cox.

Cox mußte schon bald nach England zurückkehren, aber er nahm eine lebhafte Erinnerung an den botanisierenden Farrer mit:

Eine untersetzte Gestalt in kurzer Khakihose und Hemd, ohne Schlips und Kragen, auf dem Kopf einen verblaßten Tropenhelm, in alten Stiefeln und Strümpfen, die allmählich hinunterrutschten und im Verlauf des Tages um die Fesseln schlotterten. Beim frühen Aufbruch hatte er es eilig; fortwährend benutzte er den Feldstecher, der ihm immer um den Hals hing... Wie zufrieden war er, wenn er eine Pflanze, die den Fund lohnte, glücklich in der Trommel hatte; wie mißbilligend knurrte er, wenn sie sich als wertlos erwies. Bei der Mittagsrast gab es kalte Ziegenfleischpasteten und Schokolade. Abends genoß er sehr unser Gläschen Rum, eine Notwendigkeit bei Regen. Unzähmbar war seine Tatkraft, die ihm nie erlaubte, sich zu schonen, obwohl er körperlich kaum für stundenlanges Suchen und Klettern geschaffen war.

Farrer war eine interessante Persönlichkeit. Nie gab es einen alpinen Gärtner seinesgleichen, nie einen so ungestümen, individualistischen Pflanzenjäger. Obwohl er beim Botanisieren nach Cox' Beschreibung nicht im geringsten auf seine äußere Erscheinung hielt, war er in der Londoner Gesellschaft so etwas wie ein Geck; er tat sich einiges zugute auf seinen schwarzen Hängeschnurrbart, der ihm das Aussehen eines mexikanischen Generals verlieh. Eigennamen sprach er ganz willkürlich aus, und da Chinesisch ohnehin nicht leicht aufzufangen ist, erschwerte er es sich und andern noch mehr, indem er die Eintragungen in seinen Karten und die Namen in seinen Büchern einfach so schrieb, wie sie ihm phonetisch klangen. Trotzdem war er ein liebenswürdiger und kultivierter Mensch; er las gern metaphysische Lyrik, und auch in der Wildnis hatte er immer Jane Austens sechsbändiges Gesamtwerk bei sich.

Obwohl Cox ihn verlassen mußte, beschloß Farrer, im gebirgigen Burma weiterzusammeln, und machte sich auf seinem dicken Pony, das ›Fettfleck‹ hieß, mit seinem Diener, der ›Drache‹ hieß, auf den Weg. Er hatte die Gewohnheit, Gewächse zu mißachten, die nach seiner fachmännischen Ansicht die Verpflanzung in fremden Boden nicht ertragen würden. Infolgedessen war sein Herbarium, obzwar mit peinlicher Sorgfalt zusammengetragen, eher das eines Gärtners als eines Botanikers.

Von den getrockneten Pflanzen wollte er sich später Samen oder Stecklinge holen.

Farrer leistete viel. Doch obwohl er erst vierzig Jahre alt war, setzte das Klima seinen Lungen zu und raubte ihm alle Kraft. Seine Leistungsfähigkeit wurde mit jedem Tag geringer und er siechte vor den Augen seiner Kulis dahin.

Schließlich starb er, zwölftausend Kilometer von der Heimat entfernt, im unablässig regnerischen chinesisch-burmesischen Grenzland, »ohne«, wie der ›Drache‹ an Cox schrieb, »uns irgendwelche Mühe oder Kummer zu machen«.

›Südlich der Wolke‹

Die Berufssammler des zwanzigsten Jahrhunderts hätten von allen Gärtnern der Welt einen Lorbeerkranz verdient für die Zahl, die Qualität und die Eigenschaften der von ihnen aus Zentralasien eingeführten Gewächse. Einer von ihnen, *Frank Kingdon-Ward*, war vom Schlage des weit herumstreifenden Forschers, der überall sammelte, wo er sich zufällig befand, oder sich bei jeder Gelegenheit auf die Suche nach einer bestimmten Pflanze machte. *George Forrest* hingegen vertrat den Typ des systematischen Pflanzenjägers, der Gebiet um Gebiet mit solcher Gründlichkeit durchkämmte, daß ihm Regionalrechte eingeräumt wurden.

Frank Kingdon-Ward genoß wie Joseph Hooker den Vorteil, Sohn eines Botanikers zu sein. Sein Vater war Botanikprofessor in Cambridge, und da viele Freunde der Familie akademisch gebildet waren und gern botanisierten, wurde der Knabe durch Fachgespräche angeregt. Schon früh zeigte er einen unersättlichen Forscherdrang und scheute keine Anstrengung, ihn zu befriedigen. Nur um in den Fernen Osten zu gelangen, nahm er eine Stelle als Lehrer in Schanghai an. Hier brach er seinen dreijährigen Vertrag, weil sich ihm die Gelegenheit bot, mit dem amerikanischen Zoologen Malcolm P. Anderson nach Westchina zu gehen. Später beschrieb er diese Reise mit der Dschunke und zu Fuß quer durch China »von der Küste bis zum Rande der Welt« als ein abenteuerliches Unternehmen. Es brachte ihn dazu, ein Berufssammler zu werden, der Forscher, Schriftsteller, Photograph und Botaniker in einem war. Wie Frank Meyer führte er ein ausgefülltes, glückliches Leben, in dem er tun konnte, was ihm am meisten zusagte. Seine Reisen lieferten ihm Stoff für Bücher und Artikel; er photographierte nach Herzenslust, beschaffte Herbariumsmaterial – seine getrockneten Exemplare sind jetzt in Cambridge, Edinburgh, London, Chicago, New York und Göteborg – sowie, was am einträglichsten war, Samen und Gewächse für Gärtner. Im Auftrag einer Handelsgärtnerei, später von Privatpersonen oder Gärtnerverbänden und einmal des New Yorker Botanischen Gartens, ging er in vielen Gegenden auf Pflanzenjagd, in Jünnan, Szetschuan, Oberburma, Französisch-Indochina und im südöstlichen Tibet, hielt im Himalajagebiet Nachlese nach Hooker und führte zwischen 1909 und 1957 Hunderte von neuen Arten zur Kultivierung ein. Seine Beute setzte sich größtenteils aus Rhododendren und Primeln zusammen, aber er fand auch Bäume für – Sargholz, »der Chinese freut sich in seinem Leben am meisten auf ein Begräbnis erster Klasse...«, einige bemerkenswerte Lilien und Enziangewächse, Kannenpflanzen, Teesträucher und den berühmten ›Blue Poppy‹ aus Tibet. Er ergänzte Landkarten, indem er noch nicht kartographierten Gebieten Namen und Umrisse gab. Die Systematiker wußten seine Arbeit so sehr zu schätzen, daß sie zwei Gattungen ihm zu Ehren ›Kingdon-Wardia‹ und ›Wardaster‹ benannten und den Artnamen zweiundvierzigmal verwendeten. Es ist nicht verwunderlich, daß Kingdon-Ward vor dem Zweiten Weltkrieg von Schulknaben als heldenhafter Forscher ebenso verehrt wurde wie Scott und Sven Hedin. Als Zweiundsiebzigjähriger arbeitete er immer noch und plante sogar zwei weitere Pflanzenjagd-Expeditionen, eine nach Nordpersien und eine nach Vietnam, als er plötzlich vom Tod ereilt wurdc. Man faßte es kaum, denn er hatte jenes wettergegerbte, sehnige Aussehen, das ihm einen Anschein von Alterslosigkeit gab.

Kingdon-Ward war mit seinem Können, seiner Selbstsicherheit und Kühnheit eine steile Karriere gegönnt. Da kein Mensch, der Befehlsgewalt gewöhnt ist, die ständige Zurückhaltung eines Orientalen zeigen kann, bezichtigte man ihn mitunter der Eitelkeit, und weil Erfolg Neider gebiert, mußte er seine Feinde haben. Aber er unterdrückte die Spannungen, die ihn oft befielen, so daß er den Eindruck eines unkomplizierten, freundlichen Menschen machte. Das Air des Forschers und Botanikers, womit er sich umgab, stand ihm vortrefflich.

George Forrest, der methodische Stöberer, war anders: ein Einzelgänger, der mangelndem Vertrauen brüskes Verhalten entgegensetzte und sich wie alle eigensinnig-unabhängigen Menschen selbst im Wege stand. Im Verlauf von achtundzwanzig Jahren schickte er aus Jünnan nicht weniger als 31 000 Herbariumsbögen und ebensoviele Samenpakete nach England. Eine ungeheure Leistung. Forrest war sowohl körperlich als auch geistig geschult. Seine Persönlichkeit wurde oft verfälscht dargestellt, nicht nur weil er ein Einsamer war, sondern weil er eine unglückliche Kindheit hatte und sich von der untersten Sprosse heraufarbeiten mußte. Gerade deshalb scheint er als Charakter interessanter zu sein als Kingdon-Ward, und seine Laufbahn um so merkwürdiger.

Wie David Douglas, Robert Fortune und viele andere

bedeutende Sammler war Forrest ein Schotte aus einfachen Verhältnissen. Er war in Falkirk in Stirlingshire zu Hause. Seine erste Anstellung bei einem Apotheker entsprach nicht seinem Geschmack, aber später in Zentralasien sollten ihm seine wenigen Kenntnisse der Pharmazie sehr nützlich sein. Zu seiner Ausbildung gehörte das Studium der Botanik und das Sammeln einheimischer Pflanzen. Auch das machte ihm keine Freude. Als junger Bursche ging er nach Australien, wo er mehrere Jahre als Handlanger und Schafscherer arbeitete. Es ist zweifelhaft, ob er in Australien Pflanzen sammelte oder sich überhaupt für Botanik interessierte, doch als er 1902 nach Schottland zurückkehrte, nützte ihm seine kurze Lehrzeit in der Apotheke. Er bewarb sich im Edinburgher Botanischen Garten um Arbeit. Professor Isaac Bayley Balfour sprach mit dem stämmigen, kleinen Mann, dessen wettergegerbtes, ernstes Gesicht eher abschreckte: Leider habe er nur einen bescheidenen, untergeordneten Posten im Herbarium zu vergeben, schlecht bezahlt und ohne Zukunftsaussichten, kaum geeignet für einen Dreißigjährigen. Er war überrascht, als sich Forrest einverstanden erklärte.

Forrest war von jeher ein eifriger Jäger und Fischer gewesen und wanderte gern. Da er Städte nicht ausstehen konnte, ging er jeden Morgen neun Kilometer zu Fuß nach Edinburgh und abends zurück. Von neun Uhr morgens bis fünf Uhr nachmittags stand er an einem Pult, untersuchte und ordnete getrocknete und gepreßte Pflanzen, die aus allen Teilen der Welt dem Botanischen Garten zugesandt worden waren. Das wäre eine ebenso langweilige und mechanische Arbeit wie die eines Fabrikarbeiters am Fließband gewesen, wenn sich Forrest nicht mit der Entschlossenheit eines Schotten dafür entschieden hätte, möglichst viele Kenntnisse über Pflanzen zu erwerben. Binnen zwei Jahren war er im Botanischen

Garten der Fachmann für Identifizierung und Anordnung getrockneten Materials. Dann wollte es der Zufall – dieses kostbare Element des Daseins –, daß Sir Isaac von einem reichen Industriellen aus Cheshire gebeten wurde, ihm einen Mann zu empfehlen, der eine botanische Forschungsreise nach Westchina unternehmen könnte. Aschenbrödels gute Fee hätte für George Forrest nichts Besseres tun können. Sir Isaac schätzte seine Arbeit im Herbarium sehr, wollte ihm aber eine derartige Gelegenheit nicht vorenthalten. Der Industrielle aus Cheshire stellte Forrest auf die Empfehlung hin an.

Forrest reiste 1904 nach Jünnan, der chinesischen Provinz ›südlich der Wolke‹, die sein besonderes Gebiet werden sollte. Augustine Henry hatte hier vor ihm gesammelt, und die Gegend war sporadisch von unbedeutenderen Pflanzenjägern heimgesucht worden. Nach 1904 wurde Nordwestjünnan Forrests Reservat, das er eifersüchtig hütete. Er war bissig zu denjenigen, die meinten, ein Pflanzenjäger könne wie ein Schmetterling von Blume zu Blume gaukeln. Gegen unrechtmäßige Eindringlinge zog er mit gewaltigen Drohungen zu Felde.

Von Anfang an entzückte ihn die Gegend, die seine Wahlheimat werden sollte. Nordjünnan wirkte dramatisch: der Wind fegte über die Gebirgsketten, die höher waren als die höchsten Berge in Schottland, und tiefe Schluchten durchschnitten sie. Die Flüsse, die dort unten tobten und schäumten, verschwanden manchmal, um an anderen Stellen wieder hervorzubrechen. Auf den schmalen löchrigen Pfaden konnte sich gerade ein Karren fortbewegen. Im Westen waren die Berge so hoch und die Flüsse so reißend, daß ihre Überquerung große Anstrengungen erforderte. Im Süden und Osten, wo Augustine Henry gelebt hatte und wo sich Forrest zwischen den Jahreszeiten und zwischen den Expeditionen ausruhte, war grünes Land mit großen Seen. Hier erntete man Reis, Mais, Buchweizen und Schlafmohn. Er liebte auch die Jünnanesen, die ihn an die Schotten erinnerten. Sie waren ebenfalls ein Bergvolk und ihre Tracht aus handgewobenem Tuch trug ein Muster, ähnlich den buntkarierten Röcken der schottischen Hochländer. Ihre Lebensweise ließ sich am ehesten mit derjenigen der Franzosen vergleichen, und auch das entsprach Forrests Geschmack. An sich machte er sich nichts aus gesellschaftlichem Umgang. Aber als er sich gezwungen sah, Einladungen anzunehmen, stellte er fest, daß die jünnanesische Geselligkeit alles übertraf, was er jemals in Schottland erlebt hatte. Nachdem er sich an die Reihenfolge der Speisen gewöhnt hatte, mundete ihm das Essen weitaus besser als die langweilige, fade Kost, mit der er aufgewachsen war. In Jünnan begann die Mahlzeit ähnlich wie in Skandinavien mit pikanten Fischhappen; danach gab es Reis mit Gemüse, meist Rettichen und Rüben, dann Eier, Enten- oder Schweinefleisch und zum Schluß eine delikat gewürzte Hühnerbrühe mit Pilzen. Während seines achtundzwanzigjährigen Aufenthalts lernte Forrest diese klassische Reihenfolge schätzen, und zu guter Letzt zog er sie »Rindfleischbrocken, die in einer braunen Tunke schwimmen«, wie er sich ausdrückte, bei weitem vor.

Bei seiner Ankunft fand er eine brodelnde politische Lage vor. In den Grenzgebieten, die nicht staatlich verwaltet wurden, hatte nie Ordnung geherrscht, und die üblichen Feindseligkeiten und Spannungen waren durch eine britische Expedition nach Lhasa unter dem Kommando von Francis Younghusband verstärkt worden. Er sollte Beziehungen zwischen Indien und Tibet anbahnen. Es mißlang ihm, und so beging er den großen Fehler, sich an der Spitze von Truppen einen Weg in die heilige Stadt der Tibeter zu erzwingen. Das nahm man ihm derartig übel, daß nach seinem Rückzug jeder Weiße automatisch als ›weißer Teufel‹ galt

In diesem ungeeigneten Augenblick traf George Forrest in Jünnan ein. Mit schottischer Hartnäckigkeit, britischer Kaltblütigkeit und der Gleichgültigkeit der Pflanzenjäger gegenüber anderer Leute Sorgen ließ er sich durch die Drohungen der tibetischen Guerillas, die im allgemeinen buddhistische Mönche waren, nicht einschüchtern. Er schlug sein Standquartier in Tengjué auf und zog mit siebzehn Trägern und Gehilfen nordwärts durch die Flußtäler des Schwelis und des Salwens zum Mekong. Endlich erreichte er die französische Missionsstation in Tseku, wo er 1905 eine Zeitlang Gast des alten botanisierenden Missionars Pater Dubernard war.

In Jaregong an der tibetischen Grenze lebte einer der bemerkenswertesten französischen Missionarsbotaniker: *Jean André Soulié*, ein guter Arzt, den die Einheimischen sehr liebten. Er beherrschte alle Mundarten der Grenzgebiete und war ein so leidenschaftlicher Sammler, daß er von hier über siebentausend getrocknete Exemplare nach Paris schickte. Dabei unterstützte ihn Pater Bourdonne. Im Frühjahr 1905 wurden sie von freundschaftlich gesinnten Lamas gewarnt, zwischen den Tibetern und den Chinesen entwickle sich ein Grenzstreit, in den die ›weißen Teufel‹ sicher hineingezogen würden. Die Lamas baten Soulié, auf der Stelle fortzuziehen; aber da seine neuen Sammlungen noch nicht sortiert und versandbereit waren, suchte er Zeit zu gewinnen.

Ein paar Wochen später kam Pater Bourdonne nach Tseku gekrochen. Er war halbverhungert, halbnackt und in schrecklicher Verfassung. Er berichtete Pater Dubernard und Forrest, daß die Mission in Jaregong, wie sie gewarnt worden sei, von tibetischen Mönchen überfallen worden war. Ihm selbst war die Flucht geglückt, aber Pater Soulié hatte man gefangengenommen. Dubernard lebte schon lange in dieser Provinz, und er konnte es nicht glauben, daß für sie in Tseku irgendwelche Gefahr bestand; doch dann kamen weitere Nachrichten aus Jaregong: Der arme Soulié war fünfzehn lange Tage und Nächte mit zunehmender Grausamkeit gefoltert und dann barmherzigerweise erschossen worden. Und dieselben tibetischen Mönche, die ihn umgebracht hatten, wollten nun Tseku überfallen.

Pater Dubernard ordnete die sofortige Evakuierung an. Mit Forrests Gruppe zusammen waren sie achtzig Mann. Sie flüchteten. Vierundzwanzig Stunden später verlor die Gefahr, die in Tseku so bedrohlich geschienen hatte, etwas an Wahrscheinlichkeit. Sie steckten sich gegenseitig mit Zuversicht an, verlangsamten den Schritt und sprachen sogar von Umkehr. So stand es um sie, als sie in einem Flußtal von den tibetischen Mönchen eingeholt wurden.

Achtundsechzig von den achtzig wurden getötet, darunter Forrests ganzes Gefolge außer einem einzigen Mann. Pater Bourdonne, der dem Überfall in Jaregong entronnen war, wurde von Giftpfeilen getroffen, und während er sich in Todesqualen schreiend auf dem Boden wand, mit Schwertern in Stücke gehackt. Der alte Pater Dubernard wurde ergriffen und zu Tode gefoltert.

Forrest, ein Fremder in diesem Lande, entkam. Er versteckte sich tagsüber und versuchte, sich nachts gen Süden durchzuschlagen. Die tibetischen Mönche schickten Späher hinter den zwölf Entkommenen her. Am zweiten Tage warf Forrest seine Stiefel fort, weil sie deutliche Abdrücke hinterließen. Während achtundvierzig Stunden fand er nichts anderes zu essen als eine Handvoll getrocknete Erbsen und ein paar Weizenähren. Um die Spur zu verwischen, watete er ein Stück in einem eiskalten Fluß, wobei ihm das Wasser bis zur

Brust reichte. Trotzdem wurde er aufgespürt und hatte Gelegenheit, Gott zu danken, daß er von kleiner Statur war, denn sein Hut wurde von zwei Giftpfeilen durchbohrt. Mit größter Anstrengung gewann er erneut Abstand von seinen Verfolgern. Später schrieb er:

Nach acht Tagen war es mir gleich, ob ich lebte oder starb: meine Füße waren unförmig geschwollen, Hände und Gesicht von Dornen aufgerissen, und am ganzen Körper war ich voll Schlamm.

Der Hunger trieb ihn, sich einem Dorfe zu nähern. Hier waren die Leute zum Glück freundlich zu ihm; aber zu seinem Unglück gaben sie ihm geröstete Gerste zu essen. Die Körner quollen in seinem Magen so auf, daß er stundenlang Qualen ausstand.

Er hielt sich den Bauch, während er durch Rohrgestrüpp und an Sturzbächen entlang weiterlief. Dann begann es zu regnen. Die Tibeter verfolgten ihn immer noch. Des Nachts sah er sie und ihre Laternen. Er schlug eine andere Richtung ein und wanderte sechs Tage lang über Gletscher, Eis, Schnee und zackige Kalksteinformation, die ihm die Füße aufriß. Endlich gelangte er in ein Gebiet, das er für sicher hielt. Hier trat er auf einem Pfad am Rande eines Maisfeldes auf den ›Panji‹ eines Bauern, einen zugespitzten, feuergehärteten Bambusstab, der als Falle im Boden stak:

Der zwei Zentimeter dicke Dorn bohrte sich genau zwischen den Knochen durch meinen Fuß und drang oben heraus.

Er riß seinen Fuß los, hinkte weiter und fand schließlich Zuflucht im Missionshaus einer Stadt, in der chinesische Truppen in Garnison lagen. Der berühmte französische Missionar Pater Monbeig war ebenfalls dorthin geflohen. (Neun Jahre später wurde er in der Station, in der Pater Soulié ermordet worden war, gleichfalls von tibetischen Mönchen erschlagen.)

Es dauerte viele Monate, bis Forrests durchbohrter Fuß heilte, und fast ebenso lange, bis er einem Tibeter traute. Aber nach diesem entsetzlichen ›Honigmond‹ entwickelte sich seine Beziehung zu Jünnan zu einer guten, höchst romantischen Ehe.

Sein Erfolg als Pflanzenjäger und als Spezialist für Rhododendren war geradezu phänomenal. Ja, man beschwerte sich sogar, er sei übertüchtig, allzu gründlich und schicke viel zu viele Samen nach Hause. So erpicht die Gärtner auch darauf waren, neue Arten zu kultivieren, den Samenimport aus Jünnan vermochten sie einfach nicht zu bewältigen, zumal Kingdon-Ward und Joseph Rock ebenfalls eine reiche Ausbeute nach Europa und Amerika sandten. Der große Umfang seiner Sendungen war Forrests Organisationstalent zu verdanken. Im Gegensatz zu den meisten modernen Pflanzenjägern, die es vorzogen, Samen und Gewächse zum Trocknen mit eigenen Händen zusammenzutragen, machte er es wie Augustine Henry und bildete Sammler aus, die er ins Gelände schickte. Das tat er in großem Stile, sozusagen als General, der auf Patrouillenberichte hin seine Truppen zum Angriff ausschickt. Die vermutlich ergiebigen Gebiete wurden von seinen Leuten abgesucht, und zur Erntezeit mußten sie ihm die Früchte bringen. Seine große Begabung war sein pädagogisches Talent: Er wählte alle seine Leute aus demselben Dorf, so daß sie ihm gemeinsam die Treue hielten. Er unterrichtete sie, bis sie genau wußten, was sie zu suchen hatten, wie man den Boden systematisch absuchte, wie man Exemplare zum Trocknen einsammelte und was sie ihm über den Standort zu berichten hatten. Dann überwachte er das Trocknungsverfahren und suchte die besten Samen für den Versand nach England aus. Aber es wäre sicher verkehrt, ihn sich einfach als Stabsoffizier weit hinten vorzustellen, der die Soldaten an die Front schickt, ohne sich selbst abzuplagen. Weit davon entfernt. Er untersuchte die Gebiete selbst, merkte sich die vorkommenden Pflanzen und ihren Standort, so daß er die Sammler zur richtigen Zeit ausschicken konnte. Die Organisation, die er schuf, arbeitete so reibungslos, daß sie nicht einmal aussetzte, wenn er sich auf Urlaub in England befand, und sogar nach seinem Tode lief sie noch eine Zeitlang weiter. Sein Freund Rolla Rouse in Tengjué schickte die Samenpakete, die von den ausgebildeten Sammlern hereingebracht wurden, weiter nach England.

Forrests lange und glückliche Laufbahn in Jünnan hätte kein harmonischeres Ende finden können, als es der Fall war. Seine Leute hatten ein großes Gebiet abgesucht, und die Saison war gut gewesen. Gegen Ende 1931 schrieb er in einem Brief von Tengjué nach Hause:

Wenn alles fertig verpackt ist, werde ich wohl ungefähr zwei Mauleselladungen guter sauberer Samen haben, die aus vier- bis fünftausend Exemplaren bestehen, und eine Mauleselladung bedeutet hundertdreißig bis hundertfünfzig Pfund. Das macht zusammen rund dreihundert Pfund Samen... Wenn alles gut geht, werde ich meine vergangenen Arbeitsjahre ruhmreich und befriedigend abschließen.

Während die letzten Pakete gepackt wurden, begab er sich auf Schnepfenjagd. Weil er an Schmerzen in der Brust gelitten hatte, wurde er in einer Sänfte auf die Reisfelder getragen; er setzte sich auf ein Mäuerchen zwischen den unter Wasser stehenden Feldern, während sich seine Träger entfernten, um ihm die Vögel zuzutreiben. Ein Geräusch ließ ihn aufblicken. Eine Sumpfschnepfe schnurrte droben; sie flog mit ungeheurer Geschwindigkeit, wobei die Flügelspitzen das sonderbare Klopfgeräusch hervorriefen. Forrest sprang auf und feuerte. Die Schnepfe fiel und er ebenfalls, und beide waren, als sie aufgehoben wurden, tot.

Exkurs

Über den deutschen Pflanzenjäger

von Josef H. Biller

Die englischen Pflanzensammler, die Tyler Whittle überwiegend und in den verschiedensten Nuancen schildert, haben einige Grundzüge gemeinsam, die sich aus der Besonderheit des Landes und seinem geistigen Klima erklären lassen.

Die geographische Lage hat die Inselnation schon früh dazu gebracht, weltweite Beziehungen zu verfolgen und den Blick nach draußen, über die Meere hin zu fernen Kontinenten, zu lenken. So wurde gerade diese größere Welt auch zum Prüffeld und Betätigungsgebiet von wachen und tatenfrohen Menschen, die den Kitzel des Abenteuers mit anspruchsvoller, Geist und Intellekt befriedigender Beschäftigung zu verbinden trachteten.

Demgegenüber bilden für die deutschen Pflanzensammler – deren es so wenige, wie man anzunehmen geneigt ist, nun wieder nicht gibt – Wissenschaft und Idealismus die geistige Heimat. Dabei sind ernsthaft betriebene Fachdisziplin sowie unersättlicher Forscherdrang Voraussetzung und Anlaß, die Enge der Gelehrtenstube zu verlassen. Die Schicksale und Abenteuer, die die deutschen Botaniker dabei zu bestehen hatten, sind zwar weitgehend dieselben wie sie Whittle von den Engländern berichtet, aber sie sind nicht um ihrer selbst willen gesucht oder gar ausgekostet, sondern als oft unabdingbare Begleitumstände in Kauf genommen und tapfer bestanden worden. Und auch eine weitere Art von Expeditionsbotanikern, die das ökonomisch denkende England entwickelt hat, wird man unter den Deutschen wohl vergeblich suchen: die berufsmäßigen, im Dienste von staatlichen Institutionen oder Handelsgärtnern reisenden Sammler.

Der Bildteil, den der Verlag der deutschen Ausgabe beigegeben hat, versucht nun, diese so eigene Art der deutschen Pflanzenjäger gleichfalls anzusprechen: er soll darüber hinaus in den Bildlegenden sowie in diesen Zeilen etwas ausführlicher als gewöhnlich kommentiert werden.

Die Bilddokumente aus dem 16. Jahrhundert, die Kräuterbücher und Herbarien eines Otto Brunfels (Textillustrationen Seite 32 und 33), Lobelius (Seite 41), dessen Holzstöcke übrigens noch im Museum Plantin-Moretus zu Antwerpen erhalten sind, oder Hieronymus Bock (Seite 29) lassen zwar jenes ausgesprochen abenteuerliche Moment vermissen, das uns an den Kupfern und Lithos in den ›Malerischen Atlanten‹ oder ›Atlas Pittoresques‹ des 18. und 19. Jahrhunderts so fasziniert, bezaubern dafür durch den Reiz ihrer Druckkunst und die Liebenswürdigkeit ihrer Abbildungen. Geradezu verblüffend in einem modern anmutenden, dokumentarischen Sinn ist das ›New Kreuterbuch‹ von Leonhart Fuchs (Basel 1543): zeigt es doch im Frontispiz nicht nur den Verfasser (Seite 34), sondern führt uns im Kolophon noch die beiden Zeichner, voller Hingabe in ihre Arbeit versunken, und den Formschneider im stolzen Selbstbewußtsein eines Künstlers der frühen deutschen Renaissance vor, ein Porträt von fast Dürerscher Eindringlichkeit und Kraft, so daß man dem Dargestellten kaum jene Zartheit zutrauen möchte, mit der er sein Schneidmesser handzuhaben verstand (Seite 35). Ein von dem Botaniker noch geplantes mehrbändiges Werk blieb in den Vorarbeiten stecken: Manuskript und Originalaquarelle liegen in der Österreichischen Nationalbibliothek zu Wien, die mit den Vorzeichnungen versehenen Holztafeln verwahrt das Institut für Biologie in Tübingen. Fuchs war übrigens der erste deutsche Mediziner, der einen Ruf ins Ausland, an die Universität Pisa, erhalten hat.

Neben dem von Whittle bereits erwähnten *Kaspar Bauhin*, dem Basler Arzt, berühmten Anatomen und letzten ›Vater der Botanik‹, dem wie seinem Bruder *Johann* auf der Pflanzenjagd viele Entdeckungen gelangen, und *Rudolf Jakob Camerarius*, der 1685-87 einen großen Teil Europas sammelnd durchzog – ohne beider Vorarbeit wäre Linnés Leistung undenkbar –, ist vor allem der Arzt und Botaniker *Leonhard Rauwolf* hervorgetreten. Nachdem der Augsburger Kaufmannssohn bereits in früher Jugend Frankreich und Italien durchwandert hatte und dabei mit *Konrad Gesner* (Seite 31) bekannt geworden war, ging er ab 1573 drei Jahre lang nach

Syrien und Palästina. Seine Herbarien kamen nach seinem Tod, den er im Türkenkrieg bei der Belagerung von Hatvan 1596 fand, in den Besitz des bayerischen Kurfürsten, wanderten dann von München nach Schweden und gelangten schließlich über England nach Holland, wo sie noch heute in der Leidener Universitätsbibliothek liegen.

Dem iberischen Raum widmeten sich *Leopold von Buch* und *Christian Schmidt*, die auf den Kanarischen Inseln forschten, und *Johann Centurius Graf von Hoffmannsegg*, der mit *Tilesius* und *Lintz* Portugal bereiste und 1809-40 seine ›Flore portugaise‹ veröffentlichte, ein Prachtwerk, das er auf eigene Kosten drucken ließ, wofür er an die fünfzigtausend Taler opferte.

Während *Goethes* Pflanzenjagd in Italien, die weniger dem Aufspüren seltener und neuer Arten denn der Befriedigung ständiger naturwissenschaftlicher Neugier und der Untermauerung seiner Theorie von der Urpflanze diente, fast jedem geläufig ist, sind *Theodor Kotschys* und *August von Hayeks* Forschungen im Mittelmeerraum und auf dem Balkan weithin unbekannt geblieben. Kotschy sammelte mit *Unger* auf Cypern und dehnte dann seine Pflanzenjagden nach Kurdistan und in den kilikischen Taurus aus, wofür er vom alten Humboldt noch höchstes Lob erntete; er konnte am Ende seines Lebens auf eine Sammlung von mehr als sechshunderttausend Pflanzenexemplaren in etwa zehntausend Spezies zurückblicken.

Höchst erstaunlich ist die Zahl der Deutschen, die in russischen Diensten standen oder bei russischen Expeditionen mitwirkten. Selbst die floristische Erforschung Rußlands lag weithin in deutschen Händen. So untersuchte der Tübinger Botaniker *Johann Georg Gmelin*, der 1733-43 Kapitän Bering auf seiner naturwissenschaftlichen Expedition nach Sibirien begleitete, die Pflanzenwelt der östlichen Tundren; sein Neffe, der ebenfalls in Tübingen geborene *Samuel Gottlieb Gmelin*, ging 1768-73 mit *Pallas*, *Güldenstedt* und *Lepechin* in Westrußland auf Pflanzenjagd, während ein weiterer Neffe, *Johann Friedrich Gmelin*, durch seine Arbeiten auf den Spuren Linnés zu einem der vielseitigsten und fruchtbarsten Botaniker des achtzehnten Jahrhunderts wurde. Der Franke *Georg Wilhelm Steller*, aus Windsheim an der Aisch stammend, begleitete ebenfalls Bering und sammelte 1737-41 an der Seite von *Gmelin*, *Spangenberg* und *Fischer* auf Kamtschatka, folgte dann dem dänischen Seefahrer nach Nordamerika, um mit ihm auf der Rückreise an einer Insel vor Kamtschatka Schiffbruch zu erleiden. Bering erlag darauf mit einem Teil der Mannschaft dem Skorbut, Steller aber bastelte zusammen mit anderen Überlebenden aus mühselig gesammeltem Treibholz ein Floß, setzte zum Festland über und schlug sich zu Fuß an die 150 Kilometer von Petropawlowsk nach Bolscheretzk durch, wo man ihn bereits für tot erklärt hatte. Bald darauf starb er wirklich: zu Tjumen in Westsibirien, erst siebenunddreißig Jahre alt.

Auch *Peter Simon Pallas* machte sich um die botanische Erforschung Sibiriens verdient. 1768-74 leitete er eine große russische Expedition, die ihn durch die östlichen Weiten Rußlands, über den Ural bis hin zu den Grenzen Chinas führte. Ein in Kiew geborener Deutschrusse, *Alexander von Bunge*, begleitete *Karl Friedrich von Ledebour* 1826-30 in das Altaigebirge und die dsungarische Kirgisensteppe, worauf beide eine große ›Flora altaica‹ verfaßten, der Ledebour 1842-53 noch eine eigene ›Flora rossica‹ folgen ließ. Einer Verhinderung Ledebours schließlich verdankte *Adelbert von Chamisso* seine Berufung. Ein in Stuttgart geborener Baron, *Friedrich August Marschall von Bieberstein*, nahm sich den Kaukasus vor und legte seine Forschungen in der 1808-19 erschienenen ›Flora taurico-caucasica‹ nieder. Zwei Forscher des Namens Regel waren mit der botanischen Erschließung Turkestans verbunden: *Eduard August Regel* beschrieb nach größeren Reisen die ›Flora turcestanica‹, während sein Sohn *Johann Albert Regel*, Kreisarzt in Ostturkestan, die Arbeit seines Vaters 1876-81 fortsetzte und 1881-84 über die angrenzenden Gebiete hinaus zum Amu Darja vordrang.

Ebenfalls in russischen Diensten stand *Adelbert von Chamisso* auf seiner Weltreise, die ihn unter anderem nach NORDAMERIKA, Kanada und Alaska (Abbildung 7) führte. Von Geburt Franzose, aus Neigung Botaniker, durch Talent deutscher Lyriker, regte sich in ihm schon früh das Fernweh. Versuche, Prinz zu Wied nach Brasilien zu begleiten, scheiterten. Dann schaltete sich auf seine Bitten hin der Berliner Verleger und Schriftsteller Julius Edmund Hitzig ein, der ihm über den eben in Königsberg wirkenden russischen Staatsrat und Dramatiker August von Kotzebue, den Vater des russischen Expeditionsleiters, eine Stelle als Naturforscher bei der bevorstehenden, vom Grafen Romanzoff ausgerüsteten Weltumsegelung mit der ›Rurik‹ vermitteln konnte. Obwohl das

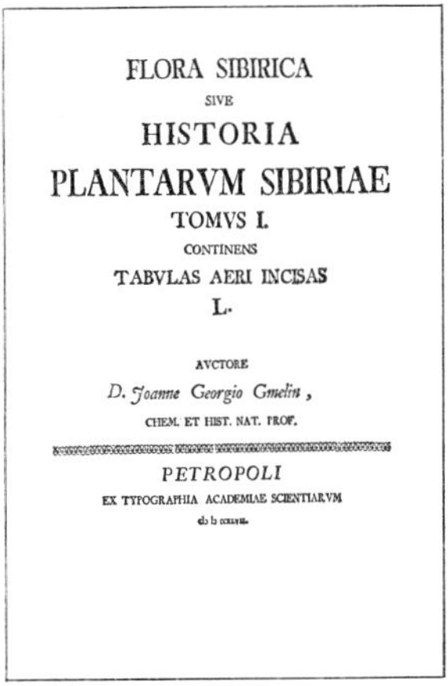

FLORA SIBIRICA
SIVE
HISTORIA
PLANTARVM SIBIRIAE
TOMVS I.
CONTINENS
TABVLAS AERI INCISAS
L.

AVCTORE
D. Joanne Georgio Gmelin,
CHEM. ET HIST. NAT. PROF.

PETROPOLI
EX TYPOGRAPHIA ACADEMIAE SCIENTIARVM
cIↄ Iↄ ccxlvii.

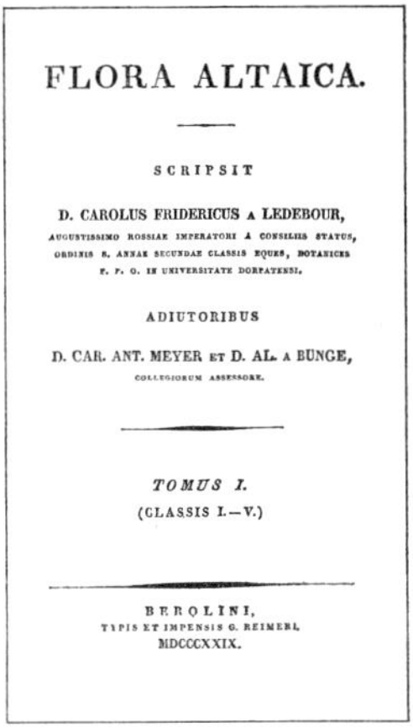

FLORA ALTAICA.

SCRIPSIT
D. CAROLUS FRIDERICUS A LEDEBOUR,
AUGUSTISSIMO ROSSIAE IMPERATORI A CONSILIIS STATUS,
ORDINIS S. ANNAE SECUNDAE CLASSIS EQUES, BOTANICES
P. P. O. IN UNIVERSITATE DORPATENSI.

ADIUTORIBUS
D. CAR. ANT. MEYER ET D. AL. A BUNGE,
COLLEGIORUM ASSESSORE.

TOMUS I.
(CLASSIS I.—V.)

BEROLINI,
TYPIS ET IMPENSIS G. REIMERI.
MDCCCXXIX.

Viele der in Rußland arbeitenden deutschen Botaniker legten ihre Forschungen über die Regionalfloren in umfangreichen Werken nieder: hier die Titelblätter von Gmelins ›Flora Sibirica‹ und Ledebours ›Flora Altaica‹

wissenschaftliche Referat Chamissos als Anhang zu Otto von Kotzebues Expeditionsbericht bereits 1821 erschienen war, dauerte es noch dreizehn Jahre, bis sich der Gelehrte, inzwischen Vorsteher der königlich-preußischen Herbarien, entschloß, die Erinnerungen an sein großes Jugenderlebnis in einem eigenen Reisewerk niederzulegen. Die wissenschaftlichen Erkenntnisse waren zum Teil beim Erscheinen 1836 freilich längst überholt, aber das Buch war blendend geschrieben, fand gute Aufnahme bei den Lesern und erhielt hohes Lob von Alexander von Humboldt.

Prinz Maximilian zu Wied-Neuwied, den der junge Chamisso ursprünglich nach Brasilien begleiten wollte, machte sich fünfzehn Jahre nach seiner Südamerikareise zu einer Expedition nach dem nördlichen Teil des amerikanischen Kontinents auf. Er fuhr 1832 mit dem Dampfboot den Mississippi hinauf, studierte Pflanzenwelt wie Indianerstämme gleich intensiv und wurde dabei von einer unbekannten Krankheit überfallen. Den sicheren Tod vor Augen, vertraute er schließlich den Ratschlägen der Eingeborenen, ließ sich indianisches Wundkraut besorgen und wurde wie durch Zauber gerettet. Bei der Heimreise 1834 auf dem Missouri – Ab-

Der blinde Forscher Georg Eberhard Rumph, Kaufmann, Botaniker, Zoologe und Unterstatthalter auf Amboina: die Mitwelt nannte ihn ›Plinius Indicus‹

bildung 8 zeigt den Prinzen und seine Begleiter im Biwak neben dem Fluß – geriet das Schiff, ein Dampfer der amerikanischen Pelzhandelskompanie, in Brand, und fast alle Sammlungen des Prinzen wurden ein Raub der Flammen. Als Expeditionsmaler hatte Prinz zu Wied diesmal den Schweizer Karl Bodmer mitgenommen, der auch die Illustration der ›Reise durch Nord-America‹ betreute. Das 1838-41 erschienene, opulente Werk kostete damals die nicht geringe Summe von zweihundert Talern und zeichnet sich neben prachtvollen Landschaftsdarstellungen (Farbtafel II, Seiten 84-85) vor allem durch großartige Bilder aus dem Leben der Indianer aus, die sich in den kolorierten Exemplaren zu unübertrefflicher Farbintensität und Leuchtkraft steigern.

Neben Wied tauchte auch *Prinz Paul von Württemberg* in Nordamerika auf – ferne Länder müssen damals reiselustige Fürsten magisch angezogen haben, wenn wir noch an Prinz Henri d'Orléans, Herzog Adolf Friedrich von Mecklenburg, Prinzessin Therese von Bayern oder Erzherzog Maximilian von Österreich, den späteren Kaiser von Mexiko, denken, dessen botanische Ergebnisse seiner Reise nach Brasilien 1858/59 *Heinrich Ritter von Wawra*, selbst begeisterter Pflanzenjäger, später herausgegeben hat. – Prinz Paul dehnte seine Streifzüge später auf Mittel- und Südamerika aus, wechselte dann nach Ägypten über und wandte sich schließlich nach Ceylon und Australien.

Auf dem schier unermeßlichen Forschungsgebiet, das Ost-, Südostasien und die Südsee darstellen, hatten sich schon sehr früh vereinzelte Deutsche hervorgetan, allen voran *Georg Rumph*. Der gebürtige Hanauer war 1652 oder 1654, genau weiß man das nicht mehr, im Dienst der holländisch-ostindischen Kompanie als Unterstatthalter nach Amboina gegangen und hatte sich mit großem Eifer auf die Pflanzenwelt der Molukken gestürzt. Mit zweiundvierzig Jahren erblindet, machte er sich daran, seine Erfahrungen anhand seiner Notizen und Tagebücher in einem großangelegten Werk zusammenzufassen, bis ein Brand 1687 seine Bemühungen zunichte machte. Unverdrossen ging er an die Rekonstruktion seines Textes, den er – inzwischen gewitzt – in mehreren Abschriften zu sichern suchte. Es war, als ob er dessen Schicksal geahnt hätte: denn das erste Exemplar, das er nach Europa sandte, ging 1692 mit einem Schiff unter, und ebenso das nächste Duplikat, als der Segler, dem er es anvertraut hatte, von feindlichen Booten in den Grund geschossen wurde. Erst das dritte Exemplar sollte Europa glücklich erreichen, konnte jedoch seinen Verfasser nicht mehr in gedrucktem Zustand erfreuen: das ›Herbarium Amboinense‹ erschien erst 1741-55 in Amsterdam. Das Frontispiz zeigt uns den Verfasser im Alter von 68 Jahren mit den typischen ›redenden Händen‹ des Blinden (Textillustration Seite 330).

Rumph und *Paul Hermann*, der urspünglich in Afrika gejagt hatte und ebenfalls noch im 17. Jahrhundert nach Indien und Ceylon gegangen war, fanden erst im 19. Jahrhundert ebenbürtige Nachfolger in dem Deutschamerikaner *Joseph Rock*, der bereits Seite 302-307 eingehend gewürdigt ist, *C. A. G. Lauterbach* und *Carl Roebelen*, der in Burma und Cochinchina, auf Borneo, Sumatra und den Philippinen botanisierte. Diese Inselwelt erlebte geradezu eine Invasion deutscher Pflanzenjäger: *Karl Ludwig Blume* und *Kaspar Georg Karl Reinwardt*, *Franz Wilhelm Junghuhn*, *Otto Penzig*, *Justus Karl von Hasskarl*, *Philipp Goering* und *Carl W. F. Grashoff*, *Hans Schäfer* sowie *F. Schlechter* und *Karl von Goebel*, die ihre Forschungen teils auf Neuguinea, teils auf Australien und Neuseeland ausdehnten. *Karl Rechinger* füllte seine Herbarien ebenfalls in Neuguinea, auf den Salomonen und Sandwich-Inseln, wo auch *Wilhelm Hildebrand* jagte, während *Sir Ferdinand von Mueller*, ein gebürtiger Rostokker, als englischer Regierungsbotaniker 1847-52 Australien bereiste, mehr als zweitausend Pflanzenarten des fünften Kontinents benannte und die fabelhafte Idee hatte, den Eukalyptus-Baum im Mittelmeergebiet einzuführen und zur Klimaverbesserung in riesigen Kulturen anzupflanzen.

Die bekanntesten Deutschen in der Südsee aber wurden *Johann Reinhold Forster*, der siebzehn Sprachen beherrschte, und sein Sohn *Georg* (Abbildung 12). Der Vater stammte aus Westpreußen, studierte zunächst Theologie, wurde 1753 Prediger in einem kleinen Nest bei Danzig und vertrieb sich die Langeweile mit mathematischen, philosophischen, ethnographischen und naturgeschichtlichen Studien. Er hatte zudem kein Sitzfleisch und glaubte – mit Recht – den Ruf der Ferne zu vernehmen.

So ergriff er schon 1765 freudig die Gelegenheit zu einer Erkundungsreise nach Rußland, die ihm Kaiserin Katharina angeboten hatte. Dann hing er den geistlichen Rock endgültig an den Nagel, verließ seine Familie und ging 1766 nach England, wo er auf Grund seiner guten Empfehlungen sofort eine Professur und schließlich den Antrag erhielt, James Cook (Abbildung 13) auf dessen zweiter Weltreise als Naturforscher zu begleiten, ein Anerbieten, das um so ehrenvoller war, als

Johann Reinhold Forster's,
Doktor der Rechte; Mitglied der Königlichen Gesellschaft der Wissenschaften, und der Antiq. zu London,
und
Georg Forster's,
Beschreibungen
der
Gattungen von Pflanzen,
auf einer
Reise
nach den
Inseln der Süd-See
gesammelt, beschrieben und abgezeichnet,
während den Jahren 1772. bis 1775.

Aus dem Lateinischen übersetzt,
und
von 75. bis auf 17. Kupferplatten eingeschränkt,
durch
Johann Simon Kerner,
der Botanik Beflissenen, in der Herzoglich-Wirtembergischen Militair-Akademie.

Stuttgarde,
gedruckt bey Christoph Gottfried Mäntler, 1779.

Bemerkungen und Ansichten
auf einer
Entdeckungs-Reise
Unternommen in den Jahren 1815 — 1818
auf Kosten
Sr. Erlaucht des Herrn Reichs-Kanzlers Grafen Romanzoff
auf dem Schiffe Rurik
unter dem Befehle des Lieutenants der Russisch-Kaiserlichen Marine
Otto von Kotzebue
von dem Naturforscher der Expedition
Adelbert v. Chamisso

Weimar,
verlegt von den Gebrüdern Hoffmann.
1821.

Titelblätter von Johann Reinhold und Georg Forsters Beschreibung der Südseepflanzen sowie Adelbert von Chamissos wissenschaftlichem Reisebericht

ja der berühmte Banks (Abbildung 11) als Botaniker Cooks auf der ersten Weltumsegelung hervorgetreten war. Forster akzeptierte und nahm seinen Sohn, ein aufgewecktes Bürschchen von siebzehn Jahren, mit; vermutlich verbergen sich die beiden in jenen zwei Rückengestalten, die William Hodges, der Expeditionszeichner Cooks, auf dem Landungsboot beim Anlegen auf einer der Freundschaftsinseln festgehalten hat (Abbildung 10). Nach der Rückkehr veröffentlichte Georg Forster unter listiger Umgehung der Vorschrift, Reinhold Forster dürfe keine Berichte in eigener Regie veröffentlichen, ein großes Reisewerk, das er anhand der Notizen des Vaters zusammengestellt hatte. Die englische Regierung durchschaute das Manöver, nahm Reinhold den Trick sehr übel, zumal sie sich auch durch manch gezielte Bemerkung angegriffen fühlte, und speiste ihn, der große Belohnungen erwartet hatte, mit einem Doktorhut in Oxford ab. Um das Maß vollzumachen, steckte man ihn Schulden halber ins Gefängnis, bis der Alte Fritz zu Hilfe eilte. Er löste Reinhold Forster aus und schickte ihn als Professor nach Halle, wo er 1798 starb. Georg Forster, der seinem Vater in wissenschaftlicher und publizistischer Hinsicht nicht nachstand, war bereits 1794 gestorben. Eine ihrer vielen Veröffentlichungen beschäftigte sich mit den in der Südsee gesammelten Pflanzen, kam 1776 zuerst in London lateinisch und 1779 in Stuttgart auf deutsch heraus (Textillustration Seite 333).

Die Führung in der Erforschung der Südsee hatten nach Cook die Franzosen inne. Wenn sie freilich zu den größeren Landentdeckungen etwas zu spät kamen, so haben doch ihre wissenschaftlichen Arbeiten die Kenntnis auch der Flora jener fernen Gegenden und Inselwelt ungeheuer ausgedehnt. Klangvolle Namen erscheinen hier: *Louis-Antoine de Bougainville*, der die erste französische Weltumsegelung befehligte und *Commerson* als Pflanzenspezialisten an Bord hatte, und sein Sohn, *H. Y. P. Florentin de Bougainville*, der den Spuren des Vaters 1824-26 folgte (Abbildung 15), dann der unglückliche *Jean François de la Perouse*, der 1785 ausfuhr, um nie mehr wiederzukehren (Abbildung 14), oder *Jules Dumont d'Urville*, ein gewandter Seefahrer, der auf zwei Reisen, 1826-29 (Abbildung 16) und 1837-40 (Abbildung 17), in die Südsee und die Polargebiete das Kommando führte, zweimaligen Schiffbruch überstand, aber sein Leben bei einem Eisenbahnunglück 1842 einbüßte.

Eine eigenartige Vorliebe zeigten die Deutschen für SÜDAMERIKA: insbesondere Brasilien war im 19. Jahrhundert geradezu eine Domäne der deutschen Forscher und Botaniker. Der Grund dazu wurde allerdings bereits früh gelegt. *Prinz Moritz von Nassau-Siegen*, der als Gouverneur der Holländisch-Westindischen Handelsgesellschaft 1636-44 im damals niederländischen Brasilien waltete und darob auch den Beinamen ›der Brasilianer‹ erhielt – sein Palast in Den Haag ist das berühmte Mauritshuis! –, lieferte die ersten Kenntnisse der Naturgeschichte des Landes, die dann sein Leibarzt Piso, eigentlich *Willem Pies*, Sohn eines aus Cleve stammenden Musikers zu Leiden, und *Georg Marcgraf*, deren Handschriften und Zeichnungen in der Staatsbibliothek zu Berlin liegen, sowie *Thaddaeus Haenke*, der als Teilnehmer der Malaspina-Expedition in Südamerika Pflanzen sammelte, weiter ergänzten, nicht zuletzt auch *Sievers*, der von Graf Hoffmannsegg zur Vervollständigung seines Herbariums nach Brasilien entsandt wurde.

1799 betraten *Alexander von Humboldt*, einer der größten und universalsten Naturgelehrten aller Zeiten, und sein Begleiter, der Botaniker *Aimé Bonpland*, den er in Paris kennengelernt hatte, den amerikanischen Kontinent: beide verband enge Freundschaft und eine harmonisch aufeinander abgestimmte, wissenschaftliche Arbeitsgemeinschaft. Sie bereisten Venezuela und erkundeten den Orinoko (Farbtafel III, Seite 165), durchstreiften Kuba, Kolumbien, Mexiko und Ekuador, wo sie 1802 den Chimborasso bestiegen. Obwohl sie nicht ganz bis zum Gipfel des 6310 m hohen Vulkankegels vorzudringen vermochten, war das Unternehmen für seine Zeit eine alpinistische Großtat; die erreichten 5760 m stellten die größte bis dahin von Menschen gemeisterte Höhe dar. Friedrich Georg Weitsch (Farbtafel IV, Seite 225, und Schutzumschlag) führt die beiden Forscher in ihrem Biwak auf der Hochebene von Tapi vor, die im Hintergrund von dem erst 1872 endgültig bezwungenen Kordillerengipfel beherrscht wird.

Nach seiner Rückkehr 1804 arbeitete Humboldt mit seinem Freunde und verschiedenen anderen Helfern fast zwanzig Jahre an der Herausgabe seines großen, dreißig Bände umfassenden wissenschaftlichen Reiseberichts, den er auf eigene Kosten drucken ließ. Die botanischen Illustrationen dazu lieferte der Franzose Pierre Jean François Turpin – selbst Pflanzenjäger und in seinem Fache Maler von Gottes Gnaden –, der sich Humboldt auf Kuba angeschlossen hatte. Turpins hinreißende Originalblätter liegen größtenteils in der Bibliothèque Nationale zu Paris, mit Ausnahme der ›Mimosen‹, die die Senckenbergische Bibliothek in Frankfurt als einen ihrer größten Schätze hütet.

Vom Beispiel Humboldts angefeuert, plante *Prinz Maximilian zu Wied-Neuwied* 1806 eine weitere Brasilienexpedition. Die Freiheitskriege gegen Napoleon zwangen ihn aber zunächst, den Fahnen zu folgen, bis er 1815 daran denken konnte, seinen lang gehegten Plan zur Ausführung zu bringen. Zwei Jahre lang sammelte er in Brasilien Tiere und Pflanzen – der Name der brasilianischen Schlingpflanze Neuwiedie, ›Neowedia speciosa‹, ehrt ihn als Pflanzenjäger – und legte nach seiner Rückkehr seine Forschungsergebnisse in einem reich ausgestatteten Reisewerk vor. Er hatte die Skizzen dazu selber geliefert, die dann von seinen Geschwistern Louise und Karl für den Kupferstich weiter ausgearbeitet wurden (Abbildung 20).

Ebenso verwunderlich wie erheiternd erscheint uns dabei das Auftreten der Europäer in jenen Fernen – oder flunkern uns hier die Expeditionszeichner eine heile Modewelt vor? –, proper nach dem neuesten Pariser Vorbild gekleidet, mit Gehrock, Gamaschen und Zylinder, durchstreifen Wied (Abbildung 8) und Martius (Abbildung 21) den Urwald, und in voller Marinemontur zeigen sich Bougainville und seine Begleiter auf Exkursion im australischen Busch (Abbildung 15).

Das gleiche Jahr 1817, in dem Prinz zu Wied Südamerika verlassen hatte, brachte diesem Kontinent einen Ansturm deutscher Forscher: den zweiundzwanzigjährigen Botaniker *Carl Friedrich Philipp von Martius*, der in Erlangen zu Füßen Schrebers gesessen und von diesem, einem Schüler Linnés, die botanische Wissenschaft in der unmittelbaren Tradition des großen Schweden vermittelt bekommen hatte, seinen Freund *Johann Baptist Spix;* dann die österreichischen Botaniker *Johann Christian Mikan* und *Johann Emanuel Pohl* in Begleitung je eines Zoologen, Pflanzenmalers, Landschaftszeichners und Hofgärtners. Sie alle hatten die Gelegenheit der günstigen Überfahrt benutzt, die sich ihnen durch die Reise der Erzherzogin Leopoldina zu ihrem Bräutigam, dem späteren Kaiser Dom Pedro I. von Brasilien, geboten hatte. Zu größter Berühmtheit gelangten die beiden Bayern. Sie gingen von Rio de Janeiro über São Paulo in die Provinz Minas Gerais mit ihren alpinen Landschaften und an den Rio São Francisco, wo sie am ›Vogelteich‹ geradezu paradiesisch anmutende Gefilde betraten, von dort weiter durch die Provinzen Bahia, Pernambuco, Pianhy und Maranhão, wo sie wieder den Atlantik erreichten. Nach einer gemeinsamen Fahrt auf dem Amazonas trennten sich die beiden, um die Zeit besser auszunutzen: Spix zog weiter am Amazonas entlang, Martius den Rio Japurá hinauf bis zu den Stromschnellen von Arara-Coara (Abbildung 21). Nach sieben Monaten trafen sie sich wieder und kehrten 1820 nach Europa zurück, wo Spix, dessen Gesundheit das tropische Klima doch untergraben hatte, sechs Jahre später starb.

Die Brasilienreise von Martius und Spix war die ertragreichste, die diesem Lande jemals gewidmet worden war. Außer riesigen Sammlungen zog Martius, unter Mitarbeit seines Reisegefährten wie auch anderer Wissenschaftler, mit vier großen Publikationen die Summe aus seiner Unternehmung. Fast nebeneinander arbeitete er 1823-31 an der vierbändigen ›Reise in Brasilien‹, einem grundlegenden Werk der Erderforschung, dem Goethe hohes Lob zollte, 1824-32 an den ›Nova genera et species plantarum‹, welche die ganze botanische Ausbeute der Brasilienreise der Fachwelt vorführten, weiter 1823-50 an der ›Historia naturalis palmarum‹, seinem Magnum opus, das seinen Weltruf als Palmenspezia-

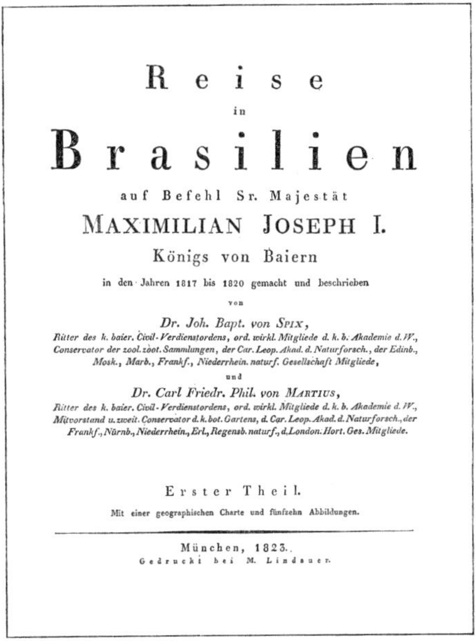
Reise

in

Brasilien

auf Befehl Sr. Majestät

MAXIMILIAN JOSEPH I.

Königs von Baiern

in den Jahren 1817 bis 1820 gemacht und beschrieben

von

Dr. Joh. Bapt. von Spix,

Ritter des k. baier. Civil-Verdienstordens, ord. wirkl. Mitgliede d. k. b. Akademie d. W., Conservator der zool. zoot. Sammlungen, der Car. Leop. Akad. d. Naturforsch., der Edinb., Mosk., Marb., Frankf., Niederrhein. naturf. Gesellschaft Mitgliede,

und

Dr. Carl Friedr. Phil. von Martius,

Ritter des k. baier. Civil-Verdienstordens, ord. wirkl. Mitgliede d. k. b. Akademie d. W., Mitvorstand u. zweit. Conservator d. k. bot. Gartens, d. Car. Leop. Akad. d. Naturforsch., der Frankf., Nürnb., Niederrhein., Erl., Regensb. naturf., d. London. Hort. Ges. Mitgliede.

Erster Theil.

Mit einer geographischen Charte und fünfzehn Abbildungen.

München, 1823.

Gedruckt bei M. Lindauer.

Die Brasilienreise von Spix und Martius war eine der wissenschaftlich ertragreichsten Unternehmungen des 19. Jahrhunderts.

list begründete und mit hundertachtzig großen, handkolorierten Lithographien, zumeist nach Martius' eigenen Skizzen, ausgestattet ist. Auf ihnen erscheinen die einzelnen Palmenarten inmitten ihrer natürlichen Umwelt, so daß die Blätter, über ihren wissenschaftlichen Wert hinaus, eine Augenweide für den Graphikliebhaber schlechthin darstellen (Farbtafel v, Seite 297). Und schließlich folgte 1829-1906 die ›Flora brasiliensis‹, die mit vierzig Teilbänden größte je erschienene Flora eines Landes überhaupt.

Das große wissenschaftliche Interesse, das gerade Brasilien damals bei den Deutschen fand, wandelte *Johann Moritz Rugendas,* Sproß eines berühmten Augsburger Kupferstecher- und Malergeschlechtes, ins Populäre. Die Blätter und Zeichnungen einer ersten Reise 1821-25 konnte er durch Vermittlung Humboldts, den er bei seiner Rückkehr in Paris kennengelernt hatte, in seiner französisch und deutsch erschienenen

›Malerischen Reise in Brasilien‹ (Abbildungen 19 und 23) vorlegen. Die hohe künstlerische Qualität der Lithographien veranlaßte Humboldt wie Martius, ihn zur Mitarbeit an ihren Tafelwerken heranzuziehen. Auf einer zweiten Reise, 1831-47, die ihn wieder nach Brasilien, dann aber darüber hinaus durch Bolivien und Peru, Chile, Argentinien, Uruguay und Mexiko führte, vervollständigte Rugendas sein länderkundliches Oeuvre, das ihn als feinsinnigen Koloristen, impressionistischen Avantgardisten und zugleich größten Schilderer des südamerikanischen Kontinents, seiner Landschaften und seines Volkslebens ausweist.

Selbst auf die Ingenieure *Franz Keller-Leuzinger*, Vater und Sohn, übte die üppige Vegetation Brasiliens einen solchen Zauber aus, daß sie es nicht lassen konnten, sich während ihrer Inspektionsreise auf dem Madeirafluß 1867 nebenbei auch den Pflanzen zu widmen. Außer *Ludwig Riedel*, der um die Jahrhundertmitte auf Pflanzenjagd ging, tauchte gegen Ende des 19. Jahrhunderts noch eine kühne Frau in Brasilien auf: *Prinzessin Therese*, Tochter des Prinzregenten Luitpold von Bayern, unter dem München seinen leuchtenden Glanz als Kunst- und Kulturstadt entfaltete. Allein, meist nur in Begleitung einer Dienerin oder Helferin, wagte sie sich in die Urwälder, tagsüber auf Exkursionen, des nachts die Funde sichtend, präparierend und katalogisierend. Ihre Sammlungen gelangten – wie die anderer bayerischer Gelehrter, etwa Martius, Spix und Siebold – in die Münchner Museen: in die Botanische und Zoologische Staatssammlung oder in das Völkerkundemuseum.

Eine eigene, wissenschaftliche wie künstlerische Attraktion bot das mittelamerikanische Guayana, vor allem Niederländisch-Westindien, das einst unter dem verlockend-exotischen Namen Surinam bekannt war. *Maria Sybilla Merian*, Tochter des großen Topographen und Verlegers, verbrachte 1699 bis 1701 zwei arbeitsreiche Jahre in jenem ungesunden Klima, das sie schließlich zur vorzeitigen Rückreise zwang. Sie war ständig auf Insekten- und auch Pflanzenjagd für ihre große ›Metamorphosis insectorum Surinamensium‹, die 1705 erstmals erschien und eines der prachtvollsten illustrierten Bücher, das je geschaffen wurde, darstellt. Das Germanische Nationalmuseum in Nürnberg besitzt eine holländische Version der Erstausgabe im seltenen Imperialfolioformat, deren Kupferstich-Umdrucke von der Künstlerin noch selbst koloriert worden sind (Farbtafel 1, Seite 17). Hundert Jahre später fand die Merian eine Nachfolgerin in der Frankfurterin *Louise Barckhausen-Wiesenhütten*, die 1811-15 als Gemahlin des holländischen Generalgouverneurs van Panhuys nach Surinam kam, dem Schicksal einer grünen Kolonialwitwe durch Malen zu entfliehen suchte und eine Folge von fünfundsechzig herrlichen Pflanzen- und Landschaftsaquarellen schuf, die sich heute in der Senckenbergischen Bibliothek zu Frankfurt befindet.

Zwanzig Jahre später tauchte der Dresdner *Robert Schomburgk* in Guayana auf. Seine Laufbahn ist kurios: Von Hause aus Kaufmann, kam er 1822 als Begleiter eines Transportes sächsischer Schafe nach Nordamerika, blieb dort hängen, sattelte auf Wissenschaft um und betrieb botanische, geologische, physikalische, geographische und hydrographische Studien. 1835-44 machte er zwei ausgedehnte Reisen durch Britisch-Guayana, fand 1837 jene riesige Wasserpflanze, die sich später unter dem Namen ›Victoria regia‹ die Treibhäuser der ganzen Welt eroberte, wurde britischer Konsularbeamter, um schließlich seinen Lebensabend 1865 als Generalkonsul in Bangkok zu beschließen. Sein jüngerer Bruder *Moritz Richard*, der ihn in Guayana begleitet hatte, dehnte sein Tätigkeitsfeld später noch auf Australien aus, ähnlich *Karl Ritter von Goebel*, der 1885-86 auf Ceylon, Java und Sumatra gesammelt hatte, 1890-91 in Venezuela und Guayana reiste und sich in den Jahren 1898-99 schließlich Australien und Neuseeland zuwandte.

Wieder auf Humboldts Spuren wandelten *Eduard Poeppig*, der 1822-32 Kuba, Chile und Peru besuchte, die Kordilleren überquerte, den Amazonas hinabfuhr und 1835-36 in einer dreibändigen Schilderung seine Erfahrungen als Naturforscher und Pflanzenjäger niederlegte; dann *Hermann Karsten*, der 1843-47 und wieder 1848-56 Venezuela und Ekuador besuchte, um daraufhin seine ›Flora Columbiae‹ zu schreiben; später noch *Karl Friedrich Reiche*, *Wilhelm Gustav Herter* und *Stephan Ladislaus Endlicher*, der auf Trinidad im Delta des Orinoko botanisierte.

Der Hannoveraner *Berthold Carl Seemann*, ein Tausendsassa, der auch Romane und Bühnenstücke schrieb, wurde allerdings seiner Mission mit der Zeit untreu. 1844 als Gärtner in Kew angestellt, erwarb er sich bald die Gönnerschaft von William Hooker, der ihn 1847-51 als Botaniker mit der ›Herald‹ zur Erforschung der Westküste Amerikas ausschickte. Er sammelte in Panama und auf den Viti-Inseln, ging dann nach Venezuela, stieg in eine nikaraguanische Goldgräber-Kompanie ein, wurde deren Direktionsmitglied und endete als kapitalstarker Industrieller.

Dem schwarzen Erdteil wandte sich das Interesse der deutschen Forscher vergleichsweise spät zu, wenngleich auch hier ein Avantgardist zu verzeichnen ist, der Botaniker und Mediziner *Christian Gottlieb Ludwig*, der 1731-33 im Auftrag Augusts des Starken von Sachsen mit Johann Ernst Hebenstreit nach Nordafrika gegangen war. Hundert Jahre später wagten sich *Theodor Kotschy* 1837-39 mit der Joseph von Russeggerschen Expedition, *Wilhelm Schimper* sowie *Julius Rudolf Theodor* und *Eduard Vogel* ins Innere von AFRIKA. Die Brüder Vogel nahmen dabei ein tragisches Ende: der eine kam neunundzwanzigjährig auf dem Niger um, der andere wurde mit siebenundzwanzig Jahren im Sudan ermordet. *Wilhelm Schimper* wieder hatte einen ganz eigenartigen Lebensweg. Auf der Rückkehr von seiner ersten Pflanzenjagd in Algier verlor er 1832 durch widrige Umstände seine Sammlungen, ging zwei Jahre darauf nach Ägypten, auf die Sinaihalbinsel und nach Abessinien, wo er sich 1841 dauernd niederließ, eine Eingeborene heiratete und alsbald als Statthalter residierte. Bei einem 1855 zwischen zwei Stammeskönigen ausgebrochenen Krieg verlor er nicht nur seine Provinz, sondern all sein Hab und Gut samt seinen umfangreichen Herbarien. Verbittert und in dürftigen Verhältnissen starb er 1878 in Äthiopien.

Um die Mitte des 19. Jahrhunderts setzen dann häufiger Expeditionen ein. Seit 1853 jagte der Kärntner *Friedrich Welwitsch*, dessen Kenntnis der afrikanischen Flora praktisch unübertroffen war, in Loanda und entdeckte 1860 jene ›Wüstenpflanze‹, die später Joseph Hooker so faszinierte und begeisterte, daß er selber nach Afrika aufbrach, um sie zu suchen und, als er sie endlich gefunden hatte, voll Dankbarkeit gegen sein Pflanzenjäger-Schicksal auf die Knie niedersank und das eigentlich recht häßliche Gewächs förmlich anbetete. 1861-63 durchzog *Hermann Steudner* im Gefolge der Heuglinschen Expedition die Nilländer, die kurz zuvor von *Robert Hartmann* unter Freiherr Adalbert von Barnim bereist worden waren, drang in jungfräuliche Gegenden vor, die vor ihm noch keines Botanikers Fuß betreten hatte, und erlag dabei dem Fieber. Auch *Baron Karl Klaus von der Decken*, der zwischen 1860 und 1865 vier Reisen nach Ostafrika unternommen hatte, brachte sein Leben der botanischen Wissenschaft zum Opfer und wurde von den Somal ermordet.

Der bedeutendste deutsche Pflanzenjäger in Afrika hieß *Georg Schweinfurth*. Vor allem für die Erforschung der ostsudanesischen Pflanzenwelt leistete der gebürtige Balte Bahnbrechendes. Als letzter Naturforscher Humboldtscher Prägung interessierte er sich auch für Zoologie, Geologie, Ethnographie und Ägyptologie, worin er so vom Glück gesegnet war, daß er zwei ägyptische Tempel nebenbei entdeckte, während den zünftigen Fachgelehrten ein solcher Fund versagt blieb. Ebenso gelang es ihm, die botanische Kammer im großen Ammonstempel zu Karnak, mit der die Ägyptologen nichts Rechtes anzufangen wußten, richtig zu deuten und entsprechend zu beschreiben. Seine erste Reise 1864-66 führte Schweinfurth ins Nildelta und nach Unterägypten, auf einer weiteren ging er 1868-71 zum oberen Nil und Gazellenfluß, ins Land der Dinka, Bongo (Abbildung 25) und menschenfressenden Niam-Niam, entdeckte die Zwergvölker wieder und brachte eine derart große Pflanzensammlung zustande, daß er davon – neben Berlin – an die botanischen Gärten fast aller europäischen Hauptstädte noch genug Exemplare abgeben konnte. Wie vielen Forschern, blieben auch ihm äußere Widerwärtigkeiten nicht erspart: wütende Angriffe kriegslüsterner Negerstämme und schwärmender Bienenvölker, Skorbut und andere Krankheiten, Wundbrand, wiederholte Feuersbrünste, aus denen er einmal fast nur das nackte Leben rettete. Ende 1870, schon auf dem Rückweg, verbrannten ihm in der Seriba Ghattas' alle Tagebücher und der größte Teil seiner Aufzeichnungen, seine Ausrüstung, Instrumente und auch die umfangreichen Insektensammlungen. Zuhause rekonstruierte er anhand von dreitausend Pflanzenzetteln die Chronologie seiner Reise und schrieb daraufhin aus dem Kopf seinen großen Reisebericht ›Im Herzen von Afrika‹ nieder, der bezeichnenderweise zuerst auf englisch in einem Londoner Verlag, erst 1874 aber in der Originalfassung bei Brockhaus herauskam. Lange Zeit lebte Schweinfurth – wenn er sich nicht auf Reisen befand – im Berliner Botanischen Garten, dessen Umzug von Schöneberg nach Dahlem er mitmachte, und beschäftigte sich mit seinen Herbarien, die zuletzt achtzehntausend Nummern umfaßten, aber bei einem Luftangriff im letzten Kriege fast völlig vernichtet worden sind. Als selbstloser Diener der Wissenschaft stand er mit vielen Fachgenossen im besten Einvernehmen, mit Kotschy, der schon erwähnt wurde und dessen afrikanische Pflanzenentdeckungen er herausgab, dann *Paul Ascherson* und *Emil Riebeck*, *Eduard Schnitzer*, genannt Emin Pascha, *Lüderitz*, *Gottfried Mildbraed* und *Wilhelm Junker*. Sie alle waren gleich ihm in Afrika auf Pflanzenjagd gegangen, ja Junker war geradezu – obwohl er lange vor Schweinfurth starb – sein Nachfolger geworden und hatte, an Schweinfurths Forschungen im Dinka-, Bongo- und Niam-Niam-Land anknüpfend, das Gebiet des Blauen Nil und seiner Zuflüsse bereist (Abbildung 26).

Willkommene Gelegenheit zu botanischen Exkursionen bot dann jene Zeit, in der Deutschland als Kolonialmacht in Afrika vertreten war: so sammelten allein in Deutsch-Südwestafrika *Lüderitz*, *Schenck* und *Steingroever*, *Rautanen*, *Belck* und *Peschual* sowie – mit größten Erfolgen – *Dinter* und *Range*. In Ostafrika waren es vor allem *Wilhelm Carl Peters*, *Gustav Adolf Fischer* und *Johann Hildebrandt*, der später sein ›Jagdgebiet‹ nach Madagaskar verlegte und dort 1880 starb, sowie *Franz Stuhlmann* und der österreich-ungarische *Graf Samuel Teleki*, der zusammen mit *Ludwig von Höhnel* auf seinen botanischen Wanderungen 1886-88 den Rudolf- und Stephaniesee entdeckte. Ihnen folgten schließlich *Adolf Engler*, *Hans Schinz* und *Albert Peter*, der 1914-37 fast ein Vierteljahrhundert in Afrika weilte und ungeheure Sammlungen anlegte.

Nicht so sehr viele, dafür um so wichtigere deutsche Forscher haben sich mit der Pflanzenwelt JAPANS beschäftigt. Einer von ihnen ist *Engelbert Kaempfer*, dessen Tyler Whittle auf Seite 112-114 bereits kurz gedacht hat. Die Tatsache, daß er praktisch der erste deutsche Forschungsreisende überhaupt war, sowie die Odyssee, die seine Aufzeichnungen bis zur Veröffentlichung durchmachten, verlohnen, sich mit ihm etwas eingehender zu beschäftigen.

Engelbert Kaempfer wurde 1651 in Lemgo geboren und hatte sich als ebenso wissensdurstiger wie reiselustiger Pastorensohn an den Universitäten Krakau, Königsberg sowie Upsala herumgetrieben und dabei vor allem Naturgeschichte und Arzneikunde studiert. Gute Verbindungen zum schwedischen Kanzler Pufendorf verschafften ihm 1683 eine Stelle bei einer Handelsgesandtschaft nach Rußland und Persien, mit der er im Jahre darauf nach Isfahan gelangte. Dort wechselte er zur Holländisch-Ostindischen Kompanie über und reiste in ihrem Dienste über Schiras nach Bander Abbas (an der Straße von Hormos zwischen dem Persischen Golf und dem von Oman), wo ihn das widerwärtige Klima zwei Monate auf das Fieberbett warf, ihn aber im übrigen nicht hinderte, sich eingehend mit den Palmen zu beschäftigen, dem »schönsten Baum der Welt«. Der unglückselige Verlust seines anscheinend nicht unbeträchtlichen Vermögens, das er sich im Orient in kurzer Zeit durch ärztliche Praxis erworben hatte, hinderte ihn jedoch, nach Hause zu reisen, wie er es vorgehabt hatte. So machte er aus der Not eine Tugend, verdingte sich anfangs als Leibmedikus eines georgischen Fürsten in Tiflis und heuerte dann bei einer holländischen Flotte als Schiffschirurgus an, mit der er 1689 über Ceylon nach Java und Siam segelte und im Jahr darauf nach Japan gelangte. Nach einem Aufenthalt von zwei Jahren verließ er das Reich der aufgehenden Sonne wieder und kehrte über Batavia und Leiden, wo er noch rasch seinen Doctor medicinae baute, in seine Heimatstadt zurück, um sich als Arzt niederzulassen, mit neunundvierzig Jahren noch sich – unglücklich – zu verheiraten und seine Tage 1716 als Leibmedikus des Grafen von der Lippe zu beschließen.

Den Entschluß, seine Forschungsergebnisse in mehreren Werken in Druck zu geben, hatte er schon in Japan gefaßt. Dennoch ließ er seine auf der Heimfahrt nur mit Mühe und unter großen Verlusten aus einem Seesturm geretteten Manuskripte noch an die achtzehn Jahre im Schrank verstauben, bis er endlich daran ging, seine Erlebnisse in Persien und Japan sowie einen Teil seiner Forschungsergebnisse unter dem echt barocken Titel ›Amoenitatum exoticarum Politico-Physico-Medicarum Fasciculi v ...‹ 1712 in Lemgo zu veröffentlichen. Es sollte nur der Vorläufer zu weiteren, wissenschaftlich noch tiefer schürfenden Büchern sein und dem Publikum, das damals nach Berichten über solche sagenhaften und nahezu unbekannten Länder ja geradezu lechzte, den Mund wäßrig machen. Diese Hoffnung trog jedoch: die Nachfrage der Leserschaft blieb ebenso aus wie der Gewinn des Verlegers; die ›Amoenitates‹ sollten das einzige Werk bleiben, das Kaempfer selbst noch im Druck sah.

So wenig aber in Deutschland dieser Bericht Furore machte, um so mehr verbreitete sich des Forschers Ruf im Ausland. Die Kunde erreichte auch Sir Hans Sloane in London, den nachmaligen königlichen Leibarzt, dessen naturwissen-

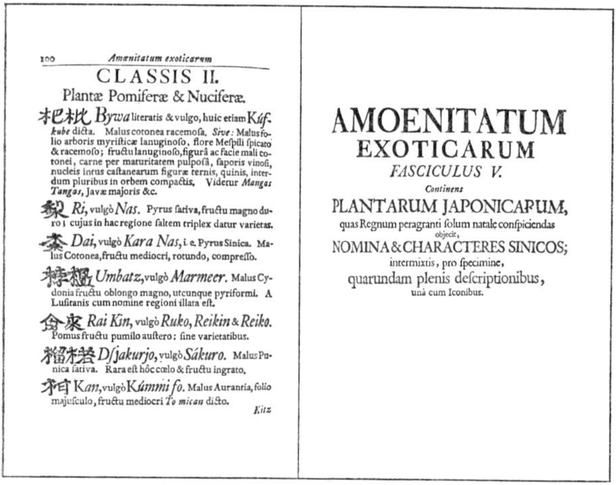

100 *Amœnitatum exoticarum*

CLASSIS II.

Plantæ Pomiferæ & Nuciferæ.

杷枇 *Bywa* literatis & vulgo, huic etiam *Kúſkube* dicta. Malus cotonea racemoſa. *Sive:* Malus folio arboris myriſticæ lanuginoſo, flore Meſpili ſpicato & racemoſo; fructu lanuginoſo, figurâ ac facie mali cotonei, carne per maturitatem pulpoſâ, ſaporis vinoſi, nucleis intus caſtanearum figuræ ternis, quinis, interdum pluribus in orbem compactis. Videtur *Mangas Tangas*, Javæ majoris &c.

梨 *Ri*, vulgò *Nas.* Pyrus ſativa, fructu magno duro; cujus in hac regione ſaltem triplex datur varietas.

柰 *Dai*, vulgò *Kara Nas*, i. e. Pyrus Sinica. Malus Cotonea, fructu mediocri, rotundo, compreſſo.

桲榲 *Umbatz*, vulgò *Marmeer.* Malus Cydonia fructu oblongo magno, utcunque pyriformi. A Luſitanis cum nomine regioni illata eſt.

Rai Kin, vulgò *Ruko*, *Reikin* & *Reiko.* Pomus fructu pumilo auſtero: ſine varietatibus.

Dſjakurjo, vulgò *Sákuro.* Malus Punica ſativa. Rara eſt hôc cœlo & fructu ingrato.

柑 *Kan*, vulgò *Kúmmi fo.* Malus Aurantia, folio majuſculo, fructu mediocri *To mican* dicto.

Kitz

AMOENITATUM

EXOTICARUM

FASCICULUS V.

Continens

PLANTARUM JAPONICARUM,

quas Regnum peragranti ſolum natale conſpiciendas objecit,

NOMINA & CHARACTERES SINICOS;

intermixtis, pro ſpecimine,

quarundam plenis deſcriptionibus,

unà cum Iconibus.

Titelblatt und Textseite aus Engelbert Kaempfers Beschreibung japanischer Pflanzen: die Namen erscheinen sogar in originaler Schreibweise

schaftliche Sammlungen die Gründung des Britischen Museums veranlaßten. Sloane ließ sogleich durch einen Mittelsmann bei Kaempfers Erben in Hannover nach dem Nachlaß fahnden, ihn gegen eine beträchtliche Summe aufkaufen und nach England bringen, wo er – Manuskripte, Notizen, eigenhändige Zeichnungen und Skizzen von fremder Hand – noch heute im Britischen Museum zu finden ist. Doch damit nicht genug. Sloane beauftragte den in London wirkenden Schweizer Arzt Johann Caspar Scheuchzer mit der Sichtung, Übersetzung und Herausgabe des Materials. So kam es, daß Kaempfers Forschungen über Japan 1727 zunächst in englischer Sprache als ›The History of Japan‹ erschienen. Bis zu einer deutschen Ausgabe sollte noch genau ein halbes Jahrhundert vergehen: 1777 erst kam die ›Geschichte und Beschreibung von Japan‹ heraus, sinnigerweise in Kaempfers Vaterstadt Lemgo, nachdem vier Jahre zuvor das eigenhändige Originalmanuskript – das Sloane seinerzeit entgangen war – bei einem Erbfall glücklich wieder zum Vorschein gekommen war.

Kaempfers Interesse umfaßte nicht nur sein eigenes Fachgebiet, sondern praktisch alle Wissenszweige; er war ein universaler Geist und als solcher gewissermaßen ein früher

Vorläufer Humboldts. Auf dem weiten Gebiet der Naturwissenschaften, für die es damals weder Studienfach noch Lehrstühle gab, leistete er Bahnbrechendes. Darüber hinaus hatte es ihm die Geschichte überhaupt angetan; er befaßte sich mit den politischen und sozialen Zuständen der von ihm bereisten Länder, studierte ihre Kunst und ihre Kultur, beschrieb Tempelstädte und Ruinenfelder und drang in Philosophie und Religion Asiens ein wie kaum einer vor ihm, wobei ihm seine unwahrscheinlichen Sprachkenntnisse zugute kamen: neben Latein und Griechisch, die ihm als Gelehrten von Hause aus geläufig waren, sprach er französisch, portugiesisch, holländisch, englisch und schwedisch, verstand polnisch, russisch, chinesisch und japanisch und konnte sich zudem noch in mehreren persischen, malaiischen und indischen Idiomen verständlich machen.

Genau 135 Jahre nachdem Engelbert Kaempfer im Gefolge einer holländischen Gesandtschaft von Nagasaki nach Tokio gezogen war (Textillustration Seiten 112/113), begab sich *Philipp Franz von Siebold* (Abbildung 27), gleichfalls im Dienste der holländischen Kompanie, mit einer Handelsdelegation auf denselben Weg (Abbildung 28). Über Siebold, seine Leistungen und einen Teil seiner Veröffentlichungen sowie seinen von Enttäuschungen begleiteten Lebensweg hat Whittle ausführlich berichtet, so daß nur noch ein Wort zu seinem großen Japanbuch nachzutragen bleibt. 1832 begann Siebold nämlich, alle seine Forschungen und Erfahrungen zur japanischen Kulturgeschichte in einem monumentalen Werk mit dem Titel ›Nippon, Archiv zur Beschreibung von Japan‹ zusammenzufassen, das bis 1851 in Lieferungen mit großen Tafelteilen erschien, aber eigentlich unvollendet geblieben und heute ein Rarissimum auf dem Antiquariatsmarkt geworden ist. Hier entwarf nun zum erstenmal ein Kenner des Landes ein ausführliches, vorurteilsloses, sowohl wissenschaftlichen Ansprüchen wie ästhetischen Forderungen in hohem Maße genügendes Bild Japans, wie es sich vor hundertfünfzig Jahren dargeboten hat.

Die Pflanzenjagd in ZENTRALASIEN (Abbildung 31), in Indien (Abbildung 30), Tibet und China blieb freilich ein Reservat der Engländer, der großen Sammler vom Schlage der Hooker (Abbildung 32), Wilson, Wallich (Abbildung 24) oder Forrest. Oder um nicht ungerecht zu sein: die berühmten Deutschen, die sich der Erforschung jener fernen Gebiete am Dach der Welt verschrieben, waren so umfassend geographisch, geologisch oder allgemein naturwissenschaftlich tätig, daß sie die Botanik nur nebenbei als eines unter vielen Interessengebieten betrieben. Hier sei neben *Heinrich von Handel-Mazzetti*, der auch im Irak sammelte, abschließend nur auf die drei Brüder *Hermann*, *Adolf* und *Robert von Schlagintweit* aus München verwiesen, die 1854 auf Vermittlung Alexander von Humboldts vom König von Preußen sowohl wie von der britisch-ostindischen Kompanie auf eine Forschungsreise nach Indien und zum Himalaya geschickt worden waren. Teils gemeinsam, teils getrennt vorgehend – wie weiland Spix und Martius in Brasilien – drangen sie bis nach Tibet vor und eiferten ihrem Gönner Humboldt nach, als sie am Ibi Gamin mit 6788 m die größte bis dahin von einem wissenschaftlichen Forschungsreisenden erstiegene Höhe erreichten. Während Hermann – der als erster Europäer noch den Kuenlun schaffte und dafür später den Beinamen Sakünlünski bekam – und Robert im Frühjahr 1857 die Rückreise antraten, konnte sich Adolf noch nicht von dem faszinierenden Land und seinen noch ungelösten Problemen trennen. In der Absicht, durch Hochasien nach Sibirien vorzustoßen, überquerte er nochmals das Karakorum, geriet in Ostturkestan nichtsahnend in die politischen Auseinandersetzungen der dortigen Machthaber, ward verhaftet und im August des gleichen Jahres, als seine Brüder eben glücklich in der Heimat angekommen waren, in Kaschgar enthauptet.

So gerät auch die Aufzählung der deutschen Naturforscher und Pflanzenjäger streckenweise zur Verlustliste: für viele wurde die magische Anziehung der harmlos-stillen Pflanzenwelt zur gefahrbringenden Versuchung und zum tödlichen Bann.

»Welche Arbeit ist schwerer, welche Wissenschaft anstrengender als die Botanik?«

Linnés rhetorische Frage, die Whittle eingangs zitierte, bekommt unter diesem Aspekt einen unerwarteten, ja durch die Kühle der Diktion geradezu unheimlich wirkenden Hintersinn.

VERZEICHNIS UND NACHWEIS DER ABBILDUNGEN

5 »Dracaena Draco«. Lithographie von A. Henry (nach J. J. Williams) aus ›Plantae Medicinales Oder Sammlung offizineller Pflanzen‹ von M. F. Weyhe, J. W. Wolter und P. W. Funke, fortgesetzt von Th. Fr. L. Ness von Esenbeck, Band 1, Düsseldorf 1828. *Senckenbergische Bibliothek, Frankfurt am Main*

6 John Tradescant junior. Ausschnitt aus einem Porträt von E. de Critz (zugeschrieben). *Ashmolean Museum, Oxford*

7 »Vue des Glaces dans le Golfe de Kotzebue«. Lithographie von Ludwig Choris (Ausschnitt) aus Adelbert von Chamissos ›Voyage pittoresque autour du Monde‹. Paris 1822. *Staatliches Museum für Völkerkunde, München (Foto Braunmüller)*

8 »Biwak der Reisenden am Missouri«. Ausschnitt aus einem Stahlstich von Outhwaite nach Charles Bodmer in ›Kupfer zu Prinz Maximilians von Wied Reise durch Nord-America‹. Koblenz 1838-41. *Staatliches Museum für Völkerkunde, München (Foto Braunmüller)*

9 William Dampier. Ausschnitt aus einem Porträt von T. Murray. *National Portrait Gallery, London*

10 »Debarquement à Middelburgh, l'une des Isles Friendly (des Amis)«. Ausschnitt aus einem Kupferstich von Benard nach William Hodges aus dem 2. Band der ›Voyage dans l'Hemisphère Austral, et autour du Monde‹. 5 Bände, Paris 1778. *Bayerische Staatsbibliothek, München*

11 Sir Joseph Banks. Ausschnitt aus einem Porträt von Joshua Reynolds. *By permission of Mrs. Clive Pearson, Parham, Pulborough, Sussex*

12 Reinhold und Georg Forster. Kupferstich von Daniel Beyel nach John François Rigaud. *Privatbesitz*

13 James Cook. Ausschnitt aus einem anonymen Kupferstich im 1. Band des unter Bild 10 erwähnten Werkes

14 »Kleidung und Denkmäler der Insel Paque«. Kupferstich von D. Berger 1799 nach Johann Reinhold Forster aus dem 1. Band von ›La Perouse'ns Entdeckungsreise in den Jahren 1785, 1786, 1787 und 1788‹, übersetzt und herausgegeben von J. R. Forster und C. L. Sprengel. 2 Bände, Berlin 1799 (Band 16 der Reihe ›Magazin von merkwürdigen neuen Reisebeschreibungen‹). *Bayerische Staatsbibliothek, München*

15 »Confluent de la Nepean et du Waragamba«. Lithographie von Louis P. A. Bichebois nach E. B. de la Touanne aus ›Journal de la Navigation autour du Globe de la Frégate la Thétis et de la Corvette l'Espérance pendant les Années 1824, 1825 et 1826 . . . par M. Le Baron de Bougainville. Atlas‹. Paris 1837. *Senckenbergische Bibliothek, Frankfurt am Main*

16 »Das Dorf Manewaï (Vanikåro)«. Lithographie von J. Brodtmann nach J. Werner aus ›Atlas zu der Entdeckungsreise der französischen Corvette Astrolabe unternommen auf Befehl König Carls X. in den Jahren 1826-1827-1828-1829 von dem Schiffskapitän J. Dumont d'Urville. Historischer Theil‹. Schaffhausen o. J. *Staatliches Museum für Völkerkunde, München*

17 »Site sur l'Île d'Ao-Kena (Îles Manga-Reva)«. Lithographie von Sabatier und Mayer nach einer Zeichnung von Le Breton aus dem 1. Band der ›Voyage au Pole Sud et dans l'Océanie. Atlas Pitto-

resque‹ von J. Dumont d'Urville. 2 Bände, Paris 1846. *Bayerische Staatsbibliothek, München*

18 »Ansicht in den Wäldern im Bekken der Meeres-Strömungen (Neu-Seeland)«. Lithographie (Ausschnitt) von J. Brodtmann nach de Sainson und J. Werner aus dem unter Abbildung 16 beschriebenen Werk

19 »Praya Rodriguez. Près de Rio de Janeiro«. Lithographie von Villeneuve und Adam (Ausschnitt) nach Moritz Rugendas aus dessen Werk ›Malerische Reise in Brasilien‹. Paris und Mülhausen 1835. *Senkkenbergische Bibliothek, Frankfurt am Main*

20 »Schiffahrt auf einem Seitenarm des Rio Doce«. Stahlstich von J. P. Veith nach einem Entwurf von Maximilian Prinz zu Wied aus seiner ›Reise nach Brasilien in den Jahren 1815-1817. Atlas‹. Frankfurt 1819. *Senckenbergische Bibliothek, Frankfurt am Main*

21 »Arara-Coara«. Lithographie von F. Papst nach Martius aus dem ersten Teil des ›Atlas zur Beschreibung der Reise in Brasilien‹ von Johann Baptist von Spix und Carl Friedrich Philipp von Martius. München 1821-31. *Staatliches Museum für Völkerkunde, München (Foto Braunmüller)*

22 »Erstes Zusammentreffen mit Caripunas-Indianern«. Holzstich der Anstalt A. Closs nach Franz Keller-Leuzinger aus dessen Werk ›Vom Amazonas und Madeira‹. Stuttgart 1874. *Bayerische Staatsbibliothek, München*

23 »Chasse dans une forêt vierge«. Lithographie von Sabatier und Adam nach Moritz Rugendas aus dessen unter Bild 19 beschriebenem Werk

24 »Crinum Herbertianum«. Kolorierte Lithographie von M. Gauci nach Vishnupersand aus ›Plantae Asiaticae Rariores . . .‹ von Nathaniel Wallich. London, Paris und Straßburg 1831. *Senckenbergische Bibliothek, Frankfurt am Main*

25 »Offener Buschwald im Gebiete der Bongo«. Holzstich (Ausschnitt) von Émile Bayard aus ›Im Herzen von Afrika‹ von Georg Schweinfurth. 3. Auflage, Leipzig 1918 *Archiv Maiwald, Garmisch-Partenkirchen*

26 »Überfahrt über den Kafu«. Ausschnitt aus einer Zeichnung von Ludwig Hans Fischer aus dem 3. Band von ›Dr. Wilh. Junkers Reisen in Afrika 1875-1886‹. Drei Bände. Wien und Olmütz 1891. *Bayerische Staatsbibliothek, München*

27 Philipp Franz von Siebold. Ausschnitt aus einer Zeichnung von Iwasaki Tsunemasa, 1826, in der Staatlichen Parlamentsbibliothek Tokio. *Vorlage: Royal Botanic Gardens, Kew*

28 »Zug der niederländischen Gesandtschaft«. Ausschnitt aus einer Lithographie von L. Nader aus Philipp Franz von Siebolds ›Nippon, Archiv zur Beschreibung von Japan und dessen Neben- und Schutzländern‹. Leiden-Amsterdam 1832 bis 1851. *Staatliches Museum für Völkerkunde, München*

29 Titelblatt der ›Flora Japonica‹ von Philipp Franz von Siebold. Leiden 1835-70. *Senckenbergische Bibliothek, Frankfurt am Main*

30 »Cascade aux environs de George's Town«. Lithographie (Ausschnitt) von Bichebois und Bayot nach Fisquet aus ›Voyage autour du Monde exécuté pendant les Années 1836 et 1837 sur la Corvette La Bonité commandée par M. Vaillant. Album Historique‹. Paris

o. J. *Bayerische Staatsbibliothek, München*

31 »Vallée de l'Irawady au confluent du Ugit-Nge.« Holzstich (Ausschnitt) von A. E. Ferington nach Paul Huet und H. Yufe aus ›Le Tour du Monde‹, 1. Jahrgang, 2. Halbband, Paris 1860. *Archiv Maiwald, Garmisch-Partenkirchen*

32 »Kinchinjunga from Singtiam looking West«. Farblithographie von W. L. Walton nach Joseph Dalton Hooker aus dem 2. Band seines Werkes ›Himalayan Journals‹. Zwei Bände, London 1854. *Bayerische Staatsbibliothek, München*

TEXTILLUSTRATIONEN

Die Zahlen am linken Rand verweisen auf Buchseiten

29 Hieronymus Bock ›Kreuter Buch‹. Titelblatt der Ausgabe Straßburg 1551. *Senckenbergische Bibliothek, Frankfurt am Main*

31 Konrad Gesner. Anonymer Kupferstich. *Senckenbergische Bibliothek, Frankfurt am Main*

32 Otto Brunfels ›Herbarum vivae eicones‹. Titelblatt der Ausgabe Straßburg 1532. *Senckenbergische Bibliothek, Frankfurt am Main*

33 Otto Brunfels. Kupferstich von Johann Christopher Sysang. *Senkkenbergische Bibliothek, Frankfurt am Main*

34-35 Leonhart Fuchs, seine Zeichner und Formschneider sowie Holzschnittillustration der Küchenschelle und Titelblatt aus seinem ›New Kreuterbuch‹, deutsche Erstausgabe Basel 1543. *Senckenbergische Bibliothek, Frankfurt am Main*

39 Rembert Dodoens, genannt Dodonaeus. Anonymer Kupferstich (Ausschnitt). *Senckenbergische Bibliothek, Frankfurt am Main*

41 Matthias de l'Obel, genannt Lobelius ›In G. Rondelletii methodicam . . . Animadversiones‹. Titelblatt der Ausgabe London 1605. *Senckenbergische Bibliothek, Frankfurt am Main*

76 Peter Collinson. Kupferstich von John Miller. *Senckenbergische Bibliothek, Frankfurt am Main*

87 Louis Antoine de Bougainville. Stahlstich aus dem ersten Band der ›Voyage pittoresque autour du monde‹. 2 Bände. Paris 1834. *Bayerische Staatsbibliothek, München*

112-113 »Reise zu Lande von Nagasaki bis Kokura«. Ausschnitt aus einem Kupferstich von J. G. Trautner in ›Engelbert Kaempfers Geschichte und Beschreibung von Japan‹, herausgegeben von Christian Wilhelm Dohm. 2 Bände, Lemgo 1777-79. *Bayerische Staatsbibliothek, München*

239 Zwei japanische Ikebana-Arrangements. Lithographien (Ausschnitte) aus Philipp Franz von Siebolds ›Nippon. Archiv zur Beschreibung von Japan‹. Leiden-Amsterdam 1832-51. *Staatliches Museum für Völkerkunde, München (Foto Braunmüller)*

329 Johann Georg Gmelin ›Flora Sibirica‹. Titelblatt der Erstausgabe Petersburg 1747. *Bayerische Staatsbibliothek, München*

329 Karl Friedrich von Ledebour ›Flora Altaica‹. Titel der Erstausgabe Berlin 1829. *Bayerische Staatsbibliothek, München*

330 Georg Eberhard Rumph im Alter von 68 Jahren. Frontispiz-Kupferstich von Jacob de Later, 1711, nach einer Vorlage von P. A. Rumph, einem Sohn des Botanikers, aus ›Herbarium Amboinense‹, Amsterdam - Den Haag - Utrecht 1741. *Bayerische Staatsbibliothek, München*

333 ›Johann Reinhold Forster's ... und Georg Forster's Beschreibungen der Gattungen von Pflanzen, auf einer Reise nach den Inseln der Süd-See gesammelt, beschrieben und abgezeichnet, während den Jahren 1772 bis 1775‹. Titelblatt der deutschen Erstausgabe Stuttgart 1779. *Bayer. Staatsbibl., München*

333 Adelbert von Chamisso ›Bemerkungen und Ansichten auf einer Entdeckungs-Reise‹. Titelblatt der Erstausgabe Weimar 1821. *Bayerische Staatsbibliothek, München*

337 Johann Baptist von Spix und Carl Friedrich Philipp von Martius ›Reise in Brasilien in den Jahren 1817-1820‹. Titelblatt der Erstausgabe München 1823-31. *Stadtbibliothek München, Abteilung Monacensia*

344 Engelbert Kaempfer ›Amoenitatum Exoticarum Politico-Physico-Medicarum Fasciculi v.‹ Titelblatt zur Abteilung Botanik der deutschen Erstausgabe Lemgo 1712. *Bayerische Staatsbibliothek, München*

NAMENREGISTER

Für vielseitige Hinweise, oft unermüdliche Hilfe, bereitwillig erteilte Ratschläge und Abdruckgenehmigungen dankt der Verlag den Herren Direktor Dr. Hans-Jürgen Kahlfuß und Dr. Franz Hodes von der Senckenbergischen Bibliothek, Dr. Hans J. Conert vom Forschungsinstitut Senckenberg in Frankfurt am Main, Dr. Edmund Launert im Department of Botany des British Museum in London, Dr. Ernst H. Berninger, Direktor der Bibliothek des Deutschen Museums in München, Professor Dr. Richard Hansen von der Lehranstalt für Gartenbau (Freising-Weihenstephan) der Technischen Universität in München sowie der Bayerischen Staatsbibliothek, den Bibliotheken des Botanischen Instituts der Universität und des Staatlichen Museums für Völkerkunde in München, schließlich der Abteilung Monacensia der Stadtbibliothek München.